四川大学青年杰出人才培育项目“新时代社会救助兜底保障研究”
（项目编号：SKSYL201808）研究支持
“成都市郫都区救助社会工作实践研究项目”最终成果

社会救助模式创新研究

——以成都市郫都区为例

张浩淼　等 著

科 学 出 版 社
北 京

内容简介

在当前多元复杂的现实背景下，政府单一提供公共服务的角色和能力受到来自市场、社会组织等社会力量的挑战，因此，政府积极探索向市场、社会购买服务，以引进专业力量参与服务提供的机制。成都市郫都区的社会救助创新实践有效地将政府系统、专业社会工作组织以及慈善志愿等多元主体力量进行整合，针对救助群体异质性需求分类提供个性化、综合性、动态化、全流程化服务，并形成了一系列完整有效的实施模式，在培育促进多元利益相关主体发展的同时切实保障困难群众需求，实现了社会救助模式的创新。本书在回顾相关理论的基础上，对国内外社会救助进行了梳理，重点介绍了郫都区社会救助模式的内涵与特色，并就其创新特色进行论述，指出了其在救助对象、救助内容、救助递送和资金来源四个维度的转变，并指出未来我国社会救助应以向发展型制度迈进和管理服务能力现代化为目标，从成都市郫都区的救助模式中吸取经验，逐渐形成救助对象细化分类甚至个案化、救助内容以需求为导向的精准化、救助递送由社会工作服务机构介入的专业化和资金来源多元化的新模式。

本书适合社会保障、社会救助领域内的研究者、实践工作者、学生，以及对该领域感兴趣的读者阅读、参考。

图书在版编目(CIP)数据

社会救助模式创新研究:以成都市郫都区为例/张浩淼等著.—北京:科学出版社，2021.6

ISBN 978-7-03-065596-7

Ⅰ.①社… Ⅱ.①张… Ⅲ.①社会救济-模式-研究-成都 Ⅳ.①D632.1

中国版本图书馆 CIP 数据核字（2020）第 110144 号

责任编辑：叶苏苏/ 责任校对：彭　映

责任印制：罗　科 / 封面设计：墨创文化

科学出版社出版

北京东黄城根北街16号

邮政编码：100717

http://www.sciencep.com

四川煤田地质制图印刷厂印刷

科学出版社发行　各地新华书店经销

*

2021 年 6 月第　一　版　开本：B5（720×1000）

2021 年 6 月第一次印刷　印张：13 1/2

字数：272 000

定价：149.00 元

（如有印装质量问题，我社负责调换）

本书编写人员

主要著者：张浩淼

其他著者：张　勇　余方玉　黄　敏　刘　兰

前　言

2019 年党的十九届四中全会首次提出“相对贫困”一词，要求建立解决相对贫困的长效机制。我国的社会救助一直以来致力于解决绝对贫困问题并在这方面取得了重大成效，但是对相对贫困问题关注不足，救助方式偏重政府提供保障生存的物质帮助，有助于受助者发展的服务帮扶措施较为缺乏，且相对于救助项目建设与发展而言，救助管理和服务能力建设相对滞后。在我国逐步迈入后脱贫攻坚时代的背景下，社会救助如何改革才能提升贫困群体的生活质量并有效应对相对贫困问题，是值得深入探讨的课题。

2015 年，成都市郫都区民政局在推进省级“救急难”工作的基础上，探索完善社会工作介入社会救助构建形成了“1+2+N 基于多元参与的专业化社会救助体系”，该体系通过社会工作的全域介入、需求导向、多元参与以及信息化和监督的创新实践，实现了救助对象、救助内容、救助递送和资金来源四个维度的全面变革，进而实现了社会救助模式的创新。在传统社会救助模式下，救助对象是普遍意义上的贫困与弱势群体，救助内容是包括最低生活保障制度、专项救助、临时救助等在内的由政府提供的固定救助项目，救助递送主要依靠社区中的非专业化基层工作人员，资金来源主要为政府财政拨款。成都市郫都区社会救助对象虽然也瞄准贫困与弱势群体，但通过细致的需求调查对其进行了细化分类甚至个案化管理。从救助内容看，成都市郫都区提供的救助内容已超出了既有的低保、医疗、教育、住房等传统民政救助范围，其充分发挥了社会工作服务机构的力量，一方面充分整合政府救助资源，保证受理群众申请救助时能够匹配到适宜的政策；另一方面增加特殊的救助项目来满足困难群众的那些政府无法满足的具体专项需求。从救助递送看，成都市郫都区在政府救助体系之外，依托现有社会工作参与救助的基础与优势，构建体系外的社会关爱援助体系，形成“区—镇（街道）—村（社区）”三级社会援助平台。社会工作者在三级平台全域介入，他们可以运用专业社会工作手法，通过有效评估救助需求、精准识别救助对象，制定个性化的精准帮扶方案。从资金来源看，成都市郫都区在提升政府救助水平、加大财政投入的同时，多渠道拓展社会救助资金来源，夯实救助财力基础。

应该说，成都市郫都区的实践是我国未来社会救助模式的先行探索和雏形，其社会救助模式创新为我国社会救助改革指明了方向，可以作为一种可借鉴的标准样式加以推广。社会救助模式的创新有助于实现补偿性和发展性社会政策的有机结合，可以帮助受助者改善生存状况并谋求独立与发展，还可以通过管理和服务体系的专业化和规范创新，实现社会救助绩效显著、政府有效治理和社会有序发展的共赢局面，对于社区建设、慈善事业和社会工作乃至整个社会治理体系而言都大有裨益。

本书的完成得益于成都市郫都区民政局的支持，郫都区社会救助工作人员以及各救助关爱站小伙伴提供了意见和指导，郫都区社会工作协会的张勇、郫都区鹃城社会工作服务中心的余方玉、成都市同行社会工作服务中心的黄敏和郫都区益家社会工作服务中心的刘兰参与了编写，在此表示由衷的感谢！在资料搜集、整理和书稿写作的过程中，我可爱的研究生们，杨成虎、徐焕斌、杨谢炜和田薇均参与其中，感谢他们的辛苦付出！本书附录“成都市郫都区救助社会工作操作实务指南”总结了成都市郫都区救助社会工作的对象、内容、方法和流程等，希望可以为社会工作介入社会救助提供较为清晰的指引和工作规范。当然，由于经验和水平有限，研究成果中的不当之处还望各位同人与读者批评指正、不吝赐教！

张浩淼
2021 年 3 月于四川大学

目　　录

第一章 导 论

第一节 研究缘起

一、研究背景和意义

随着我国社会经济的快速转型和发展，社会救助体系不断完善，其兜底保障功能不断增强，但我国社会救助在救助方式上偏重传统的由政府提供物质帮扶，侧重于满足保障最低生活水平的生存型救助，对受助群体心理、技能等发展型救助严重不足，且管理和服务能力建设相对滞后。2014 年，国务院颁布《社会救助暂行办法》（国令第 649 号）专辟一章倡导社会力量参与，首次明确提出“县级以上地方人民政府应当发挥社会工作服务机构和社会工作者作用，为社会救助对象提供社会融入、能力提升、心理疏导等专业服务”，这为专业性的社会工作服务机构参与社会救助提供了法律依据。此外，推进专业社会工作服务机构参与救助服务，有助于发挥其专业优势，弥补政府救助工作的不足，提供更多发展型救助服务，进而提升救助效果，也有助于促进受助者人力资本积累，让其最终摆脱贫困，共享经济社会发展成果。

2015 年，成都市郫都区民政局在推进省级“救急难”工作的基础上，探索社会工作参与社会救助模式，构建形成了“1+2+N 基于多元参与的专业化社会救助体系”，在社会救助服务创新领域走在了全国前列，引起了国内其他地区和民政部的关注。成都市郫都区的社会救助创新实践在民政部举办的“2016 年度社会救助领域创新实践最佳成果”活动中，以排名第一的成绩获得最佳成果大奖。2017 年，由《中国社会工作》杂志与成都市慈善总会、成都市社会工作者协会、成都市郫都区社会救助中心联合举办的“全国社会工作介入社会救助实践探索研讨会”在成都市郫都区成功举办。

2019 年党的十九届四中全会第一次提出“相对贫困”一词，要求坚决打赢脱贫攻坚战，建立解决相对贫困的长效机制，也就是说，2020 年我国脱贫攻坚任务完成后，我国的反贫困战略需要转向，那么，未来社会救助如何改革才能提升贫困群体的生活质量并能解决相对贫困问题？在我国即将进入后脱贫攻坚时期的现实背景下，从理论和实践层面总结提炼成都市郫都区社会救助创新模式，形成可复制可推广的社会救助服务经验，对于完善当前社会救助的理论研究和推进我国社会救助发展改革具有非常重要的意义。

二、研究目的与方法

在当前多元复杂的现实背景下，政府单一提供公共服务的角色和能力受到来自市场、社会组织等社会力量的挑战，因此，政府应积极探索向市场、社会购买服务，以引进专业力量参与服务提供的机制。成都市郫都区的社会救助创新实践有效地将政府系统、专业的社会工作服务机构以及慈善、志愿机构或个体等多元主体力量进行整合，针对救助群体异质性需求分类提供个性化、综合化、动态化、全流程化服务，并形成了完整有效的实施方式，在培育促进多元利益相关主体发展的同时切实保障被救助者的困难需求，促使其摆脱贫困。本书旨在立足于社会救助相关理论的基础上，对国内外社会救助现状进行梳理，以成都市郫都区社会救助模式为例，总结其内涵与特色并就其创新之处进行论述，进而对完善我国社会救助实践、建立能够有效应对相对贫困问题的社会救助模式提供政策建议。同时，旨在对各地推进社会工作参与社会救助提供一定指导，为政府购买社会工作参与提供救助服务提供现实参考，鼓励推动培育社会工作服务机构发展，完善政府与社会力量合作机制，切实推动社会救助模式的创新。

总体来说，本书坚持理论与实践相结合、宏观与微观相结合的研究方法。采用的具体研究方法主要包括文献研究法、比较研究法和深度访谈法。

（一）文献研究法

研究过程参考了大量的国内外文献资料，目的如下：一是对国内外有关社会工作参与社会救助的理论和实践经验进行梳理；二是对成都市郫都区社会救助模式创新的背景、过程、具体做法和效果等资料进行梳理，为进一步研究提供可供参考、分析的资料。研究中使用的文献主要包括：政府或公共机构的档案与文献、学术刊物和其他一般出版物。

（二）比较研究法

主要是把国内外的社会救助现状和实践进行比较研究，从制度设计、管理和服务能力等方面分析两者异同并从中获得相应的启示，同时对成都市郫都区社会救助实践和国内既有社会救助实践进行比较，突出郫都区的创新特色。

（三）深度访谈法

深度访谈法适合了解较复杂、抽象的问题。本书对成都市郫都区民政局、关爱援助中心的工作人员进行了深度访谈，目的在于全面了解其对成都市郫都区社会救助模式创新以及社会工作参与社会救助服务提供的评价等，以掌握郫都区社会救助新模式的实施和管理等方面的基本状况与问题等。

三、结构安排

本书包括八章内容。

第一章导论。主要对研究缘起和相关理论基础进行了阐述，分析了研究意义、目的和方法，并对部门失灵理论、福利多元主义理论、参与式发展理论、新公共服务理论和社会工作介入社会救助的相关理论进行了概述。第二章社会救助现状与面临的挑战。主要分析了国外社会救助制度设计及管理服务的特点和我国社会救助制度设计及管理服务的现状，指出后扶贫时代我国社会救助面临的重大挑战。第三章成都市郫都区“1+2+N”社会救助模式建设。通过对成都市郫都区社会救助政策文件的梳理，分析了郫都区社会救助模式建设的发展历程，在此基础上专门介绍了其“1+2+N 基于多元参与的专业化社会救助体系”，并从组织保障、财力支持、人力供给和信息服务四个方面就其创新的具体措施进行说明，对该模式取得的成效和现有不足进行了简要评价。第四章成都市郫都区社会救助模式创新：社会工作全域嵌入。在简要介绍整合模式和相关介入理论的基础上，分析了成都市郫都区社会工作服务机构组织制度建设和社会工作服务的专业化建设，对其社会工作全域嵌入社会救助的创新举措和亮点进行了评析。第五章成都市郫都区社会救助模式创新：需求导向。以参与式发展理论与需求导向为基础，从成都市郫都区困难群众需求调查原因及意义、调查步骤及方法、需求分析及项目开展情况和项目满意度情况四个方面探讨了郫都区需求导向实践的总体情况，描述了郫都区困难群众个性化需求导向具体项目的实践，呈现出郫都区以困难群众需求为导向设计和实施项目的救助过程，并在此基础上对郫都区救助对象和内容的创新进行了总结提炼。第六章成都市郫都区社会救助模式创新：多元参与。从部门失灵理论、福利多元主义理论视角出发，聚焦成都市郫都区社会救助的多元参与，以案例的形式呈现各支社会力量在郫都区社会救助中的参与情况，为社会救助资源整合、资源配置，挖掘、引导和促进社会力量参与社会救助提供了实践参考，并对多元参与主体的创新进行总结归纳，为其他地方提供可借鉴的经验。第七章成都市郫都区社会救助模式创新：信息化与监督评估。从新公共服务理论与信息化和监督评估的关系出发，对成都市郫都区社会救助信息化建设和管理情况进行了分析，并介绍了成都市郫都区社会救助多层次的监督评估体系，包括民政部门对区救助中心的监督评估和引入第三方评估机构对整个体系、区社会救助中心和各救助关爱站的监督评估，在此基础上总结了成都市郫都区在社会救助管理上的创新。第八章社会救助模式创新：结论与展望。从社会救助模式的内涵入手，分析了成都市郫都区社会救助模式的创新、改革及经验，指出了其在救助对象、救助内容、救助递送和资金来源四个维度的转变，并对未来我国社会救助模式进行了展望。

第二节 理论基础

一、部门失灵理论

第一，市场失灵理论。市场失灵是指因为市场存在不完全竞争、外部性、不完全信息等现象，经常破坏效率市场，以及因市场竞争导致的收入分配不均现象(保罗·萨缪尔森等，1999)。市场经济活动只是人类社会的一个主要方面，它不可能解决经济社会中的一切问题；另外，市场机制由于一些干扰不能正常发挥调节作用，会导致资源的配置失误或资源的浪费。可见市场失灵是由于市场的一些内在功能缺失和市场外部条件的缺陷，导致市场存在不完全竞争、外部性、信息不对称等现象，进而破坏市场运营效率和影响收入分配。在市场的表面平等中存在实际的不平等，弱势群体的需求往往被忽视，无法为营利组织提供盈利来源，致使市场中的公平性缺失，但弱势群体的需求应该得到满足，这就为社会救助的物质和服务帮扶提供了需求前提。

第二，政府失灵理论。提供公共物品是政府天然的责任，但政府在提供公共物品时往往具有趋中性，即倾向满足处于中间状态的人的需求，由于公众对公共物品的需求存在差异，一部分人的特殊需求或超量需求得不到满足。社会组织在这方面恰巧具有优势，美国经济学家韦斯布罗德认为，社会组织和政府在公共物品提供方面具有相互替代性，在其他条件不变的情况下，公民对政府提供的公共物品越不满，社会组织的数量就越多；对于特定的政府供给，公民需求的差异越大，社会组织的供给就越大。同样，保持条件不变，公民需求的同质性越高，不满意的需求就越少，社会组织的数量也越少(赵佳佳，2017)。此外，政府工作的效率、边界以及科层制造成的资源传递过程中的损耗与交易成本也是政府失灵的表现，社会组织生存的准市场环境和扁平化结构使其比政府更有优势，这为社会救助的多元参与提供了理论基础。

第三，志愿失灵理论。社会组织并非完美无缺，其常借助慈善、公益、道德甚至宗教的外衣而获得一种良好形象，但作为组织，社会组织仍然具有组织的一切特征，“随着其规模和复杂性的增加，它们同样易受那些反应迟钝、行动缓慢、墨守成规的官僚的一切局限性的影响”(何增科，2000)。特别是社会组织既不以志愿求私益，也不以强制求公益，而是以志愿求公益，它既没有经营收入，也没有强制税收，当其无法通过社会自发的机制获得足够的资源时，社会组织的局限性就会表现出来，就需要政府的支持。志愿部门的失灵给了政府介入的理由，政府和社会组织需要分工合作，发挥各自特长，一般是政府提供资金，社会组织提供服务。

从上述部门失灵理论的相关研究成果可知，政府、市场和社会三种治理机制都无法单独提供能够满足全体成员的救助服务，只有进行多方合作，才能为社会公众提供精准有效的社会救助。

二、福利多元主义理论

福利多元组合概念是学者罗斯于 1986 年提出的，他认为一个社会总体的福利是重要的议题，社会中的福利来源于家庭、市场和国家这三个部门。这三个部门作为福利的提供方，任何一方对于其他两方都有所贡献，将三方提供的福利整合，就形成一个社会的福利整体，这三者成为一个社会的福利多元组合。之后，在福利国家面临危机的时期，不少学者使用福利多元组合概念建立他们的分析框架，比如，1987 年约翰逊在罗斯的福利多元部门组合中加进了志愿机构，丰富了福利多元主义理论，他将提供社会福利的部门分为四个：国家部门提供直接福利和间接福利；商业部门提供职工福利；志愿部门，如自助、互助组织，非营利机构，社区组织等提供的福利；非正规部门，如亲属、朋友、邻里提供的福利。在这个社会福利多元部门的结构下，分权和参与是实现社会福利多元化的途径。约翰逊认为，社会福利多元部门中的国家作用是有限的，他批评了福利国家过分慷慨的福利提供，在福利国家面对人口老龄化、核心家庭增加、失业问题严重等社会问题时，政府的福利承担能力降低，其他社会部门便需要分担福利责任，使福利产品来源多元化，这是解决福利国家危机的出路之一，降低国家在社会福利提供方面的作用，由社会上的不同部门提供社会福利，使福利国家向福利社会转型。由上可见，福利多元主义理论强调通过福利多元组合安排，将国家的全面福利转变为社会诸多部门的福利混合式提供，在社会不同部门参与下，重现家庭、小区和其他非正式组织的作用，从福利国家迈向福利社会。1988 年，伊瓦斯借鉴了罗斯的多元福利组合概念，将罗斯的福利多元组合是完全不同的社会制度的三方中的任何一方——家庭、市场和国家的贡献，构成一个社会中的福利总体的观点，演绎为家庭、市场经济和国家共同组成的福利整体，伊瓦斯称其为福利三角。福利三角互动过程中的福利提供是多元的，福利提供的份额是相互影响的，它们之间存在此消彼长的关系(彭华民等，2012)。

福利多元主义理论的启示在于，社会救助尽管由国家承担最主要的责任，但是并不排斥社会和市场的力量，而是应该充分调动和利用社会和市场中的各种资源作为国家资源的补充，并与政府部门的资源进行合理衔接来为贫困和弱势群体提供社会救助现金援助和服务帮扶。

三、参与式发展理论

参与式发展理论是20世纪60年代以后逐步形成的，是作为对以现代化理论为代表的传统发展理论的反思与批判的面目出现的。参与式发展理论是一种微观发展理论，强调尊重差异、平等协商，在“外来者”的协助下，通过社区成员积极、主动的广泛参与，实现社区可持续的、有效益的发展，使社区成员能够共享发展的成果(李小云，1999)。参与式发展理论认为传统发展理论将新古典经济学奉为圭臬，以至于在发展过程有意无意地忽视了包括制度、文化在内的影响社会发展的因素，没有把人作为发展的主体，导致本末倒置。在这种发展理论指导下的实践也是弊病百出，加剧了社会两极分化，因为穷人在市场竞争中处于不利地位。此外，传统发展理论还造成了管理体制的不平等和低效率，导致“赋权冲突”产生了一个由上而下，以权力、投资和科学的名义逐级排斥弱势群体的现象(李小云等，2012)。参与式发展理论在对传统发展理论深度反思的基础上，进一步提出了从宏观到微观具有可操作性的社会变革方案。有学者在对国际发展文献梳理的基础上提出了关于“参与”和“参与式发展”的重要因素，包括决策及选择过程中的介入、贡献率、承诺及能力、动力及责任、知识及创新、对资源的利用和控制、能力建设、利益分享、自我组织及自立、机制促进等(李小云等，2012)。参与式发展的关键是赋权，赋权的核心是对发展救助活动全过程中参与和决策权力的再分配，即增加社区，尤其是社区中贫困群体在发展活动中的发言权和决策权(赵佳佳，2017)。也就是说，参与式发展强调自主、尊重差异，在平等协商的基础上，通过“外来者”的帮助，寻求解决当地问题的手段与方法，这不仅有益于“外来者”专业知识和技能的有效发挥，还有助于通过提升发展对象的参与感来提高其参与活动的积极性。

总之，参与式发展理论强调贫困、弱势群体以及其他社会成员的共同参与，旨在使救助帮扶活动能够真正满足受助者的需求，并调动贫困群体的主观能动性，促使社会救助发挥更好的作用。

四、新公共服务理论

20世纪20年代以来，西方公共行政经历了传统公共行政、新公共行政、新公共管理以及新公共服务范式。新公共服务属于新的公共行政理论，它在对新公共管理不断反思的基础上，整合相关理论形成了新公共服务理论。在该理论中，公民处于中心位置，行政人员应全心全意为人民服务，打造一个以公民为中心的治理系统(陶维雷，2019)。新公共服务理论的创始人罗伯特·登哈特认为新公共管理理论下行政官员过度关注“掌舵”而非“划桨”，过度关注行政组织的效率而非服务质量，相对忽略了公共行政部门的基础，即政府和公民之间的关系，因此，他认为公共部门的核心价值是为公民提供服务从而增加全体社会成员的利益，公民要积极参与到公共管理的社会治理中来，提升公民生活水平与质量（王磊等，2019）。新公共服务集中于公共利益的实现、民主治理的过程以及公民参与社会治理三个方面。

新公共服务理论是对新公共管理理论的超越。在该理论中，公民处于中心位置。新公共服务的构建以公共利益为前提，建立在行政人员全心全意为公民服务之上，行政人员的工作就是公共服务。新公共服务的主要内容包括以下几个方面：政府的职能是为公民提供服务，而不是掌舵；服务的对象是公民，不是顾客；对人要给予足够重视，而非重视生产效率；公民权和公共服务更加重要。

新公共服务理论的启示在于，社会救助实施中要调动公民参与，既包括志愿者，也包括受助者自身的力量，同时要注重独立于政府的第三方监督的功能，更好地服务于社会救助对象。

五、社会工作介入社会救助的相关理论

社会工作起源于济贫，社会救助是应对贫困的最直接手段，社会工作介入社会救助不仅可以彰显社会工作的专业价值，而且有助于社会救助效果的提升。

在社会工作介入社会救助的必要性方面，主要有以下几种观点：一是社会救助对象的问题不单是经济方面的，也是综合性的，需要社会工作的介入（马凤芝等，2016）。许多需要接受社会救助的家庭不仅需要经济支持，而且需要通过个性化的帮扶，解决造成他们陷入经济贫困的社会的、身体的、心理的和行为的问题（Pauline，1962），从这个角度讲，由于受助对象的需要不只局限于经济方面，所以救助工作者应该运用专业的知识和技能去帮助他们，解决导致他们陷于贫困境地的种种问题，最终帮助他们摆脱贫困并实现自立。二是社会救助对象的问题是由内部原因引起的，单纯提供经济援助不能解决其背后或相关问题，治标不治本，社会工作介入可以发挥其专业特长（马凤芝等，2016）。许多贫困家庭之所以需要现金救助，是因为社会的、行为的或心理的问题，这些问题影响其独立和自立。社会工作可以通过专业的知识和技能帮助这些贫困家庭摆脱和解决上述导致其难以自立的相关问题（Johnson et al.，1994）。三是从工作性质看，社会救助基本是一项专业工作，需要社会工作介入。与社会保险不同，社会救助需要评估申请者的资格条件，需要工作人员行使一定的自由裁量权，但一般的工作人员难以胜任，需要经过专业训练，能够理解申请者的需求和不幸，具备社会学、心理学知识的工作人员来实施（Wyers，1983）。四是社会救助的最终目标是使受助者自立，单纯的现金帮扶无法实现此目标，需要社会工作介入。这种观点认为受助者无法就业进而陷入贫困是因为他们缺乏相关的能力，无法适应和融入社会，因此，救助

不仅包括现金，还应该包括社会救助服务，以促使受助者恢复自立，进而减少依靠救助生活的人并削减救助开支(Hoshino，1973)。

社会工作介入社会救助的模式主要分为三类：第一类，整合模式，是指社会救助工作中，把经济援助和社会救助服务两种功能安排在同一行政管道，由同一个社会工作者面向受助者执行(McEntire et al.，1967)。从受助者角度看，在整合的个案管理中，受助者只与一个既处理其收入支持，又处理其就业和培训的工作者一道工作。这种整合模式与前述的社会工作介入社会救助的理论直接相关。实践层面，不少国家在社会救助领域把救助服务和经济援助整合起来，如美国早在20世纪60年代就把经济援助和社会服务连接起来，1962年的《社会保障法》修正案把社会服务供给扩大到受助者，并把经济援助和社会服务的行政结合起来，因为政策设计者认为贫困的受助者除了现金外，还需要诸多方面的社会服务，这样，受助者只接触一名社会工作者(马凤芝等，2016)。在瑞典，1982年的《社会服务法》规定收入支持和社会照顾结合为一个组织，这也是一种整合取向，使人们更容易获得帮助。英国的“新政”也在一定程度上把经济援助和社会服务整合起来，2001年起，英国政府把强制性就业定向会谈作为申请“收入支持”的组成部分，并且在申请期间举行定期会谈，会谈主要提供信息和分享有关的就业机会，参加会谈是对受助者的强制性要求，个人指导者从事的工作是“新政”递送的关键因素，他们提供个性化的辅导以支持单身父母获得就业，并且协助单身父母提出现金救助的申请，也就是说，这些指导者扮演了两个角色，既要保证提供收入支持，也要保证提供就业方面的相关服务(马凤芝等，2016)。第二类，分离模式，是指社会救助中，把经济援助和救助服务两种功能分离，由分离的工作人员来组织运作，但需要配合必要的沟通。从受助者的角度看，受助者与两个分离的工作者接触与互动，一个是处理收入支持方面的工作者，另一个是处理就业和培训的工作者，也就是说，经济援助和社会服务两种功能是通过两种管道或两部分人员实现的(McEntire et al.，1967)。这种把经济援助和社会服务相分离的模式，直接与人们对整合模式的反思相关，一方面个案工作方法较为复杂，涉及工作者和案主之间的面对面关系，不适合只有少量工作人员的较大的官僚组织；另一方面认为受助者之所以贫困是因为个人原因，这其实歪曲了受助者的真实生活情境，而且经济援助和社会服务整合起来是会对社会工作专业助人的功能带来不利影响的，社会工作者应该集中在治疗性介入，而不是按照标准变成办事员(马凤芝等，2016)。在实践方面，日本的“自力更生”计划是分离模式的代表，该计划旨在促使有劳动能力的受助者通过就业实现自立，而不是依靠社会救助生活。在计划实施过程中，负责执行经济援助的福利办公室由地方政府运作，提供与就业相匹配的服务和就业支持的公共就业机构由中央政府运作，这体现了分离模式的特征。第三类，混合模式，由整合和分离模式延伸而来，既有两种模式的特点，又与这两个模式不同，是指同一机构里不同工作人员分别提供经济援助和社会救助服务。

不是机构、人员的完全分离，而是人员的分离而已。也就是说，在分离状态下，把递送社会服务的责任赋予一个工作者群体，把决定一个人的经济援助资格和发放现金援助的责任赋予另一个群体(McDonald et al.，1980)。在实践中，澳大利亚的福利署为受助者提供经济援助，但同时福利署也雇用社会工作者，这些社会工作者提供以任务为本的、短期的个案服务，如精神健康服务或家庭支持服务等，也就是说，在福利署同一个机构中是由两部分人分别提供经济援助和社会服务。

社会工作在不同国家的不同历史时期介入了社会救助并发挥了重要作用。在西方国家的“从福利到工作”的社会救助改革项目中，一些社会工作方面的文献持批评的态度，认为这些计划强迫受助者为了低工资而工作，而不再接受救助的人大多并不能彻底摆脱贫困，而是成为工作穷人(working poor)。当然也有一些文献显示，社会工作者能够有效参与“从福利到工作”的相关计划。其实，在许多工业化国家政府处于紧缩社会支出和私有化计划的时代，社会工作需要更积极地参与，为社会政策游说、促进社会投资、促进生产性就业、保障所有社会成员的体面生活，促进人们充分参与社区的经济、政治、文化和社会生活(Hoefer et al.，2006)，也就是说，该理论的重要启示在于社会工作应该力求在社会救助等相关政策的发展和改革中发挥更大的作用和更好的效果。

第二章　社会救助现状与面临的挑战

第一节　国外社会救助现状

一、发展型的救助制度

在“激活”理念的影响下，各国形成的积极的、发展型的社会救助制度主要有三种类型：工作福利型、有条件转移支付型和专项救助型。

(一) 工作福利型

从 20 世纪 90 年代开始，欧美发达国家纷纷在社会救助中引入了积极的促进就业措施，即工作福利型社会救助制度的建设，主要针对有工作能力的受助者，包括长期失业者、青年失业者和单亲父母等，以应对福利依赖、长期性救助等社会问题。该模式最大的特点是改变了社会救助单是补偿收入损失的功能，社会救助更要配合提供培训和介绍工作的服务，在重视“相互责任”和“平衡权利与责任”的原则下，受助者需要在行为上达到一定的要求才可以获得救助，体现出促进失业者人力资本发展、提升其自力更生能力的功能(梁祖彬等，2012)。

具体实施方面，这种形式通过强制快速就业、培训和财政激励等措施的不同组合来实现其功能，当然，不同国家会采取不同的措施及混合方法，一般英国、美国等自由主义福利国家以强制快速就业为主，而北欧的社会民主主义福利国家则侧重培训和财政激励。强制快速就业措施的目标是促使受助者尽快返回劳动力市场，有劳动能力的受助者必须接受救助机构提供的工作，否则会导致其救助金的减少或丧失。培训措施的目标是提高受助者的劳动技能、帮助其积累人力资本，在美国等自由主义福利国家，培训通常从属于快速就业的目标，是短期的、补救性的，主要帮助受助者获得最基本的技能；而北欧的社会民主主义福利国家的培训通常是长期的、正规的、高质量的，可以使受助者的人力资本获得长期发展，推动其回归主流劳动力市场、更好地融入社会。财政激励措施是通过设立工作补助金和收入豁免政策等，保证受助者就业后总收入高于不工作而依赖社会救助时的收入，防止“贫困陷阱”与“失业陷阱”的发生。从实践效果方面看，工作福利尽管存在一些问题，但是相关的评估研究显示这种模式在减少受助者人数、提高就业率上具有积极作用，一定程度上提高了劳动者从市场中获得收入的能力（梁祖彬等，2012）。

（二）有条件转移支付型

从20世纪90年代中后期开始，拉美各国纷纷改革了原有的社会救助方式并相继设置了许多新型的社会救助项目，这些项目进行有条件转移支付型社会救助制度的建设，把救助资格与个人就业、教育培训和医疗服务等人力资本发展政策结合在一起，以提高贫困群体的教育水平和健康状况，并激励其进入劳动力市场，以期达到长期消除贫困的目标。新形成的有条件转移支付模式在理念上关注“发展”，虽然项目设计并非尽善尽美，但拉美国家这种具有创新性的发展型社会救助的经验还是被许多国际机构和学者称为发展中国家在减贫方面的典范，因为它旨在促进贫困群体人力资本的积累与发展以打破贫困的代际循环。

尽管拉美各国的项目在名称、目标定位方式、资金来源等诸多方面存在一定差异，但这种模式的共同特点与经验包括：第一，认识到了贫困的多维性与代际传递性。过去，拉美国家的社会救助主要是为贫困群体直接提供现金和食品援助，即侧重“收入贫困”。新出现的发展型模式认识到了贫困的多维性，对贫困的理解接近于“社会排斥”，所以拉美国家的新型社会救助更多地体现了一种以人的发展为中心的崭新救助理念。此外，拉美国家还认识到了贫困的代际传递性，为了打破贫困的代际循环，各国的救助都非常关注对贫困家庭儿童的人力资本投资。第二，附带条件的救助金是这种模式的核心要素。这种模式下，救助金的发放均带有一定条件，而这些条件的设定有利于人力资本的发展。比如，墨西哥的机会计划规定，家庭主妇领取救助金必须以保证其子女接受教育为条件，此外，还必须参加各类健康教育的学习班并保证其子女能定期接受体检。一般来说，大部分拉美国家都有类似于墨西哥的以接受学校教育为条件的救助金，只不过针对的入学程度不同。从实践效果方面看，相关评估显示虽然这种模式的社会救助在为贫困家庭提供保护与减少贫困方面的影响和作用较有限，但是在促进人力资本发展方面的功效比较显著，贫困家庭中儿童的入学率、健康状况、营养程度均有较大程度的改善，有利于长期减贫和可持续发展（Barrientos et al.，2009）。第三，采用多种目标定位方式瞄准最贫困的家庭。拉美国家过去的社会救助在目标定位方面很差，真正的穷人难以获得救助。发展型模式的社会救助力图改变过去的状况，采用多种目标定位方式，除传统的家计调查外，还有地域定位、代理家计调查、类别定位、家庭排序、社区公示等多种方式，目的是提高瞄准率（Lloyd-Sherlock，2008）。

（三）专项救助型

20世纪90年代中后期，亚洲金融危机之后，为应对因大规模失业而导致的贫困问题，东南亚许多国家开始改革之前临时性的、应急性的社会救济政策，纷纷进行专项救助模式社会救助制度的建设，这些项目主要通过提供实物或服务的非现金救助来帮助受助者提升劳动能力、改善生活条件，也就是说，这些国家采用专项救助的模式来实施救助，这种模式虽然并不直接提供现金，但它可以通过提供住房、医疗服务等来改善贫困与弱势群体的生活条件，最终促进人与社会的发展。

工作福利模式和有条件转移支付模式主要是提供现金救助，而采取专项救助模式的国家现金救助较少，专项救助项目较为齐全且覆盖面广。例如，医疗救助在泰国、菲律宾、印度尼西亚等均是非常重要的救助项目，它是指政府资助贫困地区和贫困人口的医疗服务、健康检查等以改善贫困者的健康状况，采取的方式一般是对直接救助对象免费发放医疗保险卡，让他们同自己缴纳保费的参保人一样享受相应的医疗服务。教育救助主要通过为贫困学生提供助学金、免除书本费、补助住宿费等方式帮助其完成学业以改善教育状况，越南、菲律宾、印度尼西亚等国均实施了各具特色的教育救助。就业援助在印度尼西亚、菲律宾等东南亚国家较普遍，包括积极劳动力市场项目，如职业培训、创业等，还包括政府部门推出的一些面向贫困人口的劳动密集型项目，以及直接资助贫困、落后地区展开公共工程(以工代赈)项目或者小额信贷项目等，旨在帮助贫困者提高工作技能，实现就业(顾昕，2008)。总之，这种模式把社会救助的重点放在医疗救助、就业援助和教育救助等专项救助之上，当然其具体措施的差异取决于各国医疗体制、劳动力市场体制和劳动力市场政策以及教育体制等的结构性特征。在医疗救助、就业援助和教育救助等方面的投资实际上就是对贫困人群人力资本的投资，在总体上有助于他们提升参与劳动力市场的能力，从而走向脱贫致富。从实践效果看，专项救助模式在保护型的功能上有些不足，但是这种模式具有发展型的特征，且救助的覆盖面较广。

二、重视管理与服务能力建设

贯彻落实积极的社会救助理念和制度模式，离不开管理与服务能力的建设。这里主要介绍不同制度类型下典型国家的管理和服务能力建设情况。

(一)业务外包与结果付款

英国是工作福利制度模式的典型代表，业务外包是英国工作福利递送非常普遍的一种形式，政府制定政策、提供资金，委托地方企业和社会组织承担具体服务项目，以充分发挥地方力量的优势。在业务外包模式中，服务供应商并不需要承担受助者的工资和培训费用，而是由政府提供工资补贴和培训补贴，如果受助者最终实现就业，服务供应商还将得到政府的奖金。与慈善和环保事业相结合是工作福利递送的另一大特色，地方慈善组织、环保部门为受助者提供志愿工作岗位和环境保护工作岗位，政府为慈善组织和环保部门提供一定的工资补贴。在市场化和社会化的福利递送机制下，不仅受助者的就业能力得到了提升，企业还能获得无偿劳动力，受助者和企业双方的积极性都得到调动。例如，2011 年取代了新政计划的工作计划实行完全外包的“黑盒子”模式，公共部门即特别就业中心先向受助者提供一年的就业服务，一年后受助者若没有找到工作，则转由以私营部门为主的第三方供应商提供两年的就业服务（Rees et al.，2014）。全国共分为 18 个一级承包区，工作和养老金部在每个一级承包区都会与两或三个主供应商签订合同，第一份合同为期5年，2016 年底到期。主供应商通常会将工作计划服务再分包给其他供应商，由此形成了复杂的供应链（Rees et al.，2014）。在“黑盒子”模式中，供应商拥有高度的自主权，政府不干预其具体工作（Department for Work and Pensions of UK，2012），但按照合同规定，供应商必须达到与工作和养老金部商定的最低服务标准，政府对供应商进行监督和考核，并根据供应商的业绩来分配受助者，业绩好的供应商会分到更多的受助者（Department for Work and Pensions of UK，2012），从而在供应商之间形成良性竞争，保障服务效果和政策目标的实现。

在引入市场化递送模式后，英国工作福利政策还设计了结果付款（outcome payment）和差别付款制度。结果付款指政府主要根据受助者就业结果向供应商支付报酬，以强化对供应商的约束和激励。以往的工作福利项目主要采用事前付款制，弹性新政对此进行了改革，按 4∶3∶3 的比例分三次向供应商付款（Rees et al.，2014），但在这种支付方式下，供应商在受助者找到工作之前仍然会得到大部分付款，其行为并不能得到有效约束，激励作用有限。随后，工作计划对付款比例进行了调整，刚接收受助者时，供应商只能得到 10%的付款；当受助者找到工作时，供应商可以得到25%的付款；当受助者工作满 6 个月（严重就业困难群体为3 个月）后，供应商才能得到余下 65%的付款（Rees et al.，2014）。供应商得到全部付款后，仍要继续对受助者提供支持，以确保受助者维持就业状态，政府也将每四周一次继续向供应商支付一定的报酬（Department for Work and Pensions of UK，2012）。差别付款旨在为受助者提供有针对性的救助措施，防止供应商的逆向选择行为，使所有受助者都能享有同等的就业机会（Rees et al.，2014）。工作和养老金部按照年龄、受助历史、所属货币支持型制度类别等标准将工作计划受助者分成了 JSA 18-24、JSA 25+、ESA ex-IB 等 9 个组，每个组对应的供应商报酬、各阶段付款条件和比例都不一样，报酬最低的为 JSA 18-24 组的 3810 英镑，最高的为 ESA ex-IB 组的 13720 英镑（Rees et al.，2014）。由上可见，市场化递送模式是英国工作福利的重要和关键特征，英国扩展工作福利对象虽然增加了“愿意接受工作的人”，但为这些人提供就业机会才是实现充分就业的决定性因素，由此，市场化就业救助的递送方式至关重要。

（二）多部门配合与专业的计划促进者

通过学习和借鉴拉美国家有条件转移支付模式的经验，印度尼西亚 2007 年建立了家庭希望计划(Program Keluarga Harapan，PKH)，也由此成为东南亚地区最早建立有条件转移支付项目(Conditional Cash Transfer，CCT)的国家，成为实施有条件转移支付模式的典型国家。

印度尼西亚的家庭希望计划(PKH)的执行机构归属于印度尼西亚的社会事务部，中央层级的执行机构位于首都雅加达，它的代表机构，即区(district)层级的执行机构归属于地方政府的社会事务部门，负责具体计划的实施。区层级的执行机构有 4 名计划执行者，负责机构办公室的管理，具体分工包括事务的总协调、管理信息系统、投诉和办公室行政。计划执行者同时为管理分区层级的计划负责人，即计划促进者，这些计划促进者直接和受助者接触，他们的职责是让受助者能更为便利地加入家庭希望计划，比如，帮助受助者领取现金转移支付并帮助其获得教育、医疗等公共机构的服务等。计划促进者的人数根据分区内受助者的数量并结合社会、文化、地域等状况确定，他们具备一定的专业知识和技能(Kharisma，2013)。

在中央层面，执行机构则由控制组负责管理，控制组包括管理委员会和技术组。管理委员会由 6 个部委组成，分别是社会事务部、社会福利部、国家教育部、宗教事务部、卫生部和通信部；技术组由管理委员会中负责技术程序和实施监督的工作人员组成。在地方层面，区层级的执行机构由两个协调机构控制，即省级协调组和区级协调组。除控制功能外，省级协调组和区级协调组还需与管理委员会和技术组相协调，管理委员会、技术组和协调组应确保每个部门之间有良好的配合以支持家庭希望计划的实施、持续改进计划的设计并确保相关数据的收集和更新(Kharisma，2013)。此外，计划待遇的发放，即待遇递送由印度尼西亚邮局负责，邮局在所有的区和大部分分区有代表机构，即区邮局和分区邮局。印度尼西亚家庭希望计划的管理和执行机构及其之间的关系，即印度尼西亚有条件转移支付计划的管理与实施机构见图 2.1。

由上可见，印度尼西亚政府在救助递送中注重政府间的协调和配合，并且引入了专业的计划促进者，以保证积极的社会救助得到更好的贯彻落实。

(三)分级负责与明确职责

印度是通过专项救助模式“激活”贫困者的典型国家，2005 年推出了全国农村就业保障计划(National Rural Employment Guarantee Program，NREGP)，力图为整个农村社会提供一个基本的就业覆盖，旨在为无地或少地的贫困农村劳动力提供就业机会。印度从中央至地方各级政府都非常重视全国农村就业保障计划，为了便于计划的执行，印度政府从中央到地方都设置了相应机构进行具体事务的管理，具体可以划分为六个级别，分别是中央级、邦级、地区级、街区级、村落级和村级(Dasgupta，2013)。

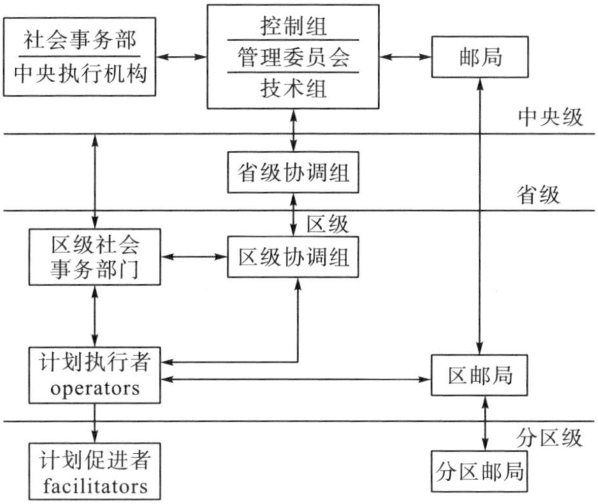

图 2.1　印度尼西亚有条件转移支付计划的管理与实施机构

资料来源：Kharisma D D. Case Study of PKH（CCT Indonesia）in Sumba Barat and Kediri.（2013-5-20）［2016-12-11］http://www.welfareacademy.org/pubs/international/policy.exchanges/asp_papers/1201.pdf.

第一，在中央一级，印度中央政府组成了中央就业保障委员会，从国家最高层面对计划的实施进行定期审查和监督，由中央政府任命中央委员会主席、秘书及其他成员，该委员会由官方和非官方人员共同组成，官方人员是来自中央政府和邦政府相关部门的高级官员，非官方人员(妇女应占三分之一)每年轮换一次，各类弱势群体人员应占三分之一(贺永红，2011)。中央委员会收集或安排有关农村经济发展及实施方案的统计数据，从而对该计划进行细致评估并对法案的修订负责。此外，中央政府需要对救助计划支付给参与者的工资承担100%的财政责任，并对其他物质成本承担75%的财政责任，同时要确保财政资金及时划拨给各级机构以确保全国农村就业保障计划的顺利落实(Dasgupta，2013)。第二，在邦一级，为了从各邦政府层面更好地对该计划的执行情况进行监测和审查，由各邦政府建立了就业保障委员会(State Employment Guarantee Committee，SEGC)，规定该委员会成员需要包含至少有三分之一妇女和三分之一的下层种姓和贱民部落；规定还强调，保证工人、民间组织、弱势团体和民选的地方团体成员都有代表参加委员会，这在很大程度上维护了弱势群体的利益(Sumanjeet，2005)。此外，邦政府要承担25%其他物质成本的财政责任(Dasgupta，2013)。第三，在地区一级，地区级首脑(或首席执行官)需要对全国农村就业保障计划的实施情况负责，该地区内所有的政府官员和地方当局应最终对地区级的首脑(或首席执行官)负责，地区级首脑则需向区级议会负责，这就形成一种层层制衡机制，互相监督与检查，有利于计划的规范执行。第四，在街区一级，邦政府要任命一名项目官员(Prograrm Official，PO)负责该区域的程序执行，项目官员还须负责向评议委员会和地区级首脑(或首席执行官)交代事宜，项目官员的任何权利、义务也可以委托给村评议会或指定的地方政府施行，体现了政策的灵活性，此外，项目官员还要负责在 7 天内处理受助者的投诉(Dasgupta，2013)。第五，在村落一级，村落自治委员会主要负责汇总整合各村评议委员会推荐的救助对象名单，并负责发放工作卡与分配工作(Dasgupta，2013)。第六，在村一级，需要设立村评议委员会负责全国农村就业保障计划的实施，具体要形成和实施的项目应根据参与者的需求而定，是需求导向型的。村评议委员会会长将根据计划规定来负责具体的项目实施，以及执行和监督工作，要注意的是，村评议委员会实施前提是接收到项目官员的行政批准，此外，根据计划规定的准则，每项工作还由一个当地监测委员会监视，委员会由当地或村庄的成员组成，就地工作，以便监督工作进度和质量，作为连续审计过程的一部分，村评议委员会每 6 个月召开一次审计会议(Sumanjeet，2005)。最后，值得一提的是，为了保证参与者能及时领取报酬，相关部门特意为所有申请工作的农民开设了银行和邮局账户(李超民，2016)。

由上可见，印度全国农村就业保障计划的递送形成了中央政府统筹下的各邦政府、区政府和街道相互参与执行的多级管理体制，这是一种比较科学的管理机制，可以使各级政府的权力运行相互制约、相互促进，还能起到有效的监督作用。在全国农村就业保障计划规定下，每一层级的机构都有一系列明确的权利和义务，各级机构实现其权利的能力使其能获得落实计划的各种资源，而机构的义务则确保其在落实计划中能实现透明和高效，这种明确的权利义务规定较为有效地保证了全国农村就业保障计划的规范管理与有效递送。印度农村就业救助的具体管理和递送机构情况见图 2.2。

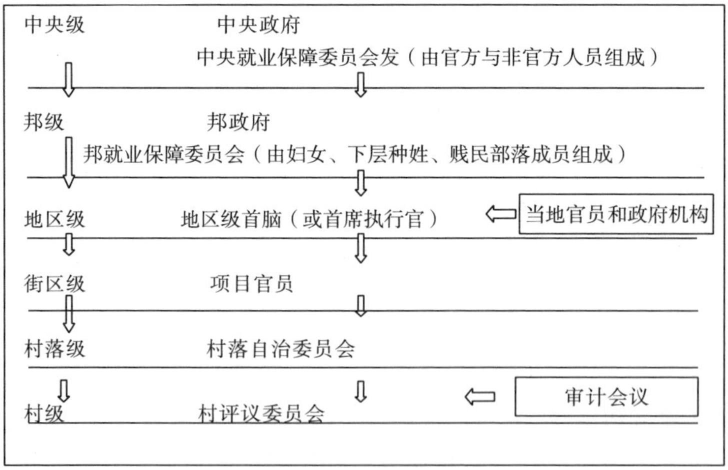

图 2.2 印度农村就业救助的具体管理和递送机构

资料来源: Sumanjeet. National Rural Employment Guarantee Act 2004: provisions, potentials, problems[J]. Social Change, 2005(1):95-104.

第二节　我国社会救助现状

中华人民共和国成立后，党和政府高度重视社会救助工作，基于当时国情，遵循城乡二元分治的原则，在农村建立了以救灾救济、“五保户”及特困户救济为主要内容的救助体系，在城市建立了广泛就业与矫治性救助相结合的救助体系。20 世纪 90 年代以来，随着社会主义市场经济改革的深入，我国出现了以下岗职工为主体的新型贫困群体，为了应对这一问题，社会救助进行了改革探索，1999 年我国建立了城市居民最低生活保障这项新型救助制度，经过 20 多年的发展，到目前为止，已基本形成了以城乡居民最低生活保障制度为基础，以特困人员供养制度、受灾人员救助、医疗救助和流浪乞讨人员救助为主要内容，以住房救助、教育救助、就业救助等为配套，以临时救助为补充的体系框架，在保障贫困和弱势群体生活方面发挥了重要作用。总体来看，当前我国社会救助仍属于生存型的救助制度，在管理和服务能力建设方面相对薄弱。

一、生存型的救助制度

我国的社会救助主要以维持生存为目的、以经济补偿为主要方式来解决贫困群体的生存危机，提供最低生活保障一直是我国社会救助制度的主要特点之一，也就是说，社会救助采取的是保障生存的救助理念。采取这种理念，主要是出于以下原因：第一，应对紧急情况和维护社会稳定。我国社会救助改革和发展的历程显示，“应急”是中华人民共和国从成立到改革开放前的主导话语之一，社会救助在这一阶段需要发挥作用去帮助社会上各类贫困及弱势群体，以应对严峻的国际、国内形势并医治战争创伤和尽快恢复社会秩序。在这种背景下，社会救助以“不饿死人”为标准，主要有发放实物、现金、以工代赈等多种形式，目的是保证弱势群体的生存，救助水平十分有限。改革开放后，“稳定”成为主导话语之一，社会救助的改革和发展是伴随着经济转型和国企改革进行的，改革动因是为以国企下岗人员为主的贫困群体提供补偿，这些人因失去工作和相应保障福利待遇而表达出不满，在这种背景下，社会救助被看成有利于维护社会稳定的工具，许多政府文件和领导讲话都强调了社会救助尤其是最低生活保障制度对于社会安定的作用，把其称为“稳定工程”、“凝聚工程”与“民心工程”。第二，生存型社会大背景下的选择。在社会救助制度改革和发展的历程中，我国总体上看是生存型社会，生存型社会的主要目标就是满足社会成员低层次的、最基本的生存需求，包括吃饭、穿衣、住房、交通等，整个社会消费需求的主体是满足温饱的衣食住行等基本物质需求，这时社会对人的能力、创新等新型生产要素的需求有限，而主要依赖传统生产要素的大量投入。在生存型社会中，社会救助作为一项重要的社会安全网政策，可以帮助政府应对社会风险和社会危机，其价值理念的选择很自然与整个社会大背景保持一致，即采取保障生存的理念。第三，绝对贫困认识下的选择。我国对贫困的认识一直以来都以绝对贫困为主，直到 2019 年十九届四中全会才正式提出要建立应对相对贫困问题的长效机制。在绝对贫困认识的主导下，政策制定者主要把困难群体的贫困问题视为绝对贫困，在制定最低生活保障标准时，采取相对静态的概念和市场菜篮子的方法，只关注生理需求的维持和保障，这必然导致社会救助以保障生存为基本理念。总体来看，生存是发展的前提，保障生存的救助理念在转型期的背景下有其特定的合理性，对解除困难群众的生存危机起到了关键作用，但这种救助理念也存在问题和局限性，包括片面强调人的生存会一定程度上忽视发展的需要；关注对贫困群体的物质帮助和支持，忽视贫困群体的能力建设、素质提升和人力资本的积累；主要着重眼前生存的需要和满足，难以立足于长远以及未来的发展。

在保障生存理念的指导下，我国社会救助采用的是维持生存的制度设计，难以帮助受助者积累和发展人力资本。这主要体现在以下几个方面。

第一，社会救助水平低，服务救助缺失。

我国社会救助水平偏低，这是在保障生存理念指导下社会救助制度设计的必然结果。以社会救助的核心项目最低生活保障制度为例，绝大多数地区在设定低保标准时采取“市场菜篮子法”，这是衡量绝对贫困的方法，由此设定的低保标准很低，难以充分满足贫困群体的需求。“市场菜篮子法”的一个关键环节就是确定满足人的基本生活需要所必需的产品和服务的清单，然后根据市场价格对购买这些产品和服务的费用进行计算。在实践中，可以根据营养学标准确定产品和服务清单，也可以根据对低收入家庭的调查来确定，当然更多的做法是把以上两者结合，既考虑营养标准，又考虑实际生活习惯。从表 2.1 的 2009—2014 年我国城乡低保标准占居民人均收入的比例可以发现，城乡低保标准占居民可支配收入的比例虽然逐年增长，但是总体水平仍然较低。2017 年，我国城市低保救助标准为 6487.2 元/年，占全国城镇居民人均可支配收入的 17.82%，农村低保救助标准为 4300.7 元/年，占农村居民人均纯收入的 32.02%，均为较低的标准，可见我国的低保标准并没有实现与收入的同步增长，贫困人口未能充分共享经济社会发展成果。

表 2.1　2009—2014 年我国城乡低保标准占居民人均收入的比例

年份	城市低保救助标准/（元/年）	城镇居民人均可支配收入/（元/年）	城镇低保救助标准占收入比/%	农村低保救助标准/（元/年）	农村居民人均纯收入/（元/年）	农村低保救助标准占收入比/%
2009 年	2733.6	17175	15.92	1210.1	5153	23.48

续表

年份	城市低保救助标准/(元/年)	城镇居民人均可支配收入/(元/年)	城镇低保救助标准占收入比/%	农村低保救助标准/(元/年)	农村居民人均纯收入/(元/年)	农村低保救助标准占收入比/%
2010 年	3014.4	19109	15.77	1404.0	5919	23.72
2011 年	3451.2	21810	15.82	1718.2	6977	24.63
2012 年	3961.2	24565	16.13	2067.8	7917	26.12
2013 年	4476.0	26467	16.91	2434.0	9430	25.81
2014 年	4932.0	28844	17.10	2777.0	10489	26.48
2015 年	5413.2	31195	17.35	3177.6	11422	27.82
2016 年	5935.2	33616	17.66	3744.0	12363	30.28
2017 年	6487.2	36396	17.82	4300.7	13432	32.02
2018 年	6956.4	39251	17.72	4833.4	14617	33.07

数据来源：民政部网站各年低保数据。

另外，我国低保制度的动态调整机制不完善，低保标准的变动调整不能完全反映消费价格变动，难以完全保障贫困者的基本生活。全国许多地区的城市低保标准都低于当地的实际贫困线(维持起码生活需求的保障线)，一般为实际贫困线的 70%—80%，部分地区甚至低于 60%(郑功成等，2011)。近期已经有一些调查显示出我国社会救助水平偏低、受助群体入不敷出的问题。比如，根据对 2013 年民政部城乡困难家庭社会政策支持系统建设大规模调查数据的统计分析，城乡低保家庭的年均支出都超过了年均收入，存在较严重的入不敷出问题，这给其生活带来诸多不利影响，使其陷入贫困难以自拔。大比例的城乡困难家庭都存在欠债的情况，低保家庭尤甚，城乡困难家庭欠债的主要原因均是看病，分别占 48.8%和 57.2%，其次是孩子上学，分别占 29.7%和 17.3%。救助水平低使得我国的社会救助只能保障贫困群体或家庭的基本生存而非基本生活。在这种情况下，贫困家庭更不用提合理分享经济社会发展成果并提升能力和获得发展了，而造成这一问题的根源就是“保障生存”这一救助理念的指导。

此外，我国社会救助注重物质救助，以发放现金和实物为主，服务救助严重缺失。物质救助以保障贫困群体的生存为主，是一种“输血”手段，无法促进受助者发展和积累人力资本。服务救助主要包括医疗救助、教育救助、就业培训、贫困老人居家服务救助等，它以提供服务的形式改善贫困与弱势群体的生活条件，提高其人力资本并有助于其增强能力，最终促进人与社会的发展，是一种“造血”的救助手段。应注意的是，总体上看我国服务救助发展滞后、供给严重不足，有些地方虽然有医疗救助、教育救助等，但成效不明显。2013 年民政部中国城乡困难家庭社会政策支持系统建设调查数据表明，困难家庭对社会救助的需求较大并且呈多样化趋势，当然不同类型家庭的需求优先次序存在差异，城市困难家庭最需要的社会救助排在前三位的分别是低保、医疗救助和水电、燃料及采暖补助，流动人口困难家庭最需要的社会救助排在前三位的是住房救助、医疗救助和教育救助，农村困难家庭最需要的社会救助排在前三位的分别是低保、医疗救助以及临时重大事故救助，此外，还有不少困难群体需要就业帮扶、创业扶持、法律援助、心理服务等不同类型的救助服务。

第二，缺乏工作激励，长期救助显现。

一般来讲，社会救助包含两大基本目标：一是为贫困群体提供物质方面的援助；二是消除对贫困群体的社会排斥，防止他们被边缘化(Eardley，1996)。然而，对于第二个目标，许多学者和政策制定者存在异议，因为他们认为社会救助不但不能消除社会排斥，反而会造成社会排斥，因为救助对于贫富差距的调节作用有限，且可能造成福利依赖，不利于就业甚至影响经济发展(Kenworthy，1999)，那些长期领取救助的人会滋生“依赖文化”，使其被排斥在劳动力市场和主流社会之外。

20 世纪 80 年代后，西方各国陆续开始对社会救助进行改革，即采取工作福利政策来促使受助者参与劳动力市场。虽然西方政治背景赞同工作福利，但其学术界对此政策持谨慎和保留的态度，有些学者甚至对工作福利改革进行了抨击，认为这种改革实际是向济贫法时代强制劳动等不文明做法的倒退，制造出众多的工作穷人(张浩淼，2014)。可以说，国外关于救助、就业及福利依赖的争论必然伴随着学者对救助持有的不同视角及政党的不同政治倾向而不断持续。受其影响，在我国，理论界、大众传媒和政策制定者也不乏对低保和社会救助“养懒汉”的担心，并由此引发了相关的讨论。这种担忧也并非空穴来风，从我国救助对象的结构来看，城市低保对象中有劳动能力的人口，包括登记和未登记失业人员、在职人员和灵活就业人员，其加总起来的比重 2007 年以来一直高于 61%，2007 年、2013 年和 2014 年更是高于 62%，如果再算上残疾人中有部分劳动能力的人口，有从事劳动就业能力的受助者的比重将更高，把如此之多的有劳动能力和部分劳动能力的人置于低保救助之中，显然并非制度制定的初衷。当然，有劳动能力的低保对象中可能一部分因照顾老人和儿童等而不具备劳动条件，但是即便减去这些人，可以从事劳动就业的人数依然庞大。根据 2013 年民政部中国城乡困难家庭社会政策支持系统建设的大规模抽样调查数据，存在有劳动能力者的城市低保家庭共有 4600 户，其中没有需要被照料者的家庭共 3268 户，这些家庭应该是有劳动条件的家庭，其占有劳动能力者的城市低保家庭的比例为 71%。

总体来看，我国的专家学者关于社会救助和福利依赖的观点与他们各自的研究视角、特有的立场、崇尚的价值观和遵循的原则有关，因此，在社会救助是否“养懒汉”问题上存在分歧也是正常现象，暂时抛开福利依赖的争论，其实可以发现我国社会救助已经存在“受助时间长”的客观问题，也就是说，一些有劳动能力的受助者，不愿意积极找工作并自力更生，而宁可长时间依靠政府提供的各种救助待遇，维持低水平生活状态，社会救助虽然是希望给予受助者一定帮助以使其脱离困难，起到“蹦床”的作用，但在实践中却在“制造”着一个长期的低收入群体，变成了一个“吊床”。民政部曾经开展对低保对象的调查，发现有一半以上的低保对象主动找工作的积极性不高，有一定的依靠心理，而根据相关媒体的报道，部分受助者安于现状、不求上进，已经过上了带有“贫困文化”色彩的生活(洪大用，2004)。根据2013年民政部中国城乡困难家庭社会政策支持系统建设的大规模抽样调查数据，有一半的低保家庭的救助收入占家庭总收入的50%以上，即可算作“福利依赖”家庭，这些受助家庭受助时间长、劳动力参与率低、不愿退保，“养懒汉”问题已长期存在(刘璐婵等，2015)。

在救助水平如此低的情况下却存在长期救助的问题，需要更多地反思低保制度自身设计的问题和相关工作激励政策的实施问题。受助者很难通过现有的社会救助制度提升脱贫能力并帮助自身发展，现有救助是一种“养”起来的救助方式，这易导致受助者工作伦理的缺失。从国外对福利依赖和长期救助的研究来看，过于慷慨的救助是导致受助者长期领取救助金而不愿退出的主要原因，这也被称为“贫困陷阱”或“失业陷阱”。但是，我国的情况与西方国家完全不同，我国社会救助水平长期偏低、多数受助者入不敷出，这再次说明我国长期性救助的形成原因和西方天差地别，是由一些不合理的制度安排引发的，这些制度主要如下：首先，我国社会救助体系中的就业救助不健全，这是社会救助出现长期救助的最主要原因。由于我国的转型背景，低保制度建立开始并没有强调和关注对受助者的工作激励，因为低保更多是被当成对下岗人员的一种补偿方式和稳定社会的一种手段(北京师范大学课题组，2003)。尽管北京、上海等一些发达地区制定了就业激励的政策和措施，但这些措施在实践中效果有限(梁祖彬等，2012)。其次，目前我国社会救助制度设计造成了“福利叠加”效应，因为我国许多地方的医疗、教育、住房等专项救助对象的选择是依据是否享受低保待遇来确定的，也就是说，低保对象还可以获得其他多项救助待遇，而退出低保则同时丧失享受其他多项救助待遇的资格。2013年民政部“中国城乡困难家庭社会政策支持系统建设”调查数据显示，受助者享受包括低保在内的两到三项救助的占48.75%，享受四到五项救助的占33.94%，救助的叠加效益较明显(刘璐婵等，2015)。由此可见，目前的社会救助制度设计在一定程度上减弱了受助者通过就业来自力更生的动机，容易引发长期救助。最后，我国并没有把是否具备劳动能力纳入社会救助对象认定条件当中，这也使有劳动能力者希望被纳入(关信平，2011)。从1999年关于低保的政策上讲，人均收入是决定一个家庭能否获得低保的条件，是否有劳动能力并非关键。2014年的《社会救助暂行办法》在第二章最低生活保障中也没有关于“受助者有无劳动能力”的相关规定，虽然第八章规定了就业救助，但如前所述，实践中这种工作激励政策的效果有限。这样的制度设计不能促使有劳动能力的受助者去积极寻求工作，容易引发长期救助问题。

第三，缺少儿童救助，出现贫困传递。

从全世界范围看，随着减贫和经济发展，过去几十年中儿童贫困问题得到越来越多的关注。童年阶段是人一生中非常关键和重要的阶段，儿童身体和心理状况对其今后发展有深远影响。缺衣少食和缺少必要的医疗卫生服务以及受教育程度低等因素，将给儿童今后的发展带来极为消极的影响。可以说，与成人贫困相比，儿童贫困问题是特殊的，反映了儿童自身的特点以及福利的缺失。

我国对儿童贫困问题缺少关注，目前还没有有关贫困儿童规模的官方数据，有些学者曾进行了大体估算，认为2009年我国贫困儿童的总数约710万(张时飞等，2009)，他们的估算是使用家庭收入这个单一维度。实际上，若从营养方面出发，我国儿童的营养贫困较为严重，尤其在农村，许多儿童面临营养不良的风险，此外，贫困儿童还面临着健康、教育、社会参与等方面的问题。比如，有研究者从生存、健康、保护、发展和参与等多维视角对我国儿童福利示范区的儿童贫困进行了测量，发现儿童生存的家庭环境极其脆弱，稍遇风险就易陷入贫困，儿童健康状况较差、健康行为不良且基本卫生设施状况不佳，对儿童的体罚和辱骂非常普遍、安全隐患普遍存在、对儿童保护不足，大多数儿童虽可以获得受教育机会，但学习条件等还存在问题，儿童的自我决策权利差，儿童参与状况较差(尚晓援等，2012)。

我国对儿童贫困问题的关注刚刚开始，无论是官方还是理论界，都更多地把贫困人群看成一个整体，对贫困儿童的特殊性认识不足。我国缺乏具有针对性的专项儿童救助政策，对于贫困儿童的救助没有形成系统的制度体系，已有的救助政策分散在各类政策中，如低保、医疗救助、教育救助等，带有针对性的专项医疗、营养、早期教育等政策方面发展滞后、力度不够，这不仅不利于贫困儿童的生存和发展，还会造成贫困的代际传递，可以说，儿童贫困既是贫困代际传递的原因，又是其结果。由于儿童救助的缺失，目前我国已开始出现贫困传递现象。林闽钢、张瑞利(2012)运用CHNS数据，围绕农村贫困家庭的代际传递问题进行了测算和分析，结果发现，贫困家庭子女容易受上一代经济和社会劣势的影响，农村贫困家庭已经开始出现贫困代际传递。2015年初，《人民日报》刊文指出，在中国目前已经出现贫困的代际传递，产生了“贫二代”，贫富差距具有一定稳定性，并形成了阶层和代际转移，若不改变，社会阶层将固化，将使贫困家庭一直处于贫困状态(冯华，2015)。总之，因贫困家庭儿童失学率高，教育投入不足，在缺少专门针对贫困儿童的救助政策的情况下，会导致这些儿童无法充分接触各种社会资源，人力资本难以得到积累和发展，长大后难以摆脱贫困，出现贫困代际传递现象。

二、管理与服务能力建设相对薄弱

除了制度设计以保障生存为主要目标外，我国社会救助在管理和服务能力的建设方面还相对薄弱。

目前，城乡低保、“五保”和临时救助均由民政部门负责管理实施，其他各类专项救助，包括教育救助、医疗救助、住房救助、就业救助等分别由教育部门、医疗保障部门、住建部门、人力资源和社会保障部门负责管理。由此可见，我国社会救助涉及内容很多，是一项综合性工程，在横向上需要由多个政府部门分工协作、共同完成。然而，我国社会救助各部门分别有着截然不同的管理制度和管理范围，由于没有明确的责任主体和统一的管理部门，各部门多头管理、各自为政，部门之间缺乏协调、信息不通，不仅影响了工作效率，增加了管理运作成本，而且造成管理中的随意性和资源浪费等问题，不利于救助资源发挥合力，同时各部门之间的协调也存在一定困难，不利于发挥社会救助的合力，影响了社会救助整体效能的发挥。2014 年，《社会救助暂行办法》规定“县级以上人民政府应当将社会救助纳入国民经济和社会发展规划，建立健全政府领导、民政部门牵头、有关部门配合、社会力量参与的社会救助工作协调机制”，通过这个协调机制，既能分类执行好各项救助项目，同时又有利于统筹各类项目的发展和相互衔接，有机配合，发挥作用。目前，在中央层面，我国已建立了全国社会救助部际联席会议制度，联席会议由民政部、中央宣传部、国家发展改革委、教育部、财政部、人力资源和社会保障部、住房和城乡建设部、农业农村部等 23 个部门和单位组成，民政部为牵头单位，已经取得了一定效果，但是在地方层面，这种联席会议制度在少部分地区还没有完全建立起来，民政部门作为主管部门，未能及时对整个社会救助进行有效的管理监督，部门间的协调互动不够，这种部门分割的状况导致部门和部门之间、政策和政策之间的脱节和衔接不畅，交叉重叠与残缺漏洞并存，存在多头救助、重复救助、救助遗漏等无序现象。另外，在建立了联席会议制度的地方，由于联席会议制度并不是一个正式机构，只是一个协调媒介，真正实施中的法律效力和权威效应存在一定不足。联席会议中，虽然规定了社会救助相关各部门必须参与，但对参与部门的积极性并没有约束，如果联席会议的主要负责人职位并不比部分职能部门的负责人职位高，有可能影响工作中的真实配合程度。此外，社会救助方面除了政府的制度性救助之外，社会力量的非制度性救助也在社会救助中扮演着重要参与者、补充者及实施者的角色，实践中，政府相关部门与慈善组织等社会机构这两类救助主体之间缺乏合作和沟通，导致制度性救助和非制度性救助存在“各行其道”与“各自为政”的情况，慈善救助的作用难以真正体现，社会救助的精准性与高效性不能得到保证。

社会救助对象分布在基层，社会救助法规政策落实也在基层，繁杂的社会救助事务性工作都需要靠基层完成，尤其是街道和乡镇一级。不少街道办事处和任务多的乡镇按需要建立了社会救助机构，配备了专职和兼职工作人员，社区居委会、村民委员会也把社会救助列为其工作内容。然而，街道与居委会干部、乡村干部文化水平普遍不高，所学专业并非社会保障，多数只接受过简单的培训，有的甚至边实践边摸索，他们对社会救助理论和政策认识较为粗浅，缺乏相关的专业知识和技能，政策执行水平较低，提供服务的能力不足。此外，他们一般还承担着许多其他工作，这种身兼数职的方式不仅增加了基层工作者的工作量，导致其疲于应付，同时也因服务不专业、不细致导致受助者不满意，比如，大众传媒不时报道基层干部在社会救助工作中优亲厚友、操作混乱等问题。此外，有些基层工作人员还存在认识上的误区，例如，对受助对象带有一定歧视情绪，并将受助对象应该获得的救助看成政府的恩惠，使受助者的人格和尊严受到伤害，以上这些问题均和救助服务的非专业化有关。

第三节 我国传统社会救助模式面临的挑战

一、贫困形势愈加复杂

我国的贫困形势随着经济社会的发展变得愈加复杂，这主要体现在以下几方面。

第一，从绝对贫困向相对贫困转变。绝对贫困是指个人与家庭难以维持最低生活，甚至无法生存。从理论上说，一个社会是可以消除绝对贫困的。改革开放以来，随着国民经济快速发展和人民生活不断改善，我国已迈入中等收入国家行列，绝对贫困现象持续减少，随着2020年我国脱贫攻坚的全面胜利，我国将彻底解决绝对贫困问题。但是，现实情况是，随着收入分配差距的持续拉大，相对贫困会越发凸显。早在19世纪，马克思就曾论述过相对贫困，他表示“我们的需要和享受是由社会产生的，因此，我们对于需要和享受是以社会的尺度，而不是以满足它们的物品去衡量。因为我们的需要和享受具有社会性质，所以它们是相对的”（卡尔·马克思，1975）。所以，相对贫困的含义，是指个人与家庭虽然可以维持基本的生活需要，但是难以达到社会平均生活水平的状况。此外，相对贫困还隐含着心理感受，当然这种心理感受也基于实际状况，即相对贫困也有一个客观的标准，这个标准不以人们的主观感受而改变。因此，2019年党的十九届四中全会正式提出要“建立解决相对贫困的长效机制”，说明党和政府已经充分意识到我国从绝对贫困向相对贫困转变的新的贫困形势。

第二，从收入贫困向能力贫困转变。贫困属于综合性的社会现象，它有多种表现形式，其中收入贫困是主要表现形式之一。从20世纪90年代末开始的我国社会救助改革主要是针对经济转型和国企改革所导致的大规模下岗失业而引发的贫困问题，这部分下岗人员因失去工作和较好的保障待遇而遭受了收入损失，低保等新型社会救助制度的建立是为了给予他们适当补偿。也就是说，收入短缺或收入贫困是上一阶段贫困的最主要的表现形式，社会救助制度设计以向贫困群体提供现金补偿和物质援助为主，带有一定消极补救的性质。然而，随着市场经济的发展和进一步转型，因能力和素质低下而造成被排斥在市场和高质量生活之外的贫困人口越来越多，可以说，能力和素质低下开始成为我国人口贫困的主要原因，也是贫困人口脱贫的内在障碍。“能力贫困”最早是由经济学家阿玛蒂亚·森提出的，他认为贫困的概念中有一个不能丢弃的“绝对核心”，即缺乏获得某种基本物质生存机会的“可行能力”（杨立雄，2008），阿玛蒂亚·森认为贫困可以用“可行能力”的被剥夺来合理识别，贫困是基本“可行能力”的绝对剥夺，进而提出了“能力贫困”的概念，教育和医疗条件的低下、性别歧视、收入不平等、失业、生育率高等都会对人的可行能力产生消极影响，有可能使人陷入贫困（Amartya，2003）。运用能力贫困的概念来分析当前我国的贫困形势，可以发现很多贫困者是能力不足或低下的，贫困的产生越来越多地和失业相关联，与劳动者的知识资本存量低、劳动技能差等有密切联系。

第三，贫困的结构化和人口学特征逐渐突出。我国的儿童和老年人作为弱势群体更易陷入贫困，儿童和老年贫困群体的规模在不断扩大。贫困儿童因缺乏教育、医疗、营养等保障，会在生理与心理方面受到严重影响，形成负面自我评价，难以得到良好的社会交往环境，这会对其全面健康发展产生限制作用，使他们失去平等参与社会活动的权利，这些贫困儿童长大后很可能仍处于贫困之中，形成贫困的传递。然而，目前我国对普遍性的贫困儿童研究缺乏实践和理论依据，没有科学合理的对贫困儿童的测算方法和监测机制，很难制定有效的反贫困政策。此外，我国人口老龄化水平超前于经济发展水平，且趋势不可阻挡，同时，老龄人口是最特殊且脆弱的群体，特别是在中国农村，老年贫困群体整体数量较大，地区差别和城乡二元化程度较大。养老服务体系滞后于养老服务需求，“未富先老”和“未备先老”的特征明显。老年贫困群体除经济困难外，普遍健康状况差，需要医疗、护理、日常照料等相关服务，应对措施较为复杂。以上贫困形势的转变对传统的社会救助模式提出了新的挑战。

二、贫困群体需求愈加多样化

随着经济社会的发展，贫困者对社会救助的需求不仅局限于基本的保障生存方面，而且逐步拓展到对获得发展的需求，即需求越来越多样化。

2013 年民政部中国城乡困难家庭社会政策支持系统建设调查数据表明，城乡与流动困难家庭的社会救助需求情况（表 2.2）存在差别，需求呈现多样化趋势，城市困难家庭最需要的社会救助排在前三位的分别是低保、医疗救助和水电、燃料及采暖补助，流动人口困难家庭最需要的社会救助排在前三位的是住房救助、医疗救助和教育救助，农村困难家庭最需要的社会救助排在前三位的分别是低保、医疗救助以及临时重大事故救助。此外，还有不少困难群体需要就业帮扶、创业扶持、法律援助、心理服务等不同类型的救助服务。在从获得救助上升到脱贫目标后，城市困难家庭的需要排在前三位的是直接提供生活资金和生活用品(27%)、资助子女完成学业(20%)和帮家里劳动力找份工作(20%)；农村困难家庭的需要排在前三位的是直接提供生活资金和生活用品(45%)、减免医疗费(16%)和资助子女完成学业(12%)；流动人口困难家庭的需要排在前三位的是提供技能培训、指点致富门路(29%)，资助子女完成学业(16%)和帮家里主要劳动力找份工作(13%)。由此可见，我国的贫困群体已经开始认识到单纯的低保金和物品援助无法解决自身的困难，他们对就业、医疗、教育、住房、照顾护理甚至心理慰藉等有助于增强其能力的援助措施存在需求，希望通过相应服务型救助帮助其提高能力并获得发展，最终摆脱贫困，这一点对于流动困难家庭来说体现得尤其明显。

表 2.2 城乡与流动困难家庭的社会救助需求情况

需要的社会救助	城市困难家庭/%	流动人口困难家庭/%	农村困难家庭/%
第一需要	低保 49.6	住房救助 20.6	低保 53.5
第二需要	医疗救助 39.1	医疗救助 17.2	医疗救助 46.9
第三需要	水电、燃料及采暖补助 19.5	教育救助 13.2	临时重大事故救助 21.5

资料来源：2013 年民政部中国城乡困难家庭社会政策支持系统建设调查数据，笔者统计。

在受助者既存在生存型需求又存在发展型需求的情况下，如果仍然按过去的社会救助思路，只关注弥补收入短缺、保障受助者生存，并不能最终实现反贫困的目标。也就是说，将贫困单纯地看作收入缺乏，并用是否能够很好地降低收入贫困作为对社会救助制度的评价标准，会混淆目的和手段，使社会救助难以实现反贫困、促进人的发展和社会融合的目标。反贫困绝不只意味着给贫困者支付一定数量的现金，而是要采取措施提升贫困者的可行能力，这就对传统的社会救助模式提出了新的挑战。

第三章　成都市郫都区“1+2+N”社会救助模式建设

第一节　成都市郫都区社会救助模式建设创新过程及体系

郫都区拥有悠久的建制与发展历史，其前身为郫县。自秦朝实施郡县制起，就设立了郫县，中华人民共和国成立后郫县分属温江专区和温江地区，1983 年温江地区被撤销，郫县划归成都市。2016 年底，郫县撤县设区，成立成都市郫都区，行政区域与政府驻地不变。2017 年 1 月，郫都区正式挂牌成立。郫都区地处成都西北近郊，自然环境优越，是中国盆景之乡、蜀绣之乡、韭黄之乡以及川菜之魂——豆瓣酱之乡，是中国农家乐旅游发源地、首批国家级创新创业示范基地、全国文明县城、国家生态文明建设示范区。郫都区辖区面积 438 平方千米，辖 14 个镇(街道)，191 个村(社区)。2018 年末常住人口 85.71 万，年末户籍人口 63.29 万，城镇化率达 72.45%，全年城镇居民人均可支配收入 43383 元，农村居民人均可支配收入 26081 元，全区地区生产总值 580.2 亿元[①]，位列“全国综合实力百强区”第 43 位，经济综合实力连续 21 年进入四川省十强。

除拥有得天独厚的自然资源以及雄厚的经济实力外，郫都区科技创新能力和人文资源也为其发展注入了源源不断的动力。郫都区拥有 19 所大中专院校、31个国家级实验室、100多所科研机构以及众多专家、技术人才，此外汇聚众多世界 500 强企业资源，具有强大的创新孵化能力和资源聚集能力。近年来，郫都区出台《重点产业发展扶持政策实施细则(电子信息业)》《推动形成绿色发展方式和生活方式的实施意见》等产业扶持政策，构建电子信息产业主体功能区和发展五大产业链，各种新经济形态蓬勃发展。此外，郫都区交通便捷，形成了较为完善的立体交通体系，基本公共服务和生活配套服务完善，形成了宜居宜业宜商的环境，经济社会发展持续向好。良好的人文环境、强大的科研创新能力、雄厚的经济发展实力与潜力、社会力量的增强，都为郫都区民政事业的发展奠定了基础和提供了条件，使郫都区民政事业发展走在全国前列。

① 数据来源于 2018 年成都市郫都区国民经济和社会发展统计公报。

一、成都市郫都区社会救助模式建设创新过程

郫都区社会救助工作模式的形成是一个基于制度引领、实践探索，在实践中发现问题，从制度上完善不足的不断发展的过程，从已颁布的各类政策文件中可以发现这一模式的发展历程。早在2014年国务院《社会救助暂行办法》出台之前，郫都区在2013年就出台了《郫县人民政府关于健全完善困难群众长效帮扶救助四大工作体系的实施意见》(郫府发〔2013〕36号)，形成了对困难群众帮扶的由政府牵头、21个部门协同参与的教育就业培训体系、卫生康复体系、社会关爱服务体系以及政府和慈善共同救助体系等四大工作体系，构建了社会联动、常态长效的对困难群众实施帮扶的有效渠道和长效机制，在突出保障民生的基础上，坚持输血造血同步，在坚持政府救助责任的同时，重视社会力量参与慈善救助，在关注传统民政救济对象如特困人员、低保人员的基础上，关注低保边缘群体、有就业需求的群体以及需要心理慰藉和关爱服务的空巢失独老人、留守儿童、孤儿等群体，在民政局设立困难群众帮扶救助工作办公室牵头负责的同时，强化各镇与相关部门的协调联动，此外细化四大体系指标，责任到单位，形成可量化、可考核、可监督的目标分解体系。从帮扶对象类别来看，可分为以下三类群体：因残疾、疾病和意外事故造成生活困难的低保、低保边缘户和散居“五保”户；有劳动能力和就业愿望，需要技能培训和就业扶持的生活困难的妇女、职工以及社区矫正人员等；有心理慰藉和关爱服务需要的弱势群体，如老人、儿童等。这极大地扩展了民政救助援助的群体范围。在教育就业培训方面，针对困难群体需求与自身人力资本进行评估，制订专门化的技能培训和就业推荐计划，并提供创业扶持政策倾斜；在卫生康复体系方面，建立贫困群众健康档案，实行“家庭医生”制度，实施门诊、住院和临时医疗救助，此外，重视残疾人康复和预防保健服务工作，设立残疾人义卖专柜，促进残疾人社会融入与收入增加；在健全政府和慈善共同救助体系方面，秉持政府主导、社会参与的理念，在确保低保保障的同时，健全完善对低保边缘群体的专项救助，此外对弱势群体如老年群体、儿童群体、贫困妇女、困难职工等给予不同形式的援助，而且积极搭建慈善救助平台，建设慈善网站，以“大慈善”理念弘扬慈善精神、增强慈善组织救助能力；在健全社会关爱服务方面，发挥青年志愿者、邻里互助作用，促进政府不同职能部门发挥所长进行救助的同时，积极开展政府购买社会组织服务试点，促进社会组织参与救助。该意见基于“大救助”理念，奠定了郫都区社会救助体系建设的1.0版本，体现出了政府救助兜底与促进贫困群体人力资本提升的发展型救助思想、政府救助与促进慈善社会力量参与的多元参与共治特点、资金与服务救助相结合的救助思路，为郫都区社会救助模式建设奠定了良好基础。更可贵的是，它早于国家层面《社会救助暂行办法》的颁布，也突破了该条例本身的局限性，具有较强的前

瞻性与创新性。

同年，郫县人民政府颁布《郫县困难群众帮扶救助工作办公室关于建立郫县困难群众帮扶救助联席会议制度的通知》（郫帮救办〔2013〕1 号）、《郫县民政局郫县财政局关于转发成都市民政局成都市财政局关于建立社区快速救助机制的通知的通知》（郫民发〔2013〕110 号），从制度层面确立了救助部门职责与部门协调互动的机制，形成了困难群众帮扶救助的政策、信息和行动合力，社区快速救助的实施增强了救助的及时性、有效性，健全完善了城乡一体化救助体系。社区快速救助机制的建立使得因突发性、特殊性等原因造成当前基本生活无法维持、急需救助的家庭可以在申请之日起 3 日内快速获得不超过 500 元的救助金，该救助面向成都市户籍居民和持有成都市居住证的非户籍居民，快速救助金的审批权限下放至各社区(村)，基层拥有救助裁量权，实施先救助后公布程序，使困难群体能够得到快速救助，及时缓解困难境况，在获得快速救助金后，受助家庭可再申请救助金额更高的临时救助，使家庭获得后续政策性救助、帮扶，通过设立快速响应救助、后续及时跟进的思路来多重保障困难群体生活。①

郫都区构建困难群众帮扶救助体系的努力取得了一定成效，主要体现在以下几个方面：①救助联席会议制度的确定初步形成了体制内政策资源的统筹，部门之间有了横向联系、协作；②体制内的救助政策得到加强，初步形成民政部门一门受理、各职能部门协同办理制度；③开始有意识地通过政府主导，拓宽社会力量参与社会救助渠道。四大工作体系的建立，不仅打通了政府间互动合作来提升救助工作实效的网络，同时也有效链接了社会资源。

但是与“精准扶贫”要求相比，该救助体系还远未实现“精准救助”，对困难群众救助的“最后一公里”还未打通，郫都区民政系统发现这套机制和方法措施还存在以下一些缺陷：①政府救助体系有待进一步完善。救助资源分散，缺少有效整合运用；救助政策繁多，缺少统一梳理发布；资金帮扶为主，缺少精准帮扶手段；资金帮扶有限，且服务性救助严重不足；申报途径分散，缺少协同办理窗口；民政牵头作用不佳，部门条块分割，政出多门，“各吹各的号，各唱各的调”的现象客观存在，导致服务群众“最后一公里”未能打通，救助及时性、有效性、精准化作用难以发挥。导致这一现象出现的一大原因在于受到救助工作一直以来由民政部门负责的传统认识影响，困难群众遇到困难一般都会去寻求民政救助，而事实上大量社会救助政策和资源分散在其他政府部门和群团组织，民政部门不掌握也无法调动这些资源，困难群众的救助需求未能实现最大化满足，更无法谈及救助的及时性、有效性和精准性。②社会力量参与平台缺失。慈善领域公信力不足，导致爱心人士和社会组织慈善捐赠行为积极性受挫；缺少社会力量参与救助的平台和渠道，参与诉求未能有效激发；对困难群众的需求未能有效分

① 黄泽君. 成都率先建立社区快速救助机制[OL].(2013-08-27)［2019-12-20］.https://epaper.scdaily.cn/shtml/scrb/20B0827/35687.shtml.

析，需求分析不精准，导致救助项目少且单一，救助供需对接平台缺失，这些都导致社会力量在救助领域的参与严重不足，且对社会力量参与缺少规范化的管理。③支出型贫困等特殊困难对象救助缺少制度性安排：现行的社会救助制度在动态调整机制方面不健全，支出型贫困对象缺少制度性安排，无法得到及时有效的救助。现有救助家计调查基于前端性的收入视角来考量救助资格的获得，未能考虑到受助家庭医疗、教育等支出较大的实际情况，使救助工作存在欠缺。

为解决上述缺陷，打通社会救助“最后一公里”，郫都区以贯彻《社会救助暂行办法》为契机，以实现“精准扶贫”为目标，坚持问题导向和需求导向，深入推进“救急难”试点工作，在逐步探索中总结、完善并最终形成建立了“1+2+N基于多元参与的专业化救助体系”，初步实现了救助资源统筹使用，救助力度明显增强，救助方式不断创新的社会救助局面。

国务院《社会救助暂行办法》是目前我国社会救助领域位阶最高的行政法规，具有引领指导效力。该办法总则中提出社会救助制度要坚持托底线、救急难、可持续原则，明确了县级政府职责，要求建立健全政府领导、民政部门牵头、有关部门配合、社会力量参与的社会救助工作协调机制，同时鼓励支持社会力量参与社会救助。在社会力量参与方面，《社会救助暂行办法》专辟一章就社会力量参与进行了论述，除政府通过各种优惠、激励措施鼓励社会力量参与外，还要建立社会力量参与救助的机制与渠道，政府可将具体服务职能通过购买服务的方式让专业机构来执行，发挥社会工作服务机构和社会工作者的作用，为受助群体提供社会融入、能力提升、心理疏导等专业服务。基于此，在全国层面确立了“8+1”的社会救助体制，即形成了以最低生活保障、特困人员供养、受灾人员救助为基础，以医疗救助、教育救助、住房救助和就业救助等专项救助为支撑，以临时救助并结合社会力量救助为补充的综合救助体系，将八项救助项目明确列为政府职责，进行了部门细化分工、统筹协调。此外，为有效增强政府救助的效力，强调社会力量的参与，提供了“政府+社会”的社会救助理念和工作方针。在该体系中，最低生活保障、特困人员供养和受灾人员救助具有基础性、普遍性特征，是最低生活保障的制度安排，四大专项救助以医疗、教育、住房和就业等具体救助事由发生时为条件进行救助，临时救助则以意外事件等造成当前生活暂时出现严重困难为事由进行救助，社会力量则对以上八项政府救助进行有效补充，以提升救助效力。

2014 年 7 月，郫县被四川省民政厅确定为“救急难”工作综合试点联系单位，2015 年 8 月，四川省民政厅、财政厅发布《转发〈民政部办公厅 财政部办公厅关于确定全国“救急难”综合试点单位的通知〉的通知》（川民发〔2015〕126 号）正式发文将郫县作为全省“救急难”综合试点单位，要求健全完善基层社会救助工作“一门受理，部门协同，社会参与”和急难对象“主动发现、快速响应”机制，把“救急难”工作与商业健康保险、城乡居民医疗保险、大病保险、精准扶贫、慈善救助、志愿服务等多种社会救助方式有机结合，组织和动员社会力量积极参与“救急难”工作。郫县全面深化领导小组将深化推进省级“救急难”试点县工作列为重点工作任务。在民政部、省、市上级部门的鼓励和指导下，郫县民政局牵头于 2015 年 11 月以深化“救急难”试点工作为抓手，探索社会工作参与社会救助，构建新型社会救助体系。

2015 年 11 月，郫县人民政府办公室发布《关于印发〈郫县“救急难”工作实施方案〉的通知》(郫府办发〔2015〕56 号)是对探索构建新型社会救助体系迈出的重要一步，初步形成了社会救助创新模式的雏形，是郫县社会救助模式创新的 2.0 版本。该通知将落实社区快速救助、临时救助、政府救助与其他救助制度相衔接、创新急难救助服务方式作为全面落实急难救助的四大任务，坚持“于法有据，政府主导”“民政统筹，部门配合”“公开公平，社会参与”的三大基本原则，以因病致贫、因残致贫、因学致贫和其他特殊情况造成的贫困家庭作为救助对象，探索形成了“救急难”统筹协调工作机制、急难对象主动发现机制、“救急难”快速响应机制和“一门受理、部门协同、社会参与”机制等四大机制。统筹协调工作机制根据行政层级可划分为：县社会救助工作领导小组——县社会救助中心——镇(街道)“救急难”工作联席会议制度和“‘救急难’一门受理”社会救助窗口。急难对象主动发现机制主要依靠基层党组织、村(居)委会、社会组织、网格员、民政协理员、社会工作者、志愿者等一线人员及时发现，并于 2 天内上报镇(街道)社会救助窗口，早发现、早救助。快速响应机制主要是指镇(街道)社会救助窗口在受理救助申请后，及时上报镇(街道)民政办，在入户调查、制订计划进行上报县社会救助中心审批的同时，第一时间协调镇(街道)职能部门及时开展第一时间救助，县社会救助中心在接到社会救助窗口上报救助项目后再次评估、整合协调救助资源，开展更具针对性和包裹性的第二次救助帮扶，通过两次不同时段、不同程度的救助切实帮助困难群体。“一门受理，部门协同，社会参与”是指由镇(街道)社会救助窗口“一个口子”上报，县社会救助中心“一窗式”受理和审批，县社会救助中心积极协调民政、人社等政府部门及企业、社会组织和爱心人士等资源，开展综合救助。具体可见图 3.1、图 3.2。

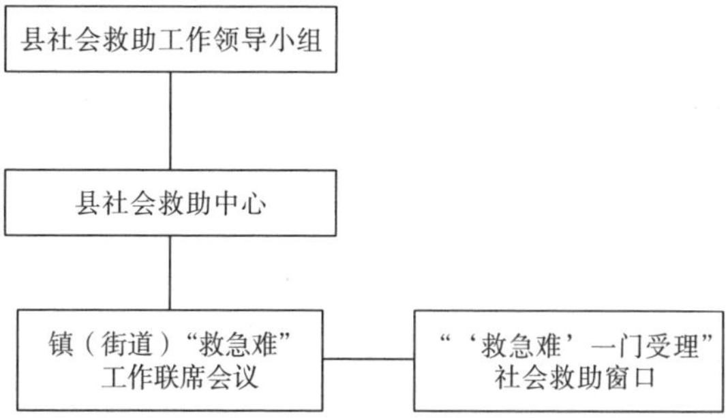

图 3.1 郫县“救急难”统筹协调机制

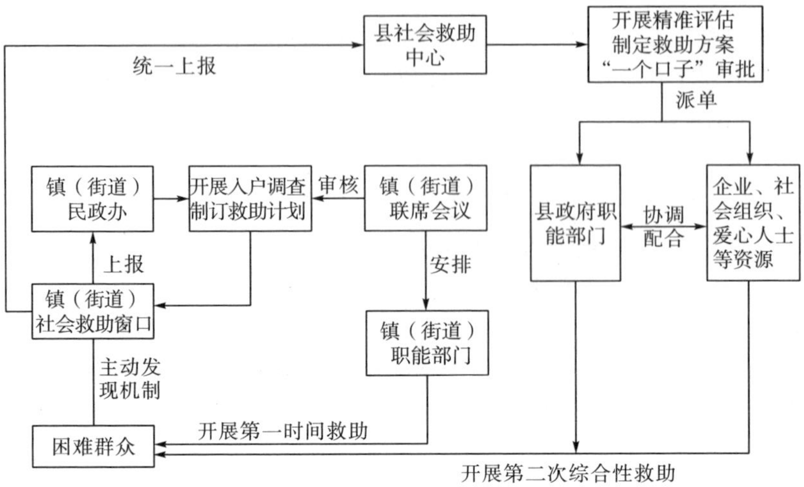

图 3.2 郫县“救急难”工作实施机制

在确定政府救助职责分工与体制框架外，社会力量的重要性被凸显出来，通知要求充分发挥专业社会工作服务机构和社会工作者在建立“救急难”工作发现机制中的优势，将社会工作专业理念、方法技巧引入社会救助服务中，要求社会工作者对受助者开展多样化、个性化服务，重视亲情救助和邻里互助作用，注重政府救助与慈善救助的衔接，通过搭建平台、资源整合、需求对接，对体制内救助后仍有困难的群体采用多方救助形成救助合力。郫县对社会工作的重视及其蓬勃发展为社会工作参与社会救助服务提供了基础与支撑，使社会救助服务专业性得以提高。郫县于 2012 年成立第一家社工机构，当时机构人员取得社会工作者职业水平证书的有 30 名，其中初级 27 名、中级 3 名；至 2015 年底，已有本土社工机构 7 家，机构人员取得社会工作者职业水平证书的有 229 名，其中初级 193 名、中级 36 名，为郫县社会工作参与社会救助提供了人才保障，也为政府购买社会救助服务提供了可能。

2015 年 11 月，郫县民政局通过购买服务的方式引进第一家社会工作服务机构——成都市同行社会工作服务中心，开始探索搭建与政府救助体系相对应的社会关爱援助三级体系，引进专业社会工作服务机构参与社会救助服务，同时通过“企业献爱心·救急救难”专项活动，募集社会资金 74.5 万元。12 月，郫县社会救助中心微信公众号“善满鹃城”上线，发布了“善满鹃城”特殊困难群众援助项目，首批确定 5 个镇试点建立镇级关爱援助站。正是在这种背景下，郫县社会救助模式得以不断探索、创新、实践、提炼与形成。

2016 年 1 月，由专业社会工作者梳理的《郫县救助政策汇编》成册，摸清了政府救助资源的“家底”，涉及县民政局、县教育局、县人社局、县残联、县红十字会、县组织部、县总工会、县卫计局、县司法局九大机关事业单位，包含传统民政救助、慈善救助、教育救助、就业救助、残疾人救助、党员关爱、卫生服务、司法救助等52项救助政策，对符合政策的救助条件、救助内容和救助程序等进行了统一说明，保证受理群众申请救助时能够匹配到适宜的政策。通过救助政策归纳、整合，推动救助需求与救助政策的有效衔接，有助于受助者获得精准救助，为社会工作者帮助受助者获得政策性救助提供了切实可行的指导手册，避免了政策的分散、资源的分散，促进政策协同执行。1月，中国民主建国会成都市委员会委员在调研郫县、锦江区等社会救助模式后向市委提交了《关于建立“成都市社会关爱援助中心”加强推进成都市精准扶贫助困工作的建议》，市委主要领导签批采纳。3月，成都市人民代表大会内务司法委员会调研郫县社会救助工作，并给予了充分肯定。同月，成都市民政领域精准救助暨社工介入救助服务工作推进会在郫县召开，与会人员实地考察了县救助中心，县民政局、犀浦镇、郫筒街道奎星楼社区在大会上做了经验交流。5月，成都市人民政府办公厅印发《关于建立城乡一体社会关爱援助体系提升精准扶贫实效的指导意见》(成办发〔2016〕16号)，将郫县社会救助模式在全市范围内推广，这是对郫县社会救助模式的认可和实践。该意见要求推动建立政府救助公共服务与专业化、社会化关爱援助服务相结合的新型社会救助服务模式，建立健全“三级中心、四级网络”的社会救助体系，即以行政级别为标准进行层级划分，设立市、区(市)县、乡镇(街道)三级社会关爱援助中心，在村(社区)一级建立救助关爱站，以及由以上四个行政层级形成四级社会关爱援助服务网络，以做到政府救助资源与社会关爱资源整合集成、资源共享、促进困难群众需求与体制内外资源供给对接，做到精准救助、多渠道救助。

2016年12月，郫县人民政府办公室发布《郫县人民政府办公室关于印发〈郫县建立城乡一体社会关爱援助体系提升精准扶贫实效的实施方案〉的通知》(郫府办发〔2016〕38号)则以官方文件的形式正式提出建立“1+2+N基于多元参与的专业化社会救助体系”，并明晰了“1+2+N”救助体系的具体内涵、运行框架、职责分工，更加有效地打破体制内外联系的壁垒，促进政府与社会力量的协调互动、互补共荣，促进两者力量的互信互建、长期合作与发展。此外，拓展了救助群体范围，具体包含低收入群体(低保和低保边缘人群)、特困人员、边缘贫困群体、支出型贫困家庭以及其他特殊情况家庭。该通知标志着郫县社会救助创新的最终成型，是社会救助模式创新的3.0版本，随后几年的实践与政策均是对该模式的修正与完善。该模式将资金援助与服务供给整合、将政府兜底救助与社会力量补充结合、基本生存保障与能力提升共抓，构建了党政引领、政社协力、多元参与的社会救助模式创新的金字塔形救助体系，切实夯实了民生保障的基石，提升了困难群众的幸福感、获得感，郫县的实践对全国社会救助格局创新具有示范借鉴意义。

2017年2月，郫都区社会救助工作领导办公室发布《关于进一步建立健全郫县社会救助工作运行机制的通知》（郫社领办发〔2017〕1 号），对郫都区政府救助三级工作架构及职责进行了细化，并就政府负责救助的相关成员单位具体职责予以详细说明，要求建立和完善定期例会制度、联络工作制度和信息通报制度等工作制度，此外，对困难群众救助的流程和办理时限进行了规范，形成了发现困难群众、调查走访、计划方案、分类审签、实施救助、反馈存档、跟踪管理和督查监管的全流程救助服务的重点个案救助模式，使救助服务有流程、可量化、有监督、能完善。2018 年 12 月，成都市社会关爱援助联席会议印发《成都市社会关爱援助体系建设实施办法》（成关爱办〔2018〕2 号）专门就社会关爱援助体系建设进行了规范化说明，有力地推动了社会关爱援助体系的建设、完善与推广，明确了市、区（市）县、乡镇（街道）、村（社区）“三级中心、四级网络”社会关爱援助平台，厘清了政府救助与社会关爱援助职责边界、对象选择以及搭建两者信息互通、资源共享、优势互补、无缝衔接、精准关爱援助的互动体系和目标，规范了社会关爱援助体系建设的形象标识、独立地位、宣传制度、信息公开制度、社会关爱援助信息库建设、会议制度、档案制度、困难群众关爱服务流程等，要求政府各个职能部门协助建设社会关爱援助体系，并对社会关爱援助工作进行监督、考核，此外提出将社会关爱援助体系建设经费纳入年度财政预算并随经济社会的发展逐年递增的要求。12 月，中共成都市郫都区委机构编制委员会办公室、区财政局、区民政局、区人力资源和社会保障局四部门联合印发了《关于印发〈关于推进政府购买服务加强基层社会救助服务能力的实施细则〉的通知》（郫民发〔2018〕39 号），明确政府购买社会救助服务的内涵、购买主体和承接主体及其资质，明确政府向社会购买服务的内容包含事务性工作和服务性工作，应由政府直接承担的行政管理性事务以及应由政府直接提供、不适合社会力量承担的救助服务事项不得向社会力量购买。此外，就政府购买社会救助服务的经费保障、绩效、监督管理、加强基层经办服务能力进行了说明，要求建立健全由购买主体、服务对象以及第三方组成的综合性评价机制，绩效评价应侧重服务对象对救助服务的满意度评价。

2019 年 2 月，成都市民政局发布《关于做好规范社会关爱援助体系建设有关工作的通知》（成民发〔2019〕15 号），就统一规范社会关爱援助中心和救助关爱站名称、中心简介墙、场馆设置进行了说明，要求在统一性的基础上可结合地方实际，展示地方特色和中心风貌，提出在高度重视、严格标准的情况下，全市在 2019 年内全面建成三级中心四级关爱援助服务网络，各区（市）县级社会关爱援助中心专业化运行率要达到 100%，乡镇（街道）级社会关爱援助中心专业化运行率达到 60%，村（社区）救助关爱站全覆盖。由此，经由郫都区民政系统创建的引入专业社会工作服务机构参与社会救助服务的救助模式在全市获得认可和推广，并在全国范围内引起关注，中央及诸多地方民政部门和专家学者前来郫都区参观、探讨和借鉴郫都区的创新实践经验，推动了社会救助服务创新政策的扩散。

二、成都市郫都区社会救助模式建设创新体系

成都市郫都区社会救助模式建设创新体系可以用“1+2+N 基于多元参与的专业化社会救助体系”来概括：1 是指 1 个指导原则，即党委引领下的政府主导、民政牵头、部门协同原则；2 是指政府救助加社会援助理念下的三级政府救助平台和三级社会援助平台的建设与发展；N 是指多元社会力量参与，包括企事业、爱心人士、慈善基金、志愿者、亲情扶持与邻里互助等多元关爱力量；基于专业引领主要在于说明社会工作参与社会救助服务的专业优势，社会工作能够弥补政府体制内无法做和缺少时间去做的不足，具有专业的不可替代性和业务专职的优势；参与式是指多元主体平等参与，进行经验分享、能力互补，围绕救助公共事务平等交流、借鉴，提升救助效力、救助水平以及各自能力建设，达到共同发展的目标。体系按照“党委引领、政府主导、民政牵头、部门协同”原则，广泛积极开展政、社合作供给公共服务，通过项目制、服务外包等方式转移政府职能，社会工作服务机构负责具体救助运营，政府则承担统筹协调、监督评估、绩效考核、兜底保障等职责，是简政放权、放管结合、优化服务的有效选择，是取新公共管理范式、新公共服务范式和治理范式等多种范式合理成分集合选择的结果，目标在于更好地服务困难群众。该体系具体可划分为以下内容。

(一) 一个原则：党委引领、政府主导、民政牵头、部门协同

党委政府要在社会救助事务中发挥领导作用，保证政府在社会救助领域不可推卸的责任得以承担、落实，贯彻全心全意为人民服务的党的宗旨。具体做法如下。

一是区委区政府将构建新型社会救助体系列入重要议事日程，成立由区政府主要领导任组长的区社会救助工作领导小组，负责全区社会救助体系建设工作的组织领导；二是建立定期联席会议制度，确保各项政策、措施落实；三是各镇(街道)同步成立社会救助工作领导小组，建立社会救助工作联席会议制度，形成主要领导亲自抓、分管领导具体抓、班子成员配合抓的工作格局；四是各村(社区)成立社会救助工作组。由村(社区)书记任组长，社区两委成员为组员。具体可见图 3.3。

(二) 两大体系：政府救助体系+社会援助体系

按照“政府+社会”救助思路，引入由专业社会工作服务机构运营的社会援助体系，形成三级政府和社会救助体系，形成政、社合力，实现政府救助与社会援助“无缝对接”。

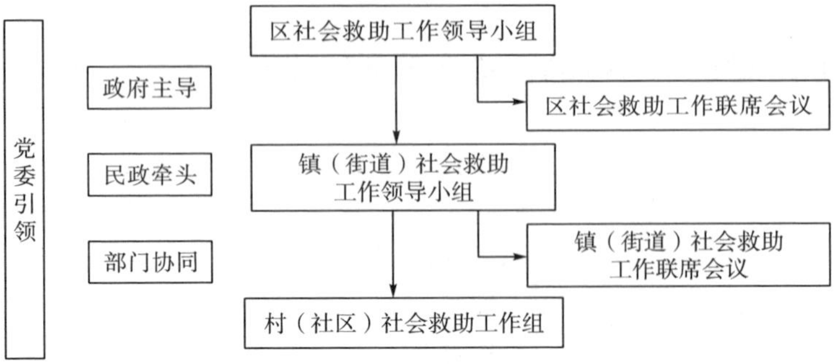

图 3.3 郫都区社会救助模式工作统筹与协调机制

首先是在原有政府救助体系基础上不断革新、优化，形成“区—镇(街道)—村(社区)”三级政府救助平台。

一是成立区级政府救助平台——郫都区社会救助中心，中心主任由区政府分管民政的区领导负责人兼任，副主任由区民政局主要负责人兼任，有救助职能的区委组织部、区民政局、区财政局、区残联、区工会、区妇联、区委、区红十字会、区教育局、区人社局、区卫健委、区公安局、区农林局、区司法局、区房管局 15 个部门及各镇(街道)组成成员单位。救助中心负责拟定全区社会救助工作计划，落实各项社会救助措施，推进社会救助工作，下设综合部与社工部。综合部主要负责中心日常事务及协调体制内各成员单位对困难群众实施救助，并作为购买方代表对承接服务的社会工作服务机构工作进行监督评估；社工部主要负责链接体制外社会救助资源，对特殊困难群众实施项目管理、个案管理以及活动策划等。

二是成立镇(街道)级救助平台——镇(街道)社会救助站，由镇(街道)分管领导负责，会同镇(街道)相关部门协调体制内帮扶资源，形成“一门受理，部门协同，社会参与”的高效救助工作机制。其主要职责：负责本辖区困难群众的救助服务，对本级政府无法有效救助的困难群众及时引导或上报，确保困难群众得到及时救助；及时掌握本辖区困难群众的基本情况并制定相应救助方案，做好本辖区内困难群众救助档案管理；负责对村(社区)上报的救助对象资料进行核实；负责安排镇(街道)相关科室承担相应救助工作，并积极整合本辖区内的社会救助资源；负责链接本区域社会救助资源，对政策没能覆盖或者经政策内救助后仍有困难的群众进行补充救助；接受区社会救助中心及区级相关部门的相关业务指导。

三是成立村(社区)级救助平台——村(社区)社会救助窗口，由村(社区)分管领导负责。村(社区)社会救助窗口的主要职责：设立救助服务联络员，动员组织辖区内单位、热心群众成立社区救助服务志愿者队伍；负责宣传贯彻执行国家、省、市、区救助政策法规；负责受理辖区内困难群众申请；负责组织人员采取入户调查、邻里走访等方式，对申请人家庭基本情况及收支情况进行调查核实；负责组织村(居)民委员会召开民主评议小组会议，开展“民主评困”，进行公示；负责对村(社区)操作程序及上报的材料进行审查；负责定期或不定期调查了解本辖区内困难群众的生活状况，及时进行调整，做到动态管理；负责按要求完成辖区内困难群众分级管理及资料建档工作；接受区社会救助中心及镇(街道)相关部门的相关业务指导。

三级政府救助平台体系可用图 3.4 说明。

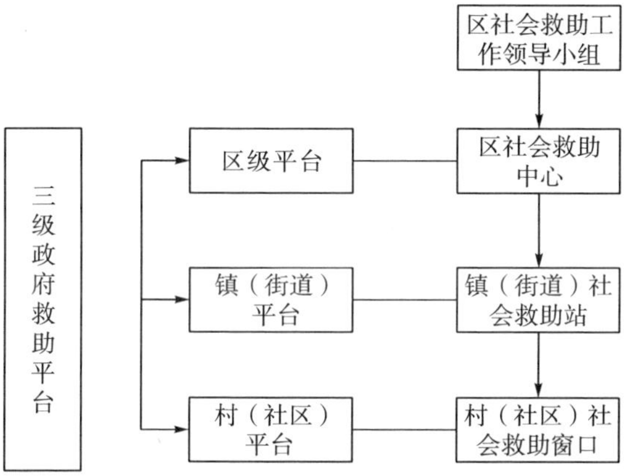

图 3.4　郫都区三级政府救助平台体系

其次是在体制内的政府救助体系之外，依托现有社会工作参与救助的基础与优势，构建体系外社会关爱援助体系，形成“区—镇(街道)—村(社区)”三级社会援助平台。

一是成立区级社会援助平台——区社会关爱援助中心。它是在郫都区社会救助中心指导下，通过政府购买服务的方式由成都市同行社会工作服务中心承接运营的区级关爱援助平台。该平台运行坚持公开、公平、公正的原则，认真及时地收集受理、公开评议、发布困难群众需求信息、社会捐赠信息、关爱援助项目信息，灵活快捷地组织开展各类行之有效的关爱援助活动，让困难群众获得文化教育、疾病救治、生活状态改善等实际帮助，充分发挥特殊困难群众帮扶工作的数据采集平台、信息发布平台、帮扶对接平台和资源整合平台的作用，让更多人获得机会、尊重和希望。

二是成立镇(街道)级社会援助平台——镇(街道)救助关爱站。它是在区社会关爱援助中心指导下建立的镇(街道)级救助关爱平台，通过“善满鹃城”项目引进 7 家专业社会工作服务机构承接日常工作并执行特色援助项目。其主要职责：开展本辖区困难群众调查和专业评估；建立本辖区困难群众基本信息库和援助项目库；搭建本辖区困难群众社会救助信息平台和社会力量参与救助对接平台。

三是成立村(社区)级社会援助平台——村(社区)救助关爱窗口。发挥基层服务窗口的优势，在村(社区)两委指导下，建立民政协理员岗位开展基层社会救助工作，打通社会救助“最后一公里”，让援助工作在群众家门口开展。村(社区)救助关爱窗口的职责：开展本村(社区)困难群众的基本调查；向镇、中心或救助关爱站报告本村(社区)困难群众数据和基本需求；协助中心或救助关爱站开展困难群众调查和专业评估；开展救助政策宣讲；协助困难群众办理相关救助。

三级社会援助关爱平台体系如图 3.5 所示。

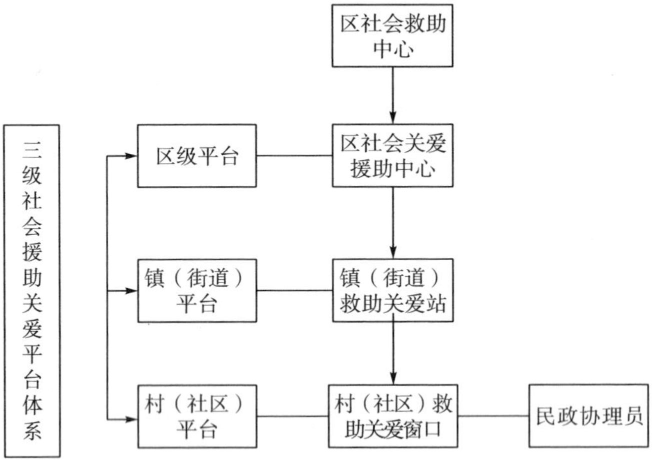

图 3.5 郫都区三级社会援助关爱平台体系

目前，郫都区 14 个镇(街道)、191 个村(社区)都已建立三级救助体系和社会援助关爱平台体系，从制度层面上织就了一张有层次、有分工的，由政府工作人员和社会工作人员组成的困难群众救助帮扶网。

最后是两大体系的协调互动，共同合作保障困难群众主动发现机制、快速响应机制和“一门受理，部门协同，社会参与”机制的有效运作。政府响应机制监督管理社会响应机制，社会响应机制有效补充政府响应机制，实现困难群众帮扶的主动性、快速性和综合性，做到精准救助。

村(社区)社会救助窗口和村(社区)救助关爱窗口作为两大体系的基层安排，发挥着主动发现困难群众机制的功能。两大窗口依靠党、村(居)委会、村(居)民小组及社会组织，依托村(社区)两委干部、网格员、民政协理员、治安联防队员、村(居)民、社会工作者及志愿者等，及时发现、了解、掌握、核实辖区居民遭遇突发事件、意外事故、罹患重病等特殊情况，及时上报镇(街道)社会救助站，切实做到早发现、早救助。救助站受理诉求申请后，及时开展救助对象入户调查，提出包括救助资金额度在内的救助计划，报经镇(街道)联席会议审核同意并公示后，上报区社会救助中心审批。另外，镇(街道)联席会议安排镇(街道)各相关职能部门及镇(街道)社会救助站赓即开展相关救助，确保困难家庭第一时间得到救助。

区社会救助中心按照部门责任不变、职能不变、资金渠道不变、审批权限不变的原则，对通过镇(街道)社会救助站“一个口子”上报的救助项目实行“一窗式”受理，通过与区社会关爱援助中心共同开展评估，制定帮扶救助方案，实施“一个口子”审批和分类救助。

区社会救助中心根据救助对象需求内容，结合实际，以派单方式将救助对象交派至区级部门及关爱援助中心开展对口帮扶救助。各单位接单后，根据对象需求，动用各类救助资源，发动企业、社会组织和爱心人士等社会力量，实施低保救助、特困人员供养、受灾人员救助、临时救助、医疗救助、教育救助、住房救助、就业救助、慈善救助等，并有针对性地开展生活帮扶、心理疏导、精神慰藉、资源链接、能力提升、社会融入等多样化、个性化服务，实现综合性精准救助。两大体系协调互动机制可用图 3.6 说明。

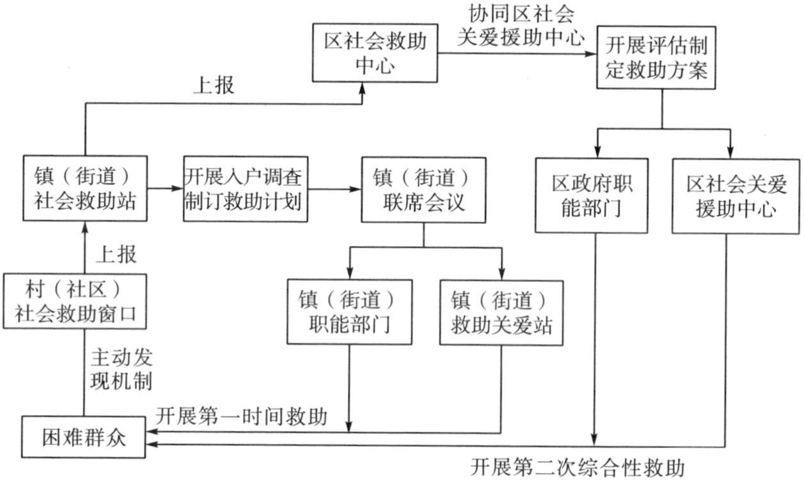

图 3.6　政府救助体系和社会关爱援助体系协调互动机制

郫都区在引入专业社会工作服务机构参与社会救助的过程中，积累了诸多成功的经验，主要包括以下方面。

培育社会工作人才队伍，助推专业化救助。郫都区运用政府购买社会服务经费，引入社会工作服务机构，使用专业助人方法技巧实施救助。同时，由区级社会关爱援助中心运营机构成都市同行社会工作服务中心梳理形成《社会工作介入社会救助工作执行手册》，制定了 16 套社会救助对象需求评估量表，完善了社会工作介入社会救助的规范化流程及过程评估和成效评估方法，并通过体系化专业培训和特色专业方向梳理，提高社会工作者参与社会救助的能力，增加社会工作者工作技能。成立“救助社会工作专家小组”，推动救助社会工作课程研发、教育培训体系建设。截至 2019 年 10 月，共计开展面向全区 203 名民政协理员和社会工作者的救助领域社会工作专题培训 336 学时，开展 504 次救助社会工作督导。

运用专业社会工作手法，助推精准化救助。社会工作者运用专业社会工作手法，通过有效评估救助需求、精准识别救助对象，制定个别化的精准帮扶方案，实施个案管理，使贫困对象的社会救助需求得到更准确、全面、科学的判定。目前已形成社会援助五大平台，分别为专业化需求评估平台、品牌化项目研发平台、个性化援助方案平台、社会化资源链接平台及透明化信息发布平台。截至 2019 年 10 月，社会工作者共开展 3996 次需求评估，制定 2358 份精准化援助方案，有效弥补了行政力量的不足，推动了精准化的帮扶对接。

针对困难家庭实际需求，开展多样化精准帮扶。社会工作者对困难家庭实际需求进行综合评估和初步服务后，再根据其深度需求，高效系统运用体制内救助资源，或将其转介给专门的社会工作服务机构，或链接社会资源满足其需求。通过建立“1 个困难家庭+N 类救助资源”的参与模式，针对困难家庭实施精准化援助项目，建立专项式关爱基金，实施精准救助。

同时创新特殊困难家庭援助方式，通过救助关爱站，采取“基础工作+特色项目”方式，探索专业领域社会工作介入社会救助的手段和方法，特色项目包含残疾人生计发展、家居改造、因病致贫家庭医疗援助、困难儿童援助、困难老人援助等专业救助项目。截至 2019 年 10 月，针对区内 3445 名特殊困难群众，2121 户特殊困难家庭，共服务 1074 个长期跟踪急难个案，发放 8072 人次生活援助资金，实施 3412 人次医疗救助，510 次教育援助，开展 3960 人次志愿服务、3768 人次心理援助、2023 次特需援助服务。

(三)N 元参与：拓宽救助渠道、提升救助能力

单一主体行动效力的有限性和民众多元复杂化诉求之间的矛盾为当前社会救助领域实现多主体参与提供了合理依据。当前，在政治学、社会学、管理学等学科盛行的治理理论，是社会科学发展中最重要的也是最前沿的理论之一，治理理论的重要特征在于要求多主体合作参与和协商共治，以弥补单一主体行为力的不足，如政府失灵、市场失灵和志愿失灵等，也可以说治理理论的提出就是为了应对和解决部门失灵问题，在治理过程中，各主体基于自身能力和角色承担不同的分工，实现互动协调、互相补充。此外，贫困形势的严峻性和民众对美好生活的向往催生出多层次保障和多元化保障的诉求，是需要多元参与的现实基础。在这种情形下，要实现社会救助的转型升级，必须重视和积极发展社会中一切有利于民生事业的有生力量，并加以整合和运用。

近年来，郫都区不断挖掘开发社会资源，为社会救助提供源源不断的社会能

源。郫都区广泛撬动辖区内资源，积极搭建救助平台，在资金、人力、服务方面为补充体制内救助和社会工作关爱援助提供了强大的支撑保障，拓宽民间社会救助渠道，强化和提升救助效能，这主要体现在N元参与方面，也即主体多元，除政府力量和社会工作服务机构及其工作者外，广泛动员辖区内的企业和事业单位、慈善会、高校志愿者、个体工商户以及村民和居民，辖区外的全国性基金会也为郫都区社会救助事业发展提供着基金支持，此外，引进的第三方评估机构也为监督完善郫都区社会救助体系起着重要作用。这些主体的参与背后体现的是物质来源渠道多元、服务保障多元、参与平台多元，从资金支持、服务支持、社会支持网络建设三方面帮助困难群众摆脱困境，全方位满足困难群众医疗、教育、住房、技能、心理建设、社会融入等需求。

一揽子基金建立，拓宽N元救助资金渠道。郫都区充分发掘社会力量，引导和促进企业、社会组织、爱心人士等参与社会救助，目前建立了17只关爱援助基金，区级层面包含"普瑞眼科专项基金""中国人寿保险基金""董班长专项基金"在内的三只基金，同时截至2017年底，郫都区14个街道实现了救助关爱站和社会救助专项基金全覆盖，各基金成立初始金额总计超过1200万元，提升了社会救助事业的可行能力。建立了基金管理使用的规章制度、基金会联席会议制度，使基金用到刀刃上，缓解民众急难。

搭建帮扶服务平台，激发社会参与社会救助活力。社会工作服务机构积极动员社会力量参与援助项目，通过制定帮扶项目、开展网络爱心众筹等方式，搭建爱心企业、社会组织、志愿者与特殊困难群众沟通对接的帮扶服务平台，有效解决困难群众救助诉求与社会爱心力量帮扶间信息不对称的问题。从活动参与情况来看，截至2019年10月，共有32个部门及镇(街道)、193个村(社区)、531家企业、57家社会组织、8992名爱心个人、850名登记在册志愿者及75600余名群众参与了郫都区社会救助援助项目。

建立救助对象支持网络，构建社会力量全面参与途径。困难群众问题的解决不仅需要从自身出发，也需要关注周围环境的影响。郫都区社会救助工作从更宽广的层面思考如何助人自助，也就是在缓解个体困境的同时，推动建立救助对象个人支持网络、邻里互助支持网络、社区授权网络、志愿者支持网络、案主互助网络、社区伙伴网络等六大支持网络，协助处理困难群众"身、心、社"问题，帮助其重塑信心，提升能力，实现助人自助。社会支持网络的构建，巩固了现有的救助效果，也有力地降低了困难群众重返困境的可能。

第二节 成都市郫都区社会救助模式创新措施

成都市郫都区"1+2+N基于多元参与的专业化社会救助体系"的形成是在长

期探索、总结、改进的基础上不断完善的结果，是在借鉴总结已有社会救助服务实践的基础上实现理论与实务相结合的产物，它的形成离不开各种创新意识、创新措施的实践。郫都区社会救助模式创新举措主要分为组织保障、财力支持、人力供给和信息服务，它们共同支撑着郫都区救助社会工作体系的运行。

一、组织保障

组织是人类社会创造的伟大产物。人类社会经历了一个从无组织到有组织、从组织自发形成到自觉构建优化、从内部结构松散到运行规范精密的过程。根据社会契约理论，国家或政府的起源是公民让渡权利形成的结果，政府源自公民与国家的契约，基于权利义务视角构建国家与社会关系，政府作为国家的代表，拥有强制性权利和义务来履行公民赋予其保障公民权益的职责。从人类社会存在起，就存在政治，继而在资源有限性和需求无限性的斗争中产生了基于共同意志的利益分配机制，权利由此产生并生成利益协调机制——政府，政府存在的理由在于维护集体的稳定及成员利益。近代以来，随着人类社会城市化、工业化进程加快，公众联系的紧密化以及公共领域范围的扩展，公共事务性活动的增多，政府难以有效应对各种新出现的公共问题或社会问题，普遍要求政府职能扩张，在此基础上政府边界不断扩展。此时，传统的以“政治”思维考量的公共事务处理方式显然难以应对各种复杂和棘手问题，在此背景下，具有公共事务处理专业技能的行政力量被重视起来。1887 年，威尔逊发表著名的《行政学研究》，对政府职能和边界、政府行政效率和经济性问题进行了探讨，主张政府行政力量的增强，提出行政应脱离政治约束的主张，认为政治的主要功能在于把控方向、在于领导、在于决策，而行政则负责政策的执行，提出“行政管理置身于政治所特有的范围之外”“政治是政治家的特殊活动范围，而行政管理则是技术型职员的事情”(Wilson，1887)，呼吁“政治—行政”二分，这为行政学的发展指明了方向，也使得行政学作为一门独立学科的构建正式开始并为此奠定了法理基础。泰勒的《科学管理原理》及其实践打开了科学管理时代的大门，提出计件工资制、科学培训与专业化、标准化、效率、分权等思想，推动了企业管理的发展，也对公共管理产生了重要影响。马克斯•韦伯则提出官僚制是法理型统治的纯粹类型，认为拥有专业知识和业务技能的科层制体制是最有效率的组织形式，提出了规则、等级、技术理性、档案制度、专业培训等官僚制的基本特征(马克斯 • 韦伯，2008)。在诸多学者对一般管理、行政组织研究的推动下，公共行政学的发展经历了传统公共行政、新公共行政、新公共管理、新公共服务以及当下治理范式的演化阶段，在这个历程中，随着经济社会的发展变迁，市场机制的不断完善，政府的职责和边界在不断变迁，公共服务的提供主体也由传统公共行政范式下的政府一元独大和垄断到当下治理范式中的多元主体合作共治，这为社会组织参与公共服务提供了理论基础。

社会救助是政府的职责之一，政府具有保障底线公正、维护公民生存需要的不可推卸的责任，因此政府在社会救助事务中承担着不容缺失的“元治理”角色。

组织的发展也是一个专业化分工的过程，基于专业分工形成的不同组织发展定位、职责分工、服务质量提升为提供不同优质服务创造了可能。家庭是因血缘关系而形成的最基础性组织，具有资源生产、分配、情感支持等功能，但在人口老龄化、家庭核心化、人口流动加速背景下，家庭所具有的保障功能逐渐弱化，在个体从家庭走向社会的过程中，社会问题社会化处理的问题解决思路被重视起来，因此，在家庭文化式微、代际支持削弱的情形下，个体通过社会化机制获得保障以预防、减缓、应对风险的重要性不断凸显。在基于血缘向业缘关系过渡中，具有特定价值与使命的业务性组织蓬勃发展，并在服务提供中发挥着关键作用。在专业分工下，社会组织服务提供的专业性提升，为弥补政府效能的不足提供了可能，形成了相互补充。此外，专业分工有助于业务熟练度提升、交易成本内部化。因此引入具有专业资质的社会工作服务机构等组织对于提供优质高效的社会救助服务具有重要意义，社会组织与政府组织、企业组织虽使命、价值观、内部治理结构有所不同，但在日益联系紧密的当下，各方在公共事务处理中承担着不同的角色，可以就服务提供协调与促进，多元主体参与的治理机制为救助服务创新提供了可选择空间。

组织从概念上可分为静态概念和动态概念，静态概念是指组织是具有一定目标、使命、由相关人员组成的实体，动态概念是指活动的规划与执行，组织保障可从以上两个维度进行细化。郫都区社会救助模式创新中，强大的组织保障能力为多元主体功能的发挥提供了可能。组织保障可分为以下几个方面：①政府组织、社会组织、市场机制以及其他机制的角色、职责定位及其贯通衔接；②组织内部治理的建设与完善；③领导层的重视与推动；④组织活动的常态化与创新化。

多元组织角色定位与分工。郫都区社会救助坚持政府主导、社会力量广泛参与原则，在引入社会工作专业组织参与社会救助服务的政府购买公共服务中，政府起着统筹规划、制定规则、组织实施、经费保障、绩效评估、监督考核等作用，社会工作组织则承担着实施事务性工作和服务性工作的职责，在与受助群体互动互助过程中体现出组织价值，事务性工作是指原本由政府机构承担的但是可以借助社会组织加以实施的活动，而服务性工作则包括生理、心理、社会资本培育等具体服务性工作，社会工作者在这方面具有专业知识和专业技能，能够比政府更优质高效地服务受助群体。体制救助重点在于普惠性，在于基础性生存物资救助，主要针对困境群众普遍性问题，而社会工作组织参与在专属性特色服务方面具有优势，主要弥补政府政策救助的不足，主要面向体制无法覆盖到的、体制救助后仍有困难的、需要资金救助外的其他服务救助的群体。市场机制则主要发挥企业捐赠、活动赞助、场地物资资助、专业人员投入等作用，是慈善力量的重要组成部分，形成的慈善基金对社会救助资金进行了有效补充，尤其是在对困难群众特大疾病的治疗中发挥了巨大作用。医疗机构则发挥着困难群众健康检查、疾病诊治、基础预防等作用，高校则提供了大量志愿者，在困难群众心理扶持、精神陪伴、日常照料、儿童学业帮扶等中发挥着作用。爱心个人则主要通过资金和提供服务、日常活动参与等形式提供服务。在政府、社会工作服务机构等组织和个人对困难群体的救助过程中，产生了积极的外部性效应，受助群体家庭关系得到改善，家庭支持功能得到增强，邻里关系得到改善，邻里互助机制强化，受助群体心理素质提升，形成了和谐友爱、积极进取的社会氛围，困难群众的个体期望、脱贫意识和能力增强。

组织建设。组织建设主要体现在各项规章制度的完善方面，通过制度建设促进组织发展。郫县制定出台了《郫县困难群众帮扶救助工作办公室关于建立郫县困难群众帮扶救助联席会议制度的通知》（郫帮救办〔2013〕1 号）、《郫县民政局 郫县财政局关于转发〈成都市民政局成都市财政局关于建立社区快速救助机制的通知〉的通知》（郫民发〔2013〕110 号）、《关于印发〈郫县“救急难”工作实施方案〉的通知》（郫府办发〔2015〕56 号）、《郫县人民政府办公室关于印发〈郫县建立城乡一体社会关爱援助体系提升精准扶贫实效的实施方案〉的通知》（郫府办发〔2016〕38 号）、《关于进一步建立健全郫县社会救助工作运行机制的通知》（郫社领办发〔2017〕1 号）、《关于印发〈关于推进政府购买服务加强基层社会救助服务能力的实施细则〉的通知》（郫民发〔2018〕39 号）等系列政策文件，做到救助创新有理有据。系统梳理形成《郫县社会救助政策汇编》《社会工作介入社会救助工作执行手册》《基金管理办法》《基金使用细则》，制定社会救助对象需求评估量表、建设社会救助群众台账制度、建设群众基础数据库，完善救助帮扶信息公开制度、资金和物资筹集与发布机制、个案帮扶与管理制度、受助者满意度评价机制、第三方评估机制等。

领导层的重视与推动。领导层发挥着引领参与的重要作用，政府主要领导在活动如电信靓号拍卖、一日捐、医疗救助基金成立中亲自站台，以身作则，身正为范，通过实际行动表明政府态度，引起社会关注，为增强活动的权威性、激发群众参与、营造良好的活动氛围形成巨大的支持。此外，民政系统领导在对外积极宣传、推介郫都区社会救助创新实践、引起国内外关注、资源争取等方面发挥着重要作用。同行社会工作服务中心代曦说道：“在郫县真切地感受到了领导重视、政府主导的真义，县领导、民政局领导带着社会工作者逐镇走访调研，去对接工作、推介社工，建立起非常好的沟通机制。工作有阻力，民政局领导就带着分管副局长、相关科室的人到镇上，帮助一起解决。”领导层不仅在社会工作介入救助中，而且在救助资源链接方面也发挥了重要作用，郫都区民政局党组成员、纪检组组长孙强说道：“一个救助关爱站链接医疗资源，参与的都是民营医院，没有公立医院。在下一次组织活动时，我们就邀请了卫生局领导参加，后来几家公立医院和几十家社区卫生中心都加入了医疗联盟。”[①]可见政府的重视及其大力支持是郫都区救助社会工作体系搭建的重要基础。

组织活动常态化、创新化。郫都区将社会救助优秀实践活动加以总结、提炼，并将此类活动纳入日常活动范畴，使特色活动得以常态化、创新化发展。首先，政府层面为应对部门协调协作问题，每季度召开区社会救助联席会议和专项协调会议，不定期召集相关单位进行个案研讨和具体救助项目研讨，总结前期工作、找出工作中存在的问题、提出问题解决方案、部署下一阶段工作；在社会工作参与社会救助方面，依托传统节日开展特色活动，如春节关爱活动、冬日送温暖活动、端午节包粽子、重阳节敬老爱老等。开发特色活动，如公益大讲堂对各部门救助政策进行宣传、打造“善满鹃城・微善行动”公益市集项目为困难群众直接帮扶创造平台以及展示社会团体形象、“乐助 360 爱心包”项目为困难家庭募集并提供一次性家庭援助、“乐助家・居家环境改善”项目改善居家设施和环境、健康宣传与义诊活动、益满仓——物资募集活动、社会工作者与志愿者培训活动等。以 2018 年区社会关爱援助中心项目活动为例，系列活动包括“乐助 360 爱心包”系列活动、居家环境改善、温暖过冬活动、公益年会、社工说系列活动、情动鹃城“迎重阳・颂友情・启征程”主题教育活动、公益市集等，涉及爱心资源链接、居家环境改造、公益慈善宣介和表彰、志愿者服务、社工培训和社工支持网络建设、弘扬优秀传统文化等，时间跨度为整个年度，特色性活动和常规性活动并存，有效及时地满足了困难群众的需求。

二、财力支持

社会保障以国家财政为基本的经济后盾，其资金既有来源于政府财政的部分，也有企业和个人缴纳的部分，经济保障是社会保障的基础层次（郑功成，2000）。经济因素是社会保障制度的重要影响因素，社会保障是用经济手段来解决社会问题进而达到特定政治目标的制度安排，经济发展水平客观上决定着社会保障的发展水平（郑功成，2007）。社会救助被认为是国家对贫困群体的当然义务，其财力支持体现为政府的直接财政供款，通过无偿财政救助和物资援助的方式保障困难群体最起码的生活。当前我国社会救助主要以绝对贫困为视角的“市场菜篮子法”来设定贫困线，并给予差额补偿，仅仅保证生存的救助保障导致救助水平低，难以享受与经济社会发展相协调的发展成果，受助者长期依赖低水平救助难以摆脱贫困，不利于其人力资本积累，也有损于贫困群体的尊严与体面。此外，在面对重大疾病、自然灾难、突发事件等情况时，政府救助效力更是大打折扣。在这种

① 参见郫都区 1+2+N 电子刊物：郫都区社会工作介入社会救助实践探索研讨会组委会. SWSA 郫都区基于专业引领的参与式社会救助体系建设分享，https://book.yunzhan365.com/qokz/fmxj/mobile/index.html.

情况下，通过广泛运用市场机制、动员民间资本来拓宽救助财政基础，具有合理性和现实意义，对切实缓解困难群众急难困厄、提升应对风险能力和扩展风险应对渠道方面发挥着至关重要的作用。

近年来，郫都区在提升政府救助水平，加大财政投入的同时，广泛拓展社会救助资金来源，夯实救助财力基础。政府财政方面，在足额保障各类救助政策资金的基础上，每年投入“救急难”专项资金 300 万元，用于困难群众帮扶。郫都区由于工业和企业众多，经济实力强大，为救助工作提供了丰富的财力来源。目前 14 个街道都建立了社会救助专项基金，成立了基金理事会，并发布了社会救助专项基金章程，就基金宗旨、基金来源、使用范围及审批程序、基金会组织架构、财务管理、救助标准、基金终止等情况进行了细化规范。财力支持包括政策财政投入、社会募捐、义卖、基金运营收入等，2017 年郫都区通过各项公益活动募集到资金 38 万余元，爱心人士、无党派人士和香港吴星可基金会共捐赠现金 12 万余元，累计募集资金达到 51 万余元，2018 年共募集物资折算和资金为 16.45 万余元，这仅为区社会关爱援助中心募集部分，未包含各镇级层面募集资金。同时，2015 年以来，郫都区 14 个镇级救助关爱站初始成立时总基金池达 800 多万元，基金池现今剩余 600 余万元，有效地增强了镇级层面救助工作能力。此外，郫都区正在争取政府购买社会工作资金全部由财政提供，这样更能促使救助社会工作稳固可持续发展。

三、人力供给

除给予受助者现金或实物等物质帮扶外，社会保障还应具有服务保障和精神保障的功能，服务保障是指满足国民对有关生活服务的需求，如安老服务、康复服务、儿童服务等；精神保障指在文化、伦理、心理慰藉方面的保障（郑功成，2000）。此外，社会救助是基于家计调查结果基础上的选择性救助，家计调查后符合救助标准的才能获得相应救助，家计调查需要深入受助者家庭、邻里、亲戚了解实际情况，此外政策宣传、业务培训等都要求有一支专业性的队伍参与到社会救助服务的提供中来。社会组织的扁平化结构、准市场环境使其能够机动灵活，从而更有效地满足困难群体的需求。基层群众因与困难群体生活空间毗邻、相互熟悉的缘故更能够在日常事务中给予帮扶，此外志愿者也是救助关爱的重要力量。民政工作是一项琐碎且辛苦的民生事业，在基层政府人员有限、事务繁多的情况下，引入社会力量参与社会救助进行业务办理和服务提供能够更好地满足群众诉求。

郫都区在打造三级政府救助平台体系的同时，引入专业社会工作服务机构和社会工作专业人才。郫都区在 2012 年成立第一家社会工作服务机构，当时取得社会工作者职业水平证书的人员有 30 名，其中初级 27 名、中级 3 名，此后几年积极拓展社会工作服务机构和社会工作者数量，截止到 2019 年 10 月，郫都区社会工作服务机构总共 19 家，取得社会工作者职业水平证书的人员有 735 名，其中初级 609 名、中级 103 名、社工员 23 名。就民政系统引入的介入社会救助服务的社会工作服务机构而言，目前总共有 7 家社会工作服务机构进驻社会关爱援助系统，分别负责 14 个镇(街道)及其下属村(社区)，社会工作者人数总共为 29 人，其中初级职业证书人数 24 人、中级职业证书人数 5 人。

在引入社会工作服务机构的同时，郫都区还成立了救助社会工作专家小组，积极研发救助社会工作课程体系，建设教育培训体系。郫都区社会救助中心依托成都市救助社会工作实务实训基地、郫都区救助社会工作专家智库，开展救助社会工作理论培训、能力建设和实务研究。分阶段、分层次开展各类培训，推出救助社会工作专题培训、社工成长营同辈督导等品牌课程，为区内外救助社会工作项目提供专业人才培养支持。其研发的课程体系包含体系介绍、政策课程、通识课程、实务课程、成果转化、社工支持六大部分(第四章将具体说明)。3 年来举办了社会工作介入社会救助培训 27 场、社工成长营 18 场，社会工作专业人才能力提升培训 30 次，累计培训 2625 人次，提升了社会工作介入社会救助的专业化水平。

民政协理员是社会关爱援助体系最基层的负责人员，主要为镇(街道)救助关爱站领导，协理员在困难群众与救助关爱站之间发挥着主动发现、沟通互动、上传下达等的桥梁、纽带作用，目前郫都区每个村(社区)都配备有专职民政协理员，共有 203 人，纳入财政支出，各救助关爱站都成立了民政协理员联动机制，就困难群众主动联系机制、协理员日常培训、协理员联席会议制度、网络平台交流与运营、协理员协助走访、协理员激励与考核等进行了制度规范，更好地促进了社区授权机制实现和关爱援助镇(街道)—村(社区)两级联动。镇(街道)救助关爱站将民政协理员日常培训纳入工作范围，通过提升民政协理员工作素养与能力来提高救助水平。培训内容包括救助政策宣讲、社会工作专业工作方法、交流技巧等，具体培训内容将在第四章专门说明。

志愿者是社会力量的重要组成部分。郫都区充分利用区域内现有志愿者资源，与 6 所高校(西华大学、四川托普信息技术职业学院、成都工业学院、四川省水产学校、西南交通大学、成都铁路工程学校)确定合作关系，与 5 家企业志愿者团队(中国建设集团第九公司、中建西部建设股份有限公司、英特尔产品成都有限公司、成都红旗连锁、蜀都万达广场)建立长期合作关系，建立志愿者联系，此外，建有志愿者 QQ 群和爱心帮帮团微信群。《善满鹃城》季刊长期刊登招募志愿者公告，并对志愿者给予公益实践证明、人身意外保险、志愿者补助等保障，志愿者工作为协助社会工作者入户调查、组织开展活动、整理档案资料以及机构日常工作。各救助关爱站建立有完善的志愿者服务协议制度和志愿者管理制度，并对表现优秀的志愿者给予奖励。截至 2019 年 4 月，郫都区已建立有固定联系的志愿者队伍 15 支，固定志愿者 690 名，这为救助服务提供了重要的人力支持。

四、信息服务

信息技术的发展为提升政府服务效率与质量提供了技术保证，促进政府公共服务响应及时性、服务精准性以及提高公众满意度，此外有助于政府打破科层制向组织扁平化发展、节约人力和政府开支，扩大公民参与、促进信息公开共享、促进政务服务创新、便于公众监督，倒逼政府提升公共服务、提升公共事务治理能力和服务能力。建设信息系统和提供信息服务改变了传统的以政府为中心向以公众为中心转变，具有明显的公民需求导向和服务逻辑，使民众了解、参与、评估与监督成为可能，拉近政府与公众距离，促进政策宣传和执行，信息化建设形成的历史数据则为政府决策、监督考核提供基础依据。信息服务是促进政府职能和工作方式转变、提高服务效率、降低服务成本的关键，是简政放权、放管结合、优化服务的重要举措，增强了政府政策、财政收支、活动实施、项目管理等的透明度，通过开放、透明的举措促进监督以推动制度完善、服务提升和人员素质建设。

目前，郫都区信息服务网站有郫都区民政局、郫都区慈善网，每月发布《善满鹃城》月报，每季发布《善满鹃城》季刊，分享宣传各站点近期及特色活动、社会工作者和志愿者感悟、主题活动预告、社会工作者和志愿者招募等，并形成年度优秀案例汇编，并运营有“善满鹃城”“同行社工”两大微信公众号，长期更新发布活动最新动态。建设有动态困难群众需求数据库、包含政府救助和社会关爱援助的救助资源库、包含各类项目的项目资源储备库。此外，目前在试运行阶段的综合应用管理平台，将有效集成项目管理、需求回应、基金管理和员工绩效考核等功能，且不同级别人员具有不同平台使用权限，不同人员可按需共享平台。在注重软件建设的同时，硬件配备和人力供给起着重要支撑作用，目前政府和社会三级系统依托各种平台都配备了相应的办公室、电脑、打印复印机等，也对社会工作者专业人员进行了业务分工。更为重要的是，成都市郫都区民政系统特别注重对其救助创新实践在全国层面的宣传和推广，从 2017 年至 2019 年 10 月，国家级媒体对郫都区的宣传报道达 24 次，省级媒体报道 13 次，市级媒体报道 29 次，区级媒体报道 28 次，其次，仅 2018 年来自民政系统、专家学者等考察参观达 132 次，引起了国内外广泛关注，有力地推动了郫都区救助创新实践在全国的推广和救助体系的完善。

第三节　成都市郫都区社会救助模式建设成效

经过多年探索，郫都区形成了“1+2+N 基于多元参与的专业化社会救助体系”，形成了 123456 工作模式，即以《社会工作介入社会救助工作执行手册》为依托的一套规范，以专业化社会工作人才和志愿者组成的两支队伍，以社区为平台、社会工作为专业引领、社会组织为依托的三社联动，有需求评估、对象识别、帮扶对接、援助方案组成的四大手段，有精准化需求评估平台、精准化项目研发平台、社会化资源募集平台、精准化信息发布平台、精准化帮扶对接平台构成的五大平台，以及由邻里互助网络、社区授权网络、社区伙伴网络、个人支持网络、志愿服务网络、案主互助网络构建的六大网络。郫都区的实践在民政部举办的“2016 年度社会救助领域创新实践最佳成果”活动中，以排名第一的成绩获得最佳成果奖，同时民政部官网对其创新实践进行了专门报道。2017 年，由《中国社会工作》杂志与成都市慈善总会、成都市社会工作者协会、成都市郫都区社会救助中心联合举办的“全国社会工作介入社会救助实践探索研讨会”在成都市郫都区成功举办。民政部专家评审组组长林闽钢教授对其创新实践评价道：“四川省成都市郫都区民政局以社会工作的专业特长为进路，由专业社会工作者组成从事社会救助的社会组织，开展个案帮扶，为不同的贫困家庭提供个性化的救助服务，从致贫原因上实现了精准救助。”[①]郫都区的创新实践，不再将贫困家庭标签化，进而采取简单的类型化的救助行动，而是通过长时间的追踪和支持，精准找出致贫原因，精准设计脱贫方案，直到帮助受助者走出贫困，这是真正意义上的精准救助。郫都区的社会救助实践取得了良好的救助效果并引起了广泛的社会效应，但是由于该体系建立时间较短，还存在诸多可改善的空间，还需在现有基础上不断夯实、提升。

一、推动政府职能转变

政府职能随经济社会发展而不断转变，除国防、治安、公共卫生等纯公共物品的供给外，随着市场机制、社会力量的不断壮大，原本由政府提供的准公共物品可以剥离给市场和社会力量来承担，从而使政府从统包统揽的一元独大的全能政府转变为承担有限责任的有限政府，避免了行政力量对社会的全面渗透而导致社会缺少发展空间，转变政府职能不仅是公民社会发展的诉求所在，也是政府认识到其现实能力的必然选择。20 世纪 70 年代西方国家普遍遇到了财政赤字、信任赤字和治理赤字，政府全面干预社会的凯恩斯模式受到了严重挑战，在这种背

① 参见郫都区 1+2+N 电子刊物：郫都区社会工作介入社会救助实践探索研讨会组委会. SWSA 郫都区基于专业引领的参与式社会救助体系建设分享，https://book.yunzhan365.com/qokz/fmxj/mobile/index.html.

景下，西方国家开始了福利制度改革，掀起了新公共管理运动，引入市场力量、私有机制激活政府内部管理职能，进行合同外包、委托代理等，运用市场化机制让其他主体来提供政府提供不了、提供不好的服务，新公共管理运动为政府购买社会服务、转变政府职能提供了理论和现实依据。政府购买社会工作介入社会救助是政府购买公共服务的重要内容，促进了政府系统“瘦身”，减少了政府事事亲为的“体力活”，使政府工作从“前端”走向“后台”，更有精力和时间发挥好领导、决策、宣传、监督考核的“掌舵”作用，也更能够运用专业社会工作者和自身能力发挥好“服务”作用，避免了因事事亲为的“划桨”行为而导致“掌舵”“服务”功能的弱化。

政府职能转变与政府购买服务相互促进，政府职能转变必然要求福利由多元主体来供给，政府购买服务的内容扩展、形式多样化也促进了政府职能的转变。在政府购买服务过程中，实现了公共服务提供范式的制度创新，通过竞争机制提高了服务的质量和效率，拓宽了服务领域，满足了群众多样化、差异化需求，注重弱势群体，促进了社会公平和社会和谐(魏中龙等，2014)。政府职能转变的一个重要方式就是向具备条件的社会组织转移部分职能。长期以来，郫都区的社会救助职能主要以政府直接提供资金救助为主，由此造成的问题是，政府对社会救助大包大揽，“碎片化”救助和“慰问式”救助大量存在，社会资源参与严重不足。同时，政府很难准确把握困难群众的需求和社会资源参与的强烈意愿，这导致救助效力流于形式，救助效果不佳，困难群体长期难以摆脱困境，尤其是在长期救助中、受助群体会产生福利依赖、心理和生理各方面受到不利影响。社会工作参与社会救助，可以使社会救助方式由政府为主，转变为社会工作承担部分救助职能，如在困难群众基础信息搜集、救助政策宣传、社会救助资源链接、搭建困难群体支持网络、心理安抚和养老、医疗服务提供等方面，社会工作者的力量显得非常重要，具有政府救助所无法比拟的专业优势，由政府和社会资源共同提供救助，可推动政府公共服务体系的完善，促进社会参与。

二、培育和促进社会工作发展

社会组织和社会工作自身所拥有的特质为政府购买服务提供了合理依据。社会组织作为自我管理和自我服务的组织，能够在一定范围替代政府为公民提供经济、精神和服务支持，同时作为政府与公民间的纽带桥梁，能够避免和缓和政府与民众的直接冲突，有助于促进社会稳定(冯华艳，2015)。郫都区经济社会发展较快，在城乡统筹进程中，出现了诸如征地拆迁安置、政策执行、社会资源分配等引发的一些不稳定因素，在一定程度和一定范围内影响了社会稳定。社会工作秉持专业价值观，能够理解困难群众诉求，积极运用情感支持和服务投入等在政府和公众间合理疏导、处理分歧，帮助解决和预防社会问题，促进了社会和谐。

在社会工作介入社会救助过程中，一次次的尝试、总结和提炼为社会工作者提升服务能力和水平提供了实验场，是对社会工作者专业素养和服务水平的考验，对培育和促进社会工作组织和社会工作者发展起到了推动作用。

政府购买服务本身能够培育和促进社会工作组织发展。首先，能够通过公共服务计划和服务目录培育和引导特定类型社会组织的成立和发展；其次，为社会工作组织的生存和发展提供资金、场地和项目等支持；最后，在有政府推介和服务支持的情况下，社会工作组织更容易得到社会其他力量的信任和支持，体现在人力、物资、资金等方面的社会援助，这是来自社会其他力量的源源不断、永不枯竭的动力之源(冯华艳，2015)。郫都区社会工作参与社会救助，可使社会工作回归“扶危济困”的本源，推动社会工作服务向精细化、专业化发展。采取政府购买服务方式及实施项目制运作模式，可提升社会工作服务机构的造血功能，实现可持续发展。同时，采取政府主导的社会工作参与社会救助，可提高各行政部门对社会工作的正确认识，实现社会工作与行政工作的良性互动，推动社会工作服务机构的培育发展。

三、社会力量参与的氛围、机制形成

近年来，郫都区充分发挥区慈善会、红十字会平台作用，努力构建“大慈善”格局，打造慈善之都，认真研习《中华人民共和国慈善法》，促进社会力量积极参与，这主要体现在救助专项基金的成立、依托项目的各主体参与平台建设，打造救助对象六大支持网络之中。通过各种活动，邀请爱心企业和爱心人士共同参与，让社会力量直接看到困难群众的迫切需求，也让爱心人士直接感受服务困难群众的心理获得感，促进救助资源和困难群众的有效对接。转变社会对困难群体的认知，在各类活动中不仅满足了困难群众的实际需求，也为参与企事业、个体户、志愿者等进行了无形的公益广告宣传，通过公益活动促进了企业品牌形象的宣传，起到了商业广告所起不到的社会价值和作用，对企事业单位、爱心个人后续积极参与此类活动起到了积极的示范作用。参与的爱心企事业、爱心个人在各站点、救助中心墙壁上列明，在《善满鹃城》月报、季刊和微信公众号等平台进行宣传，年度公益人物、公益合作伙伴评选表彰活动更是倡导了团结互助、扶贫济困、奉献爱心的良好风尚，发挥了先进典型的示范作用，传播了志愿精神，营造了崇尚志愿的氛围，为社会力量的不断参与起到了激励作用。

此外，社会力量参与的结构也在不断完善。在资金保障方面，除政府救助资金外，有保险公司为困难群众人身保险的补助，有银行专设的大病救助基金，有各镇成立的镇专项基金和区级救助基金，也有各大活动中企事业、爱心人士的赞助；在服务提供方面，有依托各自能力和特色提供的各种服务，如医疗机构提供医疗服务、教育培训机构提供教育技能培训、大学生提供学业辅导、高校提供入学资助，以及针对不同脆弱群体如儿童、妇女、老年群体等提供的各种服务；在人力提供方面，大学生志愿者、社区志愿者以及社区居民为各项活动的开展提供了人员支持，此外社会工作者、基层民政协理员也在不断夯实，社会多元主体的参与真正体现出基层社会治理的深入发展和社会事业社会办的思路。

四、生存性救助与发展性救助并举

生存性的兜底保障和发展性的社会融入应是社会救助政策功能发挥的一体两面，兜底保障要维护个体起码生活的尊严与体面，而发展性的救助应该起到助人自助的功能，使受助群体能够积累打破贫困链条的能力、促进其社会参与的机会，使其能够运用自身技能等获得收入、参与社会活动，发挥个体作用，创造社会价值，生存以兜底保障底线公正，发展以向上动力摆脱福利依赖，实现政策应有之义。在生存救助层面，低保和低保边缘群体、特困人员、边缘贫困群体和支出型贫困家庭等都被纳入了政策救助范畴，困难群体的住房救助和居家改造项目保障了困难群体住房保障问题，除在医疗救助的体制内救助之外，商业大病保险、医疗救助基金和合作医疗机构药品、医疗服务价格协商减免解决了困难群众的生病之忧。

在发展性救助方面，体制内外的教育救助解决了入学年龄段学生的困难，教育培训机构提供免费课程培训，大学生志愿者提供的学业辅导，资助困难学子学习职业技能，为打破贫困的代际传递提供可能。在心理救助层面，广泛开展心理建设、减压缓压、胜任力培训等课程，志愿者、社会工作者、邻里等对困难群众开展的慰问、扶持等帮助使其建立自信、看到了光明，有了积极的心态。在就业救助方面，推广开展电子商务建设，进行职业技能培训，区中心的公益市集帮助产品滞销的困难群众打通销路、友爱救助关爱站的“微盆景”项目给残疾人培训盆景制作技艺、唐元救助关爱站的生态农场开办困难群众产品展示网店、德源救助关爱站的生计发展公益工坊为自主创业的困难群众提供启动资金和技术支持、犀浦救助关爱站的残疾人爱心工坊为困难残疾人提供技术培训、心理支持和专场义卖等一条龙服务。这些发展性救助平台已经初步形成机制，有的已能够脱离社会工作者由困难群众或志愿者自发组织。

第四章　成都市郫都区社会救助模式创新：社会工作全域嵌入

社会救助是社会保障体系中最基本、最悠久的制度安排，也是肩负免除国民生存危机、维护社会底线公正、促进国家长治久安的国家治理机制（郑功成，2015）。2019年10月31日，党的十九届中央委员会第四次全体会议通过的《中共中央关于坚持和完善中国特色社会主义制度 推进国家治理体系和治理能力现代化若干重大问题的决定》提出"坚持和完善统筹城乡的民生保障制度""注重加强普惠性、基础性、兜底性民生建设""完善覆盖全民的社会保障体系"。这表明包括社会救助在内的社会保障已成为国家治理体系的重要组成部分，完善社会救助制度与提升社会救助效力是完善国家治理体系与推进国家治理体系现代化的基础性环节，这有助于缓解群众急难困厄、保障生存与维护尊严、保证社会稳定与促进国家繁荣发展。但是，我国社会救助长期以来存在重物质层面的现金馈赠而忽视对服务性需求的回应，重视托底线保生存的生存保障而忽视救助群体个体长远发展，片面强调政府责任而忽略社会力量的参与，这使得社会救助效能有限（刘喜堂，2015）。如何进行高质量救助，弥补救助效力不足导致的人民群众获得感、幸福感与公平感的缺失，满足人民群众不断增长的美好生活需要，真正做到"以人民为中心"，让人民群众共享经济社会发展成果，亟须对传统社会救助进行改革完善，将社会工作服务机构和社会工作者纳入救助制度性安排并嵌入现有体系成为可行选择。传统社会救助的缺陷导致对社会工作服务需求的上升，有学者认为当前我国社会救助存在诸多弊端的重要原因之一在于社会工作服务的缺失，社会工作服务的缺失成为当前我国社会救助面临的突出问题，主要体现在三个方面：社会工作服务缺失导致一元性的政府救助仅关注物质帮扶而缺少心理抚慰；社会工作服务缺失致使难以顾及救助对象的发展问题；社会工作服务的缺失使贫困家庭的生活质量难以提高（杨荣，2014）。现实困境与民众诉求为社会工作介入社会救助提供了可能。

社会工作介入社会救助不仅有其必要性，也具有其合理性。社会工作与社会救助在历史渊源、价值取向、对象群体、专业理念、实践理念等方面具有一定的同向性。从历史渊源来看，两者都起源于工业社会早期的宗教慈善活动，都是为了应对工业大发展所引发的社会问题，如贫困、失业等，英国1601年《济贫法》

促进了其发展，只不过发展路径上社会工作选择了民间的、社会的路径，社会救助选择了政府的、立法的路径。从价值取向来看，社会工作是为了预防、解决社会问题并完善社会功能以促进社会公平正义，通过把脉问诊纠正个体、家庭与社会的功能失调，维系社会的正常运转；社会救助则是通过政府救助行为提升受助者福利以维护社会公平，保障个体生存与发展。从对象群体来看，两者具有交叉性，都聚焦于社会中的弱势群体。从专业理念来看，社会工作秉持助人自助理念，通过社会工作者与弱势群体(案主)的双向互动寻求问题解决策略，通过一定期限的帮扶帮助案主摆脱困境；社会救助也是一种助人脱困的方法，但是传统政府救助缺乏双向互动。从实践理念来看，社会工作以赋权、增能为目标，而社会救助出于政府责任、行政职责来保障公民的基本权益。因此，将我国传统的政策型、管理型、生存型、政府一元型救助转变为法治型、服务型、发展型、多元参与的现代社会救助，社会工作介入社会救助具有深度融合的广阔空间，社会工作在助人自助的专业性方面更具优势。

为促进社会工作真正融入社会救助领域，国家层面出台了诸多政策。宏观来看，社会工作介入社会救助属于政府购买公共服务的范畴，关于专门规定政府购买公共服务的政策有《国务院办公厅关于政府向社会力量购买服务的指导意见》(国办发〔2013〕96 号)、《关于支持和规范社会组织承接政府购买服务的通知》(财综〔2014〕87 号)、《政府购买服务管理办法(暂行)》(财综〔2014〕96 号)等。具体就社会救助领域来看，这些政策包括但不限于《民政部关于促进社会力量参与流浪乞讨人员救助服务的指导意见》(民发〔2012〕233 号)、《社会救助暂行办法》(国令第〔649〕号)、《关于加快推进社会救助领域社会工作发展的意见》(民发〔2015〕88 号)、《关于积极推行政府购买服务 加强基层社会救助经办服务能力的意见》(民发〔2017〕153 号)、《民政部 财政部 国务院扶贫办关于支持社会工作专业力量参与脱贫攻坚的指导意见》(民发〔2017〕119 号)等，这些文件都为社会工作服务机构参与社会救助事务提供了指导和参考，有力地推动了救助公共事务地方政策实践和政策创新。

在这种背景下，成都市郫都区政府发挥主动意识，积极挖掘已有资源，并进行了有效探索，基于实践形成了社会工作介入社会救助的郫都模式，即“1+2+N 基于多元参与的专业化社会救助体系”。郫都区社会工作介入社会救助的特色与亮点在于社会工作对社会救助事务的全域嵌入，“全域”首先表现在不仅是空间范围上行政区划的全覆盖，更是社会关爱援助三级体系的设立，即形成了层面结合的立体体系：“点一面一体”相结合的结构，这种体系的形成依赖于社会工作服务机构完善的内部治理结构；其次，“全域”表现在救助服务在救助对象、救助内容和救助流程方面的全覆盖，即服务对象和救助内容的多元性，体现出救助对象群体的人口结构化特征和脆弱性的多元致因，群体特征方面，包含儿童、青少年、妇女、老人等，脆弱性的多元致因与表现包括贫穷、失业、疾病、家庭暴力、压力、缺乏人力资本等，救助流程的全覆盖指社会工作者从接案、收集资料、分析诊断、制订计划、个案介入、结案评估到追踪服务的一条龙服务，除个案服务外，也包含各类小组工作、社区活动等常规项目和特色项目的设计、实施、宣传与评估。嵌入是指政府救助体系和社会工作组织体系的无缝衔接、有机互动，社会工作在政府救助和社会援助之间搭建起有效的纽带，对困难群众做到了物质、服务与精神等多重保障。本章以全域嵌入为切入点，分析成都市郫都区社会工作介入社会救助的模式与相关理论，着重介绍社会工作介入社会救助的组织化、制度化建设以及社会工作服务的专业化流程，最后做简要总结，以此展示社会工作介入社会救助的全貌和生动的案例。

第一节　社会工作介入社会救助的模式与理论

一、整合模式

社会救助与社会工作具有不同的逻辑取向，社会救助是国家力量、自上而下的政府导向，社会工作是社会力量、自下而上的社会导向，两者在制度规定、财务结构、管理运行等方面具有差异性。两者之间的相互融合是“政府—社会”合作创新的产物，明晰介入机制对深入推动社会工作介入社会救助具有重要意义。社会工作介入社会救助的策略方面，有理念介入、岗位介入、项目介入和机构介入(杨荣，2014)，从介入模式方面有整合模式、分离模式和混合模式(马凤芝，2017)。不同的介入策略与模式下社会工作组织和社会工作者参与救助事务的范围、行动权限、与受助者的互动程度都有所不同。

本书认为，成都市郫都区社会工作介入社会救助的模式应为整合模式，在救助策略方面包含理念、岗位、项目和机构的共同介入，社会工作与政府救助融合程度深，两者形成了良性互动、有机融合的合作机制，共同助力困难群众问题的改善与解决。目前，区社会关爱援助中心社会工作组织——成都市同行社会工作服务中心与区社会救助中心合署办公，为就政策、行动方面有效衔接政府救助和社会援助提供了便利，区社会救助中心对同行社会工作服务中心开展的活动给以指导，同行社会工作服务中心又给予镇(街道)救助关爱站业务指导，同时，同行社会工作服务中心组织对基层实践中遇到的各种问题向区社会救助中心予以反馈，就救助具体事务及时有效沟通。此外，在镇(街道)层面，政府救助的社会救助站——便民服务中心也与镇(街道)救助关爱站合署办公，两大机构在同一场所办公，促使社会工作深度融入社会救助体系。社会工作者不仅承接事务性工作，如对象排查、家庭收支调查、政策宣传等，同时承接服务性工作，如资源链接、社会融入、心理疏导、能力提升等，受助者在提出申请、家计调查、获得资金和服务救助、社会融入和摆脱困境等过程中可以直接依赖社会工作者代为承接，由社会工作者帮助其获得各项经济和服务援助，而政府救助则在待遇审批、救助资金发放、监督管理、受理诉讼等方面做好幕后工作，在有需要的时候可以走向前台，这体现出社会工作介入社会救助的整合模式具有公共服务外包的特质。郫都区社会工作介入社会救助整合模式的具体实践将在本章第二节和第三节中予以详细阐释。

引入社会工作服务机构参与社会救助必然意味着借鉴社会工作助人自助的专业理念，也有助于政府救助人员学习、理解、认同和实践社会工作的价值、理念，更能够平等、尊重、认识到受助者个体潜能并帮助其积累技能、创造机会，使其协调完善好社会功能，促进社会融入和社会和谐，推动当前社会救助向发展型社会救助转变。郫都区购买民政协理员岗位参与社会救助并对其进行培训、学习救助政策和社会工作服务知识，督促其考取社会工作证书，这是岗位介入的体现。项目介入也是社会工作介入的重要策略，除个案服务、小组工作和社区活动外，社会工作服务机构和社会工作者还运营专门的特色性项目，如残疾人特色工坊项目、老年人“义彩暮年”“微心愿”项目。社会工作服务机构更是以与政府救助体系相对应的形式而设立，正如表 4.1 所示，社会工作服务机构已深深地融合、嵌入当前郫都区社会救助治理体系，成为推动社会救助发展、提升社会救助效力不可或缺的部分。郫都区社会工作介入社会救助绝非单纯地以项目制等形式的政府购买公共服务，它所要达到的目标是将社会工作纳入政府救助体系中，纳入政府财政预算使财政全额支持社会工作参与，通过制度化的方式实现有机融合。

表 4.1 郫都区社会工作服务机构名称及分布

层级	政府救助	社会援助	
区级	区社会救助中心	成都市同行社会工作服务中心	
镇(街道)	团结镇社会救助站	团结救助关爱站	郫都区鹃城社会工作服务中心
	红光镇社会救助站	红光救助关爱站	都江堰市春晖社会工作服务中心
	友爱镇社会救助站	友爱救助关爱站	成都躬行社会工作服务中心
	郫筒镇社会救助站	郫筒救助关爱站	成都爱有戏社区发展中心
	安靖镇社会救助站	安靖救助关爱站	郫都区鹃城社会工作服务中心
	犀浦镇社会救助站	犀浦救助关爱站	郫都区益家社会工作服务中心
	古城镇社会救助站	古城救助关爱站	郫都区鹃城社会工作服务中心
	花园镇社会救助站	花园救助关爱站	都江堰市上善社会工作服务中心
	德源街道社会救助站	德源街道救助关爱站	成都市同行社会工作服务中心
	唐昌街道社会救助站	唐昌街道救助关爱站	都江堰市上善社会工作服务中心
	新民场社会救助站	新民场救助关爱站	成都市同行社会工作服务中心

续表

层级	政府救助	社会援助	
镇(街道)	三道堰街道社会救助站	三道堰街道救助关爱站	郫都区益家社会工作服务中心
	唐元街道社会救助站	唐元街道救助关爱站	成都市同行社会工作服务中心
	安德社会救助站	安德街道救助关爱站	郫都区益家社会工作服务中心
村(社区)	村(社区)社会救助窗口	村(社区)救助关爱窗口	民政协理员

二、理论视角

社会工作在其漫长的发展过程中形成了诸多理论，如心理分析学理论、认知行为理论、社会支持理论、社会系统理论、生态系统理论、沟通理论、人本主义理论、存在主义理论、马克思主义理论、女性主义理论、增权或倡导理论、优势视角等(李晓凤，2008)，当然，社会工作的理论不局限于以上所列内容，它是多学科知识综合运用的产物，包含社会学、心理学、生理学、人类学、政治学、经济学、社会福利政策等多学科内容(文军，2010)。这就要求社会工作者在应对受助者具体问题时，要根据受助者实际需求和情况选择合理的理论，甚至在与案主接触的不同阶段选择不同的理论给予指导，没有一成不变或者最优的理论来应对所有案主的问题。因此，社会工作者应该尽可能地掌握各种理论与实务技能，选择恰当的理论来指导具体实践，在选择理论时需要考虑到社会工作服务的目标、服务对象的规模、服务对象的接受程度、社会工作的资源等(文军，2010)，在社会工作介入社会救助中，我们可以看到社会工作者在不同的理论指导下根据不同的价值目标专门设计服务项目、服务内容来应对各种具体性问题。考虑到本书并非专门介绍社会工作的书籍，以及限于篇幅，本章选择体现提升个人效能感、获取资源能力并积极反压迫的赋权理论、关注个体潜能与优势的优势视角以及拓展支持网络的社会支持理论做简要介绍，以展现社会工作介入社会救助中所秉持的帮助受助者自力更生、积累人力资本，最终实现摆脱困境、融入发展的理念。

赋权理论。赋权由“empowerment”一词翻译而来，其理念可追溯至18世纪时英国睦邻友好互助组织，起初是作为民间互助的组织形式，到近代发展运用到反压迫的社会和政治性运动中，如反抗性别歧视、种族不平等、争取公民权利等。赋权的概念可理解为个体、群体以及社区控制自身环境、行使权力和实现目标的能力，在独立与合作的过程中帮助自己和他人最大化地提升自身生活质量的过程(Barbra Teater，2013)。赋权与反压迫实践相关，可分为三个层次：个人层次提升个人自尊、自我效能感、权力感，以增强自我战胜困难的自信心，人际关系层面在于处理好与他人交往沟通的关系、提升交往技能，环境层面在于改变不公平不公正的制度和规则，其基本假设是个人问题的出现是环境的排挤与压迫造成的，社会工作者提供的帮助在于帮助受助者意识到自己有能力改变不利现状，认识到自己的价值与潜能，实现自我实现，增进权能，以对抗压迫，争取权益(李莉等，2014)。社会工作者在运用赋权理论时要强调边缘化和被压制群体的“自我赋权”，以合作的态度帮助受助者积极界定问题，使其投入辨识与抵抗压制的过程中，并与社会工作者参与到决策制定中，社会工作者应从个体、人际和社会政治三个方面综合考虑受助者的现状、优势与资源，然后从动机提升、意识提升、心理满足、自我导向提升、政策倡导等方面介入，使受助者认识到自己才是解决问题的专家，实现赋权为本，改变无力感，最终走出困境。

优势视角。优势视角是在 20 世纪 80 年代对以往社会工作问题导向的病态视角的反思和批判中逐渐形成的，是对病态视角的超越，标志着社会工作者不再单纯地将服务对象看作有问题的、不幸的、弱势的群体，而是更加平等、尊重、努力挖掘案主所拥有的各种潜能和优势。病态视角的假设有标签和刻板印象；悲观主义和怀疑主义；将问题完全归咎于案主个人而非环境的生态学解释；认为案主所有障碍都是由疾病导致从而忽略情况的不确定性、复杂性，关注疾病的治疗而忽视案主个人潜能和环境的改善(李莉等，2014)。优势视角将增权、成员资格、抗逆力、对话与合作作为基本信念，从积极心理学视角发现、开发和利用案主的优势和资源，强调个体在面对压力、逆境时的潜能激发和自我超越。优势可以是在应对困难、面对压力、遇到创伤、接受挑战和利用社会支持时表现出来的能力，优势的来源从个体角度来看可以是抱负、资质和自信，从社区角度来说可以是机会、社会网络、资源和有形服务等(Barbra Teater，2013)。优势视角聚焦于案主以往和现在成功的经验、自身特质、现有资源，发挥优势解决问题并引导案主走向自我定义的美好未来。

社会支持理论。社会支持强调个人发展与社会适应的环境性支持，认为个人与环境中的各种系统是相互关联作用的，通过对社会中各种正式和非正式资源的利用来获得社会支持，以便解决弱势群体和个人的各种困难，为个人改善生活状况提供资源，促进社会适应。正式支持包括来自政府、社会正式组织的各种制度性安排，如来自民政、人社、教育等政府部门的帮扶，此外也包括群团组织、社会组织如工会、妇联、关心下一代工作委员会、慈善基金会、公益组织等；非正式支持包括家人、亲戚、朋友、邻里等。社会支持理论在实践中经常与社会系统理论共同使用，社会系统理论实质上就是社会支持理论的基础性理论(李莉等，2014)。困难群体遇到困难时，其个人支持网络也受到了削弱和破坏，因此社会工作者在介入时需要评估服务对象现有和可能有的支持资源，通过强化、重构、拓展支持网络来帮助受助者提升解决困难的能力，以达到预防、治疗和恢复受助者社会功能的作用。在社会工作者介入的实务策略方面，可以运用个人网络策略、志愿连接策略、相互援助网络策略、邻里援助网络策略、社区授权网络策略等来实现介入目标(文军，2010)。

从以上三个理论中可以窥得社会工作者在介入社会救助事务时所遵循的价值观。它们都体现出积极主动的取向，关注受助者自身能力的建设、发掘受助者自身的潜能，注重个体与环境间的协同互动，在本质上是相通相连的，给予社会工作者和非社会工作者的启示是要根据困难群众实际状况，取各理论之所长，不仅要加强困难群众与环境的社会网络建设，链接各种体制内外各种资源帮助其摆脱困境，而且要加强其心理建设，增强其摆脱困境的能力，培育其人力资本，让他们能够参与到社区、社会事务中来，让他们真正地融入社会，发出声音，表达诉求，获得社会认可，实现个体价值。

第二节 组织制度嵌入

在整合模式下，困难群众通过社会工作者来获得经济援助和服务援助，社会工作者衔接政府和社会资金救助，并向受助者提供保障服务，因此，整合模式实施的重要前提是社会工作服务机构完善的组织制度和社会工作者知识储备与工作素养，以避免介入时的效力不足甚至发生社会工作者违背政策的情况。郫都区社会工作介入社会救助得以实践的重要基础就在于介入救助时以一系列制度规定作为支撑，保障整个体系合理运转。这些组织制度包括组织运行的一般性管理制度、台账管理制度、基金管理制度、团队建设制度等。

一、一般性管理制度

一般性管理制度是所有组织得以运行的最基础性制度，以郫都区社会工作服务机构为例，这些制度一般都包含社会工作服务机构组织架构、人力资源管理制度、督导制度、服务管理制度(该制度与具体的服务提供相关，在下一节服务提供嵌入中重点说明)、档案制度、信息公开制度、意见收集与投诉制度、保密制度、风险管理制度、利益相关方沟通管理制度等。

组织架构。组织架构包含社会工作服务机构在整个体系中的定位以及自身结构，以安德街道为例，其组织架构可以用图 4.1 来表示，包括与政府救助体系中区社会救助中心、街道民政干部和社会关爱援助体系区关爱援助中心、民政协理员之间的相互关系，也包含其自身内部项目负责人、项目社会工作者、内部督导以及志愿者团队的分工合作关系。救助关爱站内部分工中，项目督导负责：①安置与协调项目人员；②监督站点制度完善与执行情况；③开展机构内部救助条线督导会议，听取口头汇报、阅读书面材料；④进行站点宣传倡导，代表站点工作人员对被服务对象的利益进行维护。项目负责人负责：①完善站点制度，确保站点运营；②细化监督执行站点进度表与经费使用安排表；③参加中心会议，完成中心交办的任务；④统筹项目宣传工作；⑤开展民政协理员、志愿者培训；⑥其他部分项目具体执行工作；⑦活动场地与资源链接；⑧志愿者招募。一线社会工作者负责：①台账更新；②开展个案、小组、社区工作专业服务；③开展特色服务活动；④参加培训、督导会议；⑤完成救助中心、援助中心交办的任务。村(社区)民政协理员负责：①特殊困难家庭发现；②特殊困难家庭基础信息采集；③特殊困难家庭情况报送；④接受社会工作者的专业培训。志愿服务团队负责：①接受救助关爱站培训指导；②带领或独立进行服务对象入户探访工作；③开展“微心愿”志愿者系列服务活动；④开展其他志愿者服务活动。当然社会工作服务机构中也包含出纳等财务人员，负责机构财务管理事宜。

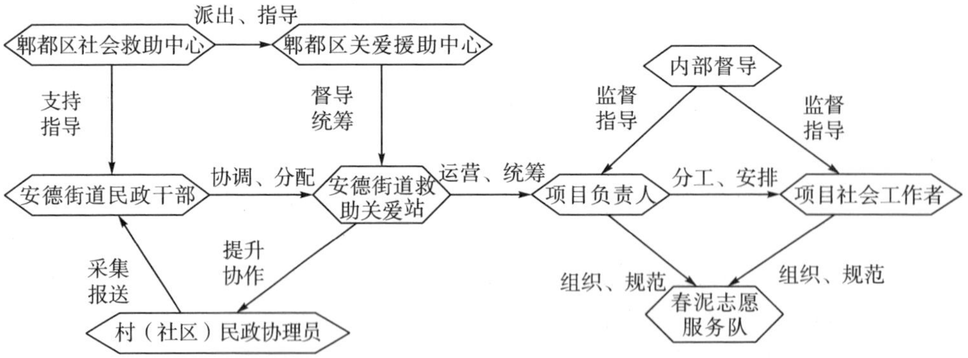

图 4.1 安德街道救助关爱站组织架构

人力资源管理制度。人力资源管理制度是保证组织队伍建设的基础性制度，保证了社会工作服务机构造就和培养一支精通理论与业务知识、专业素质过硬的队伍，规范了机构管理行为，促进了机构持续、稳定和健康发展。社会工作服务机构按照国家法律法规、行业性质以及站点实际情况制定本机构的人事管理制度。这些内容包括员工权利与义务、员工伦理价值、员工入离职规定(包含招聘、面试、入职试用、转岗、离职等)、员工绩效考核、薪酬管理、考勤制度、加班制度、请休假制度、员工福利等。社会工作服务机构非常重视行业伦理建设，以郫都区益家社会工作服务中心为例，其将员工伦理价值规定作为人力资源管理规定的首要事项，提出站点员工的首要使命是协助有需要的对象及致力处理社会问题，应尊重每一个人的独特价值和尊严，要相信每一个人都有发展的潜质，要帮助个人自我实现，员工有责任维护人权及促进社会公义，员工有责任运用本身的专业知识和技能去推动个人和社会的进步，努力加强人际关系，促进及提高个人、家庭、社团、机构、社群的福祉，帮助社会大众预防及减少困境与痛苦。

督导制度。督导是一个过程，是指机构督导者和被督导者在工作中实现机构的、专业的和个性化的目标，以实现最佳的服务绩效，其功能包括服务执行的规范功能、促进个人学习与发展的发展功能、个体支持的恢复功能、促进个体融入的调解功能。此外，督导包含四个基本要素：提升决策和干预质量，促进管理品质和机构责任，识别并提出服务量和工作负荷的议题，识别和获取个人学习和职业发展的机会(Wonnacott，2015)。因此，督导对于实现社会工作的目标以及真正帮助服务对象实现个体恢复、融入和发展具有重要意义。督导制度一般包含督导从业资质、督导方式、督导时间与次数、督导记录、督导职责等。以救助关爱站点一份项目督导记录为例(表 4.2)，可以生动地展示督导的具体情况。

表 4.2　项目督导记录

时间	2018 年 9 月 3 日	地点	郫都区社会关爱援助中心
督导		督导方式	团体督导
社会工作者			
督导内容	本次督导大纲： 一、2017 年项目末期结果讲解 二、服务成效管理 三、需求调研 主要内容： 1. 关于第三方东莞正阳社会工作服务中心对 2017 年救助项目评估的原则及方法：秉承公平、公正、公开、以评促建的原则，采取资料分析、问卷调查、访谈等方法，结合项目投入、执行、管理、产出等进行综合评价 2. 在服务策划板块应重视项目及活动的需求评估，在方案制定时应注意活动的目标及服务是否回应了服务对象的需求 3. 在质量管理板块主要评估：成效测评机制、成效实施、持续改善(举例：小组过程里面详细写明工作人员、组员的互动情况好于概括性地描述活动很好的说法，同时这也是规范服务档案记录的内容及要点)三个部分 4. 关于服务对象满意度调查扣分及得分点主要集中在：一是电话的接通率，如果号码错误会影响分值；二是服务对象是否有成效性的评价(如有没有收获、更开心了、收获了更多朋友) 5. 关于社会影响：主要评估困难群众对站点及社会工作者的知晓率：认不认识社会工作者？知不知道救助关爱站？ 6. 关于项目风险认识及管理的分享及学习 7. 关于服务成效可从三方面进行分析：一是知识技巧的改变(政策宣传等)，二是信念意识的改变(生活动力、人生看法)，三是行为或状态的改变 8. 如何令服务产生成效："六要"，即要有好的方向，要做足够的事，要做对的事，要及时完成，要有合理的投入保障，要能够及时、持续改善 9. 成效服务管理中计划、监控、评估、改善是始终循环的过程		
社会工作者反思	在经过一年的项目后，我们有了更多的经验，在活动及项目中也统计了很多重要、实用的意见，新一年的项目执行时，可充分结合，体现项目持续改善的一面		
备注	本次参会人员为郫都区 14 个镇(街道)救助关爱站的社会工作者		

档案制度。档案制度起着记录、查阅、追踪的作用，有利于使站点工作规范化、合法化、可查询。救助关爱站档案管理制度一般包含职能职责、归档范围和

要求、归档内容、档案编号、档案借阅制度、档案统计制度和档案销毁制度等内容。以安德街道救助关爱站档案管理制度为例，其内容中包含了与救助事务相关的内容，具体包括：员工信息及资质、项目方案书与执行表、救助关爱站制度、救助关爱站台账、困难群众数据库与建档表、常规工作材料、合同指标材料、报账原始材料留底、服务对象满意度调查表、站点宣传资料与媒体报道资料、其他应归档资料。

信息公开制度。信息公开有助于促进社会工作介入社会救助事务的宣传，扩大服务影响力和增强知晓度，增进民众认可，同时能够倒逼社会工作服务机构制度完善和服务提升。各救助关爱站信息公开制度包括主动公开范围、免于公开的信息、信息公开形式、信息公开发布制度、信息公开时限制度、信息公开审核制度、信息公开检举指正制度等。

意见收集和投诉制度。为促进社会工作服务机构专业化、高质量化，各社会工作服务机构都制定了意见收集与处理机制，在相关网站上公示了投诉电话和邮箱，鼓励服务对象提出意见和建议，及时发现问题，并通过与服务对象或社会公众协商共同解决问题，及时通过电话或书面传真等方式反馈处理结果。同时也要保证社会工作者的合理权益，社会工作者定期通过不同的形式接受和处理个人情绪和意见，就工作中出现的问题进行探讨、分享经验，如被称为“吐槽”微论坛的“社工奇葩说”就为解决社会工作者在项目开展中遇到的各类“疑难杂症”、分享“奇葩趣事”、谈谈“迷茫成长”提供了平台，同时有专业的老师对社会工作者的“吐槽”提出自己的看法和建议，这打破了常规培训的会议模式，一线工作人员的心声得以倾听，为缓解社会工作者压力、传授工作经验技巧、推动行业发展搭建了平台。

保密制度。为维护社会工作服务机构的利益，保护服务对象隐私，各社会工作服务机构都制定了保密制度。这些保密制度包含保密原则、保密内容、保密形式(如文件保密、档案保密、服务保密、设备保密和其他情况)以及违反时的处理机制。保密制度的制定重申了社会工作者的伦理要求，困难群众隐私得以保障，促进了社会工作服务机构和困难群众信任关系的建立，也有利于机构的长远发展。

风险管理制度。社会工作事务由于面对的是各类脆弱群体，如老年人、儿童、患者等，活动项目的开展涉及一系列影响因素，会有诸多难以预见的风险，为保障救助活动有效开展，充分利用和整合人力、物力、财力和场地资源，制定有效措施，做好风险预防，减少不必要的损失，显得至关重要。因此，应该在以下方面做好安全措施：项目场地安全、机构活动人身安全、儿童安全、老年人安全、活动开展不顺畅安全、可能涉及的伦理和法理上的风险、运作资金风险、人员流动风险、工作进度风险、需求变更风险、专业支持风险等。下面以老年人安全风险和项目进度风险及其应对方案为例来简要说明(见表 4.3)。

表 4.3 老年人安全风险和项目进度风险及其应对方案

风险类别	风险叙述	应对方案
老年人安全风险	老年人由于年龄，可能会有一些隐性疾病及行动不便的困扰，部分人员由于机能老化会出现听不清、不大理解，或者对活动目的理解错误的情况	①定期对工作人员进行安全知识培训与演练、排查服务场所的安全隐患，与服务对象有明确的责任讨论及角色澄清，必要时购买安全保险 ②建立突发事件应急机制，并与社区、公安、消防等部门保持联络。遇到突发事件应及时联系相关部门，第一时间告知服务对象家人，把对服务对象的伤害降到最低 ③适时增加活动协助者的人数，或者在活动开展中邀请相应家人参与
项目进度风险	项目工作人员进驻与项目执行，可能会由于不可抗原因或自身能力原因造成工作进度滞后，但也存在严重提前风险	①由于场地或资金落实推迟 1 个月以上，严重影响社会工作者执行进度，机构方需在场地或资金落实前，与郫都区社会救助中心协商修改服务指标完成时限，并报镇(街道)办 ②社会工作者能力与执行要求不符，导致工作进度滞后，要求机构提前设立督导跟进，督导应在项目集中时间节点，及时查看社会工作者进度，对形成进度滞后风险的社会工作者予以口头提醒，并督促完成。对已经造成项目成效降低、滞后风险的员工进入考察期，考察失败 2 月内员工换岗，保障项目正常运作 ③对于项目执行以严重提前，影响项目持续性，项目产出时间严重不平衡的情况，督导应及时察觉，同时检查由于指标提前可能带来的成效降低等风险，并协助重新订立进度表。为考虑产出时间平衡，可在资金允许情况下，进行项目指标正偏离

利益相关方沟通管理制度。利益相关方是社会工作服务机构和社会工作者在服务过程中接触到的直接或间接利益方，社会工作者活动的开展需要体制内外相关单位和个人的支持协作，因此需要和利益相关方建立良好的沟通交流与合作关系，以促进活动正常、稳定开展。利益相关方沟通管理制度具体包含与受益方的沟通、与区级中心等上级部门的沟通、与村(社区)的沟通、与救助专项基金委员会的沟通、与公众及媒体的沟通、与志愿者和个人的沟通、与其他利益相关方的沟通。沟通管理制度从内容上来看，更多的是对保密要求、主体间权利义务关系、沟通机制等的再次重申和界定。

二、台账管理制度

台账具有原始数据记录、后期追溯核查、总结评估等功能，是各项工作开展的基础性环节。《成都市社会关爱援助联席会议关于印发〈成都市社会关爱援助体系建设实施办法〉的通知》(成关爱办〔2018〕2 号)提出社会关爱援助中心应建立档案和登记统计制度。台账包括困难群众基础信息台账、困难群众家访工作记录台账、镇(街道)和村(社区)沟通记录台账。

困难群众基础信息台账。在所有台账中，困难群众基础信息台账是救助关爱工作开展的核心数据，它以家庭为单位，详细记录了受助家庭成员信息，为工作开展提供参考，形式为 Excel 表，由于 Excel 可拓展空间大、记录数据详细，便于修正、易于操作的特性，可以根据受助者实际情况提供具体详细的信息。为说明需要，笔者根据 Excel 表具体内容将其简要绘制成困难群众基础信息台账(表 4.4)，包含家庭信息、个人信息、致贫因素、社会工作者预估、具体需求和援助记录六个板块，其中家庭类型包含农村低保、城镇低保、低保边缘、集中特困、散居特困、困难儿童(含孤儿)、支出型贫困和急难对象，致贫因素包含因残、因学、因病、因祸、老弱、缺乏就业能力，救助情况具体填写个人已经接受或正在接受的体制内外救助，备注栏填写可补充说明内容，社会工作者是否介入及之后的内容必须由社会工作者来填写，未介入的后面内容可不填，之前的部分可由基层村(居)委会或民政协理员协助填写。

表 4.4　困难群众基础信息台账

<table>
<tr><td rowspan="3">家庭信息</td><td>户主姓名</td><td></td><td>家庭编号</td><td></td></tr>
<tr><td>家庭人口</td><td></td><td>家庭地址</td><td></td></tr>
<tr><td>家庭类型</td><td colspan="3"></td></tr>
<tr><td rowspan="6">个人信息</td><td>姓名</td><td></td><td>个人编号</td><td></td></tr>
<tr><td>性别</td><td></td><td>身份证号</td><td></td></tr>
<tr><td>年龄</td><td></td><td>与户主关系</td><td></td></tr>
<tr><td>民族</td><td></td><td>政治面貌</td><td></td></tr>
<tr><td>婚姻状况</td><td></td><td>文化程度</td><td></td></tr>
<tr><td>工作单位</td><td></td><td>联系电话</td><td></td></tr>
<tr><td rowspan="6">致贫因素</td><td>优抚</td><td>是□　否□</td><td>残疾</td><td>是□　否□</td></tr>
<tr><td>刑释</td><td>是□　否□</td><td>急难</td><td>是□　否□</td></tr>
<tr><td>致贫原因</td><td></td><td>致贫情况
具体说明</td><td></td></tr>
<tr><td>救助情况</td><td colspan="3"></td></tr>
<tr><td>备 注</td><td colspan="3"></td></tr>
<tr><td>是否脱离贫困</td><td colspan="3">否□　迁出□　去世□　脱贫□</td></tr>
<tr><td rowspan="4">社会工作者预估</td><td>社会工作者是否介入</td><td colspan="3">是□　否□</td></tr>
<tr><td>劳动能力</td><td>未丧失　□
部分丧失□
完全丧失□</td><td>自理能力</td><td>完全自理□
半自理　□
不能自理□</td></tr>
<tr><td>居住情况</td><td></td><td>收入情况</td><td></td></tr>
<tr><td>参保情况</td><td colspan="3">城乡居民基本医疗保险　□
城镇职工医疗保险　□
商业医疗保险　□</td></tr>
<tr><td rowspan="4">具体需求</td><td>物资</td><td></td><td>医疗</td><td></td></tr>
<tr><td>教育</td><td></td><td>住房</td><td></td></tr>
<tr><td>就业</td><td></td><td>心理</td><td></td></tr>
<tr><td>司法</td><td></td><td>其他</td><td></td></tr>
</table>

续表

援助记录	物资		医疗	
	教育		住房	
	就业		心理	
	司法		其他	

困难群众家访工作记录台账。困难群众家访工作记录由走访的社会工作者填写，也以 Excel 表格形式记录，包含走访时间、困难群众具体信息、社会工作者家访情况和补充情况四大板块。

镇(街道)和村(社区)沟通记录台账。沟通记录台账包含与镇(街道)、村(社区)沟通的情况，内容包含时间、具体的镇(街道)、村(社区)、接待社会工作者、沟通对象及职务、沟通地点、沟通方式、沟通内容和备注，在此不再详述。

三、基金管理制度

专项基金的成立有效补充了政府体制救助效力，基金管理制度的建立是保证救助对象和效力精准的关键。《成都市社会关爱援助联席会议关于印发〈成都市社会关爱援助体系建设实施办法〉的通知》(成关爱办〔2018〕2 号)要求社会关爱援助中心应依托有公募资质的慈善组织建立本级关爱援助基金，共同开展捐赠和管理工作，审核、办理相关捐赠手续，统一协调和归口管理。郫都区在建立区级救助基金的同时，各镇(街道)都相应建立了救助专项基金。基金制度包含专项基金章程和基金救助实施细则，为遭受突发事件、意外伤害、重大疾病或其他原因导致生活陷入困境的城乡特殊困难家庭提供物质保障。基金成立旨在通过搭建社会救助平台，发挥慈善事业在社会保障体系中的补充作用，促进社会救助事业的发展和社会和谐，以对各类弱势群体的帮扶发扬人道主义精神、弘扬中华民族传统美德。

基金救助程序和救助标准体现出了社会工作介入社会救助的整合模式和慈善事业的补充性特点。基金相关方在职责方面有着明确的分工，镇(街道)救助关爱站对帮扶对象进行摸底调查和基础资料收集并提出救助方案，专项基金理事会执行审查和核实，区民政局、区社会救助中心、镇(街道)人民政府给予业务指导，区慈善会执行监督管理以及核实使用。在具体救助程序上，如图 4.2 所示，当发生急难事件时，困难对象主动到镇(街道)救助关爱站或者经由基层政府组织、民政协理员等转介至救助关爱站，并填写好专项基金生活(医疗)申请审批表和准备好相关证明材料，由救助关爱站对申请对象进行入户调查，并提出救助意见上报常务理事会审核，经常务理事会、区慈善会审核通过后，申请者可获得救助资金，救助资金发放后，镇(街道)救助关爱站社会工作者将在 2 个工作日内上门进行核查，对救助资金使用情况进行跟踪。因此，困难群众要获得基金救助首先要经过救助关爱站这一步骤，救助关爱站在资金帮扶方面起着困难情况调查和预估、帮扶方案设计以及协助获得救助资金的重要角色，同时起着直接提供服务和间接提供资金的作用。在救助标准方面，专项基金作为慈善救助，起着补充和缓解的作用，其明确定位为在其他救助帮扶(包括政府救助)后仍有困难的家庭提供救助资金，并根据不同的困难情形给予不同的救助比例，如犀浦镇要求，在城乡医疗救助后，个人实际负担金额在 5000 元以内的，按 20%救助，个人实际负担金额在 5000 元(含 5000 元)以上 10000 元以下的，按 25%救助，个人实际负担金额在 10000 元(含 10000 元)以上的，按 30%救助，全年救助额累计不超过 20000 元。

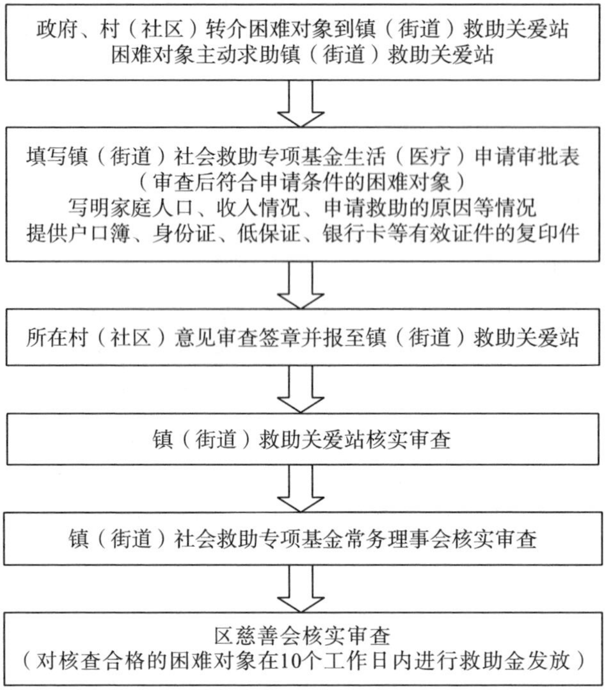

图 4.2　镇(街道)社会救助专项基金申请流程图

四、团队建设制度

具有崇高的理想信念、精湛的业务技能的工作团队是一切组织活动顺利开展的必然要求。社会工作由于业务领域广、工作繁重，一直存在人员流失、队伍不稳定的情况，因此强化团队建设、增强队伍业务能力和团队凝聚力是保证机构长远发展的重要举措。团队队伍建设主要分为社会工作者队伍建设、民政协理员队伍建设和志愿者队伍建设三大部分，志愿者队伍建设详见第六章。

社会工作者队伍建设。社会工作者队伍建设主要以社会工作者成长营和社会工作救助专题培训为主。为更好地推动各镇(街道)救助关爱站日常救助工作开展，取得预期援助效果和示范效应，区社会救助中心对各镇(街道)救助关爱站社会工作者开展政策培训，邀请民政部门工作人员对低保救助、医疗救助、临时救助、社区快速救助等进行专业讲解，同时对政府各个部门的救助政策和适用人群进行梳理说明。此外，救助中心结合实际情况制定了“社会工作者成长营”同辈督导小组，以同辈督导的形式让各镇(街道)救助关爱站社会工作者加强合作，加强沟通交流，在激烈的言辩中各抒己见，发表自己的意见和看法，集思广益，加深对社会工作理论和实务的认识。同时提高各救助关爱站社会工作者的思维能力和表达能力，让其思路更加清晰、系统，思维更加敏捷，反应更加迅速。社会工作者成长营主题有个案评估量表设计、项目活动的潜在支持——众筹、微信公众号的推广、摄影技术、沟通的艺术、急重难个案研讨、基金使用管理、个案走访模拟、个案管理及工作技巧等。同时，积极开展救助领域专题培训和工作坊，培训内容包括精准化需求评估、困难家庭援助方案设计、社会资源链接实务、网络众筹方法等，工作坊旨在通过工作坊的形式，让社会工作者有直接的感受，内容包括个案管理手法、特色项目策划、特殊个案精准帮扶等主题。郫都区社会工作者必须参加社会工作者队伍建设的培训，在培训之后持证上岗，这有效提升了救助领域社会工作者的专业知识和技能，促进解决社会工作者工作中的实际问题，打造了一支专业化救助领域社会工作者队伍。

民政协理员队伍建设。民政协理员是社会工作最前线工作人员，发挥着主动发现困难群众、需求评估协助调查等作用。民政协理员培训主要由各救助关爱站点来负责，各站点都建有民政协理员联动制度，内容包括民政协理员主动发现机制、民政协理员联席会议、民政协理员线上交流平台(QQ 群)、民政协理员培训、民政协理员协助走访、民政协理员激励与表彰等内容。为保证民政协理员的参与积极性，各救助关爱站点会对民政协理员在提交资料积极性、困难群众主动发现积极性、陪同入户走访次数、参加民政协理员联席会议出席率、培训会出席率、困难群众对民政协理员认可度等方面进行打分考核，并作为表彰依据。本书以犀浦镇救助关爱站民政协理员培训计划(表 4.5)为例，简要说明民政协理员培训具体情况。当然，民政协理员培训内容在诸多方面与社会工作者培训内容一致，也存在民政协理员和社会工作者一起培训的情形。为使培训规范化、体系化，郫都区研发了郫都区救助关爱援助站社会工作培训课程体系(表 4.6)，包括体系介绍、政策课程、通识课程、实务课程、成果转化和社工支持六大部分。

表 4.5 犀浦镇救助关爱站民政协理员培训计划

1. 活动名称：犀浦镇救助关爱站民政协理员培训

2. 活动主题：民政协理员通过一系列培训，促进与村社区之间的交流

3. 活动理念：

社会支持是指一定社会网络运用一定的物质和精神手段对社会弱势群体进行无偿帮助的行为的总和。依据社会支持理论的观点，一个人所拥有的社会支持网络越强大，就能越好地应对各种来自环境的挑战。个人所拥有的资源又可以分为个人资源和社会资源。个人资源包括个人的自我功能和应对能力，后者是指个人社会网络中的广度和网络中的人所能提供的社会支持功能的程度。以社会支持理论为取向的社会工作，强调通过干预个人的社会网络来改变其在个人生活中的作用。特别是对社会网络资源不足或者利用社会网络的能力不足的个体，社会工作者致力于给他们必要的帮助，帮助他们扩大社会网络资源，提高其利用社会网络的能力。通过组织村(社区)民政协理员开展培训交流，为犀浦镇需要帮助的困难群众建立沟通的桥梁，更好地为犀浦镇救助关爱站的困难群众提供支持

4. 活动目标：

(1)倡导不少于 4 次的民政协理员培训和交流

(2)增进村(社区)民政协理员与社会工作者之间的沟通交流

(3)共同为犀浦镇的困难群众提供服务

5. 活动对象与宣传方式：

(1)活动对象：犀浦镇村(社区)民政协理员

(2)宣传方式：QQ、电话

(3)活动时间：

(4)活动地点：犀浦街道便民服务中心、村社区活动室、街道会议室

6. 活动详情：

时间	内容	负责人员	备注
	讨论活动的相关流程		
	撰写活动计划书、流程表		
	开展不少于 4 次的民政协理员培训		
活动完成后	撰写活动简报、总结		

7. 所需人力资源：2 名民政协理员

协办单位的角色(若有)：犀浦镇各村(社区)、街道办

8. 活动评估方法：现场观察法

9. 预见的困难与对策：

困难：时间协调

对策：通过街道办主任通知各村(社区)开展

民政协理员签名： 日　　　期：	项目负责人签名： 日　　　期：

表 4.6　郫都区救助关爱援助站社会工作培训课程体系

培训主题	培训内容	培训方式	培训课程设置	培训人员
体系介绍	郫都区社会救助工作发展历程、“1+2+N”救助体系	集中授课	郫都区社会救助体系及救助社会工作概述	入职一个月
	专项基金前期筹备、基金管理委员会成立、使用流程等内容	集中授课	郫都区专项基金流程及管理办法	入职一个月
政策课程	救助政策解读：低保、临时救助、特困、快速救助、慈善救助	集中授课	民政局救助政策	入职三个月
	救助政策解读：助学	集中授课	教育局救助政策	入职三个月
	救助政策解读：创业、就业	集中授课	人社局救助政策	入职三个月
	救助政策解读：居家、医疗、护理、创业、康复	集中授课	残联救助政策	入职三个月
	救助政策解读：城乡困难居民救助	集中授课	红十字会救助政策	入职三个月
	救助政策解读：困难党员救助	集中授课	组织部救助政策	入职三个月
	救助政策解读：困难职工、子女、医疗、健康	集中授课	总工会救助政策	入职三个月
	救助政策解读：公共服务、医疗、健康	集中授课	卫计局救助政策	入职三个月
	救助政策解读：法律援助	集中授课	司法局救助政策	入职三个月
通识课程	绘图工具、海报、新闻稿编辑、信息推送	集中授课/实操	新闻写作	入职六个月
	机关单位及相关事业单位内部沟通交流及对外服务	集中授课	政务礼仪	入职六个月
	用文字、语言与肢体语言等手段与他人进行交流使用的技巧、入户沟通技巧	集中授课/实操	沟通技巧	入职六个月
	关爱援助个案管理量表、台账量表	集中授课/实操	量表培训	入职六个月
实务课程	社会工作个案、小组、社区在救助领域的运用手法	集中授课	社会工作介入社会救助的手段和方法	入职十二个月
	需求评估、个案研讨、方案制定	集中授课	救助社会工作个案管理	入职十二个月
	小组认知、过程、技巧	集中授课	救助社会工作小组	入职十二个月
	策划、组织、开展项目品牌研发方式方法	集中授课	援助活动设计与策划	入职十二个月
	体制内外资源	集中授课	资源链接的方式方法	入职十二个月
	全国志愿者系统培训、志愿者招募管理、培训、实训	集中授课	志愿者发展与管理	入职十二个月
	出资方、资源方、志愿服务等相关方沟通汇报定期联络机制	集中授课	利益相关方联系与维护	入职十二个月
成果转化	梳理运用政府、社区、企业、志愿者、基金会多元化整合资源	集中授课	资源整合	入职十二个月

续表

培训主题	培训内容	培训方式	培训课程设置	培训人员
成果转化	个案分享、成果、疑惑	集中督导	个案研讨会	入职十二个月
	共同学习	同辈督导	社会工作者成长营	入职十二个月
	个案、小组、活动开展、运用	一对一专业督导	实地督导	入职十二个月
社工支持	缓解、宣泄、注意力转移	工作坊	减压	入职二十四个月
	咨询、交流、沟通	集中授课	情感支持	入职二十四个月
	通过“议题”展开讨论	TED、沙龙	沟通交流	入职二十四个月
	情景再现	模拟现场	社工说	入职二十四个月
	救助社会工作安全防护技巧培训、暴力危险、健康隐患、情绪困扰	集中授课	安全管理	入职二十四个月
	社会工作执行规范	集中授课	职业道德与专业伦理	入职二十四个月

第三节　服务提供嵌入

社会工作是以利他主义为指导，以增强人们的社会功能和解决社会问题为宗旨，以科学知识为基础，运用专业技巧和方法所进行的助人服务活动（李莉等，2014）。因此其最终的落脚点在于助人服务活动，并且是运用专业技巧和方法所进行的服务活动，这是社会工作的本质特色。社会工作组织有效运转不仅依赖于组织运行的常规性制度，而且更需凸显出其服务价值。就其专业工作方法而言，主要包含个案、小组和社区三大工作方法。工作方法一般分为直接服务方法和间接服务方法，直接服务方法包括个案工作、社会团体工作和社区工作，间接服务方法包括社会工作行政、督导、咨询和社会工作研究等（李莉等，2014）。以个人或家庭为对象的社会个案工作（social casework），以一群人、团体或社会团体为对象的社会团体工作（social group work），以及以一群人共同生活的地区或社会为对象的社区（组织）工作（community organization）是社会工作传统的、主要的和基本的三大工作方法（李莉等，2014）。本节结合郫都区社会工作介入社会救助已有实践，从个案服务、小组工作和社区活动三个层面具体分析介入的服务提供情况。

一、个案服务

个案工作是从个人或家庭入手，运用个别化的方式专门解决个人或家庭遇到的问题，通过分析、介入及处理，帮助解决问题，最终增进个人、家庭和社会福利的过程。个案工作的基本程序包括接案、收集资料、分析诊断、制订计划、个案介入和结案评估六个过程(李晓凤，2008)。按照各救助关爱站点服务管理制度中关于个案管理的内容，其服务对象包括救助关爱站点所在镇(街道)辖区内低保、五保、低保边缘、低收入群体、支出型贫困人员、低收入家庭在内的全体困境人群，以及辖区内因病、因残、因灾、因突发事件等致困的各类困难群体。服务对象通过个人主动申请、社会工作者通过开展活动发现、村(社区)转介、热心居民发掘、社会工作者发掘、电话咨询等形式发现并申请社会工作服务，接到申请后一线社会工作者需要初步评估服务对象的需要，界定服务对象所需要的服务，判定是否符合接案条件，对不符合接案条件的，社会工作者需要尽可能地向申请者提供有帮助的信息，对于符合接案条件的申请者，社会工作者需初步了解其基本情况，并填写相应表格。在资料收集方面，包括个人资料和环境资料，个人资料包括基本资料、主观经验、解决问题的动机、生理、情感和智力方面的功能发挥，环境资料包括家庭、同辈、社区和工作环境等情况。在收集资料的基础上，社会工作者需要依据收集的资料对服务对象情况进行评估，从服务对象自身、服务对象问题产生的形成性因素、服务对象曾经做出的努力三个方面评估。在制订计划方面，包含六个方面：服务对象人口统计学特征、服务对象的诉求、包含总目标和阶段性子目标的工作计划、包含阶段性需发掘和运用资源的服务阶段和服务方法、服务阶段开展的时间安排和总时间期限、联系方式。为使计划生效，并明确救助对象和社会工作者双方责任义务以及增强救助对象改变的动力，需在服务计划制订后双方签订合作协议。在服务介入阶段，社会工作者要秉持以人为本、案主自决、共同参与、个别化、考虑案主发展阶段及特点、相互依赖、瞄准服务目标、考虑经济效益等原则协助案主解决问题。在结案时，要提前告知案主，使案主做好心理准备，要巩固案主在已开展的服务中获得的改变和进步，还需与案主一起探讨问题成功解决的影响因素，为案主在结案后独自解决问题提供经验，要关注案主结案时的情绪，与案主探讨结案后的跟进服务。同时，需要对整个服务过程进行评估，如案主状况的改善情况，工作目标的实现程度，介入工作的人力、物力和其他资源的投入情况。在追踪服务阶段，可根据案主情况安排后续练习，以巩固取得的成果，同时调动案主周围的资源，增强案主的社会支持。在整个服务过程中，需要秉持案主第一原则，对案主负责，做好保密工作，要做好资料整理和档案管理，以便后期需要时可查询。图 4.3 个案服务流程图表明了社会工作介入社会救助时个案服务的全流程。

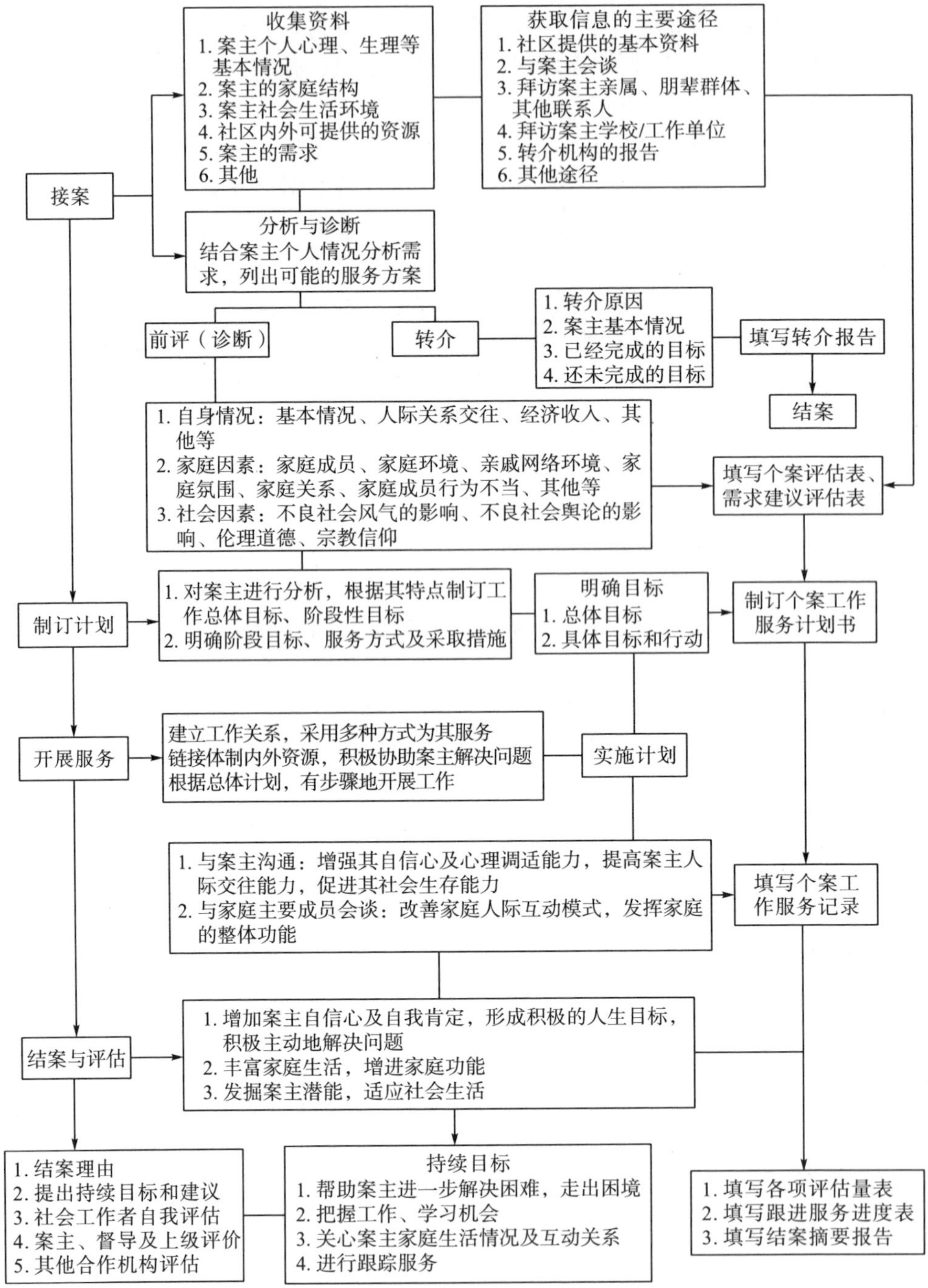
接案
收集资料
1. 案主个人心理、生理等基本情况
2. 案主的家庭结构
3. 案主社会生活环境
4. 社区内外可提供的资源
5. 案主的需求
6. 其他
获取信息的主要途径
1. 社区提供的基本资料
2. 与案主会谈
3. 拜访案主亲属、朋辈群体、其他联系人
4. 拜访案主学校/工作单位
5. 转介机构的报告
6. 其他途径
分析与诊断
结合案主个人情况分析需求，列出可能的服务方案
前评（诊断）
转介
1. 转介原因
2. 案主基本情况
3. 已经完成的目标
4. 还未完成的目标
填写转介报告
结案
1. 自身情况：基本情况、人际关系交往、经济收入、其他等
2. 家庭因素：家庭成员、家庭环境、亲戚网络环境、家庭氛围、家庭关系、家庭成员行为不当、其他等
3. 社会因素：不良社会风气的影响、不良社会舆论的影响、伦理道德、宗教信仰
填写个案评估表、需求建议评估表
制订计划
1. 对案主进行分析，根据其特点制订工作总体目标、阶段性目标
2. 明确阶段目标、服务方式及采取措施
明确目标
1. 总体目标
2. 具体目标和行动
制订个案工作服务计划书
开展服务
建立工作关系，采用多种方式为其服务
链接体制内外资源，积极协助案主解决问题
根据总体计划，有步骤地开展工作
实施计划
1. 与案主沟通：增强其自信心及心理调适能力，提高案主人际交往能力，促进其社会生存能力
2. 与家庭主要成员会谈：改善家庭人际互动模式，发挥家庭的整体功能
填写个案工作服务记录
结案与评估
1. 增加案主自信心及自我肯定，形成积极的人生目标，积极主动地解决问题
2. 丰富家庭生活，增进家庭功能
3. 发掘案主潜能，适应社会生活
1. 结案理由
2. 提出持续目标和建议
3. 社会工作者自我评估
4. 案主、督导及上级评价
5. 其他合作机构评估
持续目标
1. 帮助案主进一步解决困难，走出困境
2. 把握工作、学习机会
3. 关心案主家庭生活情况及互动关系
4. 进行跟踪服务
1. 填写各项评估量表
2. 填写跟进服务进度表
3. 填写结案摘要报告

图 4.3　个案服务流程图

案例是对现实世界的描述，现实世界远比文字描述和理论抽象丰富、真实，基于现实的案例更能引发读者关注与思考，社会工作和社会救助是关于现实的人的生存与发展的工作，都是通过现实的实务实践来实现其目标，因此，对于社会工作介入社会救助而言，缺乏基于现实的案例描述总会使读者意犹未尽、感触不深。笔者从郫都区社会工作介入社会救助优秀案例选编中选取具有代表性、能够全面体现介入流程的案例来辅助说明，以使社会工作介入社会救助的个案服务更加生动可读。

个案服务案例（医疗、心理、物资）

一、案主及其家庭、家庭成员状况介绍

（一）案主的基本情况介绍

生理：案主于2016年4月发现患食道癌，正在接受放疗。案主目前身体较为消瘦，身体状况不是很好，每次化疗维持1个月左右。

心理：案主只有一个女儿，且欠高利贷未回家，案主生病后孤苦伶仃，无人照顾，社会工作者接触案主时，案主存有轻生念头，心理状态消极。

社会状况：案主平时不出门，和邻居关系一般，日常生活主要由丈夫的妹妹照顾。和自己的姐妹关系一般，案主口述，自己生病无钱医治时，自己的兄弟姐妹凑了几千元帮助自己，但兄弟姐妹们都在外地，平时和案主交往不多。

（二）案主家庭情况介绍

案主：户籍1人，共同生活1人，原籍四川省南部县，丈夫2015年6月因肾功能衰竭死亡，有一个女儿。案主于2016年4月发现患食道癌，正在接受放疗，前期医药费已花费3万余元。因为家人建议使用国产药，报销两万多元，自费8000余元，目前购买大病保险850元/年。放疗一次需要5天，每次缴3000元预付款，目前亲戚朋友支援案主1万余元。

案主女儿：37岁，与案主户籍分开。其丈夫为武侯区人，二人育有二子，大儿子14岁，户口在武侯区，在武侯区上初中；小儿子2岁，户口随母亲。两个孩子目前由70岁并患有心脏病的奶奶照顾。案主女儿由于吸毒、打麻将等，借高利贷38万元左右，3月份拿走案主8000多元离家，目前联系不上。

案主女婿：目前的工作是帮别人开车，月收入2000余元，仅够自己的生活费，大儿子的学费以及两个儿子的生活费现在由奶奶支付。与妻子关系紧张，和妻子共同购买的房子由于妻子欠高利贷，被债主申请冻

结，目前无法居住；购买了一辆二手面包车，估价 1 万—2 万元。案主女婿现在每月还房贷，与案主很少联系。

(三) 案主及家庭成员经济状况、财产收入与支出情况

经济状况：案主目前已有积蓄全部花完，无其他商品房、商业保险等收入。

收入情况：

土地租金(5 分田)：1100 元/年

耕保基金+粮食直补：1000 元/年

房屋租金(4 间)：120 元/间×4 间=480 元/年

支出情况：

前期医疗费用：共 30000 元左右，自费 8000 元左右(案主向医生建议全部使用国产药)

其他医疗支出：5000 元/年

放疗 1 个月(5 次)：30000 元

生活费用：1500 元/月(牛奶、鸡蛋、米、油、气、电等)

二、案主及家庭需求

生理：案主生病，家庭经济无法承担高昂的医疗费用，需要医疗救助，社会工作者将协助案主申请医疗救助；

心理：由于案主经常一个人去医院，很孤单，心理比较脆弱，在无助时有轻生念头，需要情绪支持和心理疏导；

社会支持：社会爱心资金和物资、志愿者服务；

物质支持：食用油、衣物、牛奶等；

服务支持：为案主链接资源，提供咨询、协助申请医疗救助等服务。

三、帮扶计划

(1) 协助案主申请医疗援助及慈善救助，从而减轻家庭对于医疗的支出；

(2) 链接安靖卫生院义诊资源；

(3) 链接资源，为案主购买农村医疗互助大病补充保险，减轻案主就医压力；

(4) 为案主链接生活物资，提供生活支持；

(5) 帮助案主申请安靖街道专项基金，减轻案主经济压力；

(6) 通过小组活动和个案服务，重构案主的支持网络，增加案主的心理支撑。

四、社会工作者为案主提供服务记录

(一) 第一次服务：接案会谈

1. 家庭情况、收支情况、案主本人情况了解

案主上午和丈夫的妹妹主动到救助关爱站来求助，下午社会工作者对案主的情况进行入户调查、深入了解。由于在调查过程中会涉及一些隐私问题，事先社会工作者向案主说明并征得案主同意。随后，社会工作者通过对案主、村民政协理员、所在队队长以及邻居进行访谈，了解到案主的具体情况。帮助案主说出自己的问题：

(1) 目前案主生病，唯一可以依靠的独生女儿欠高利贷，联系不上；

(2) 自己已有的存款已经全部用完，后期医院的治疗和放疗费用成为问题；

(3) 目前的收入已经不能维持正常的生活开销，日常生活中存在困难。

2. 社会工作者表述本次入户意义

社会工作者了解到各种信息后，向案主表示将会尽力帮助她，解决目前案主遇到的困难，案主也表示相信社会工作者，在与案主的会谈过程中，拟定案主的意愿和需求。

(二) 第二次服务：建立专业关系，达成签署个案服务同意书、制订服务计划意向

前期社会工作者通过了解案主家庭各方面情况，确定案主为救助关爱站服务对象，同时建立专业关系，促进相互了解，在此基础上让案主相信自己，相信社会工作者能够帮助其改变目前的境况。案主签署个案服务同意书，社会工作者和案主开始商定服务计划。另外，通过小组活动参与，提升案主心理调适能力，在活动中找到志同道合的朋友，有可以倾诉的对象。

(三) 第三次服务：制订个案服务计划，链接爱心衣物

(1) 询问案主上次参与活动的感受，案主表示参加这样的活动很开心，能够认识很多人，同时也能在其中找到能够说话的朋友，同时还能在其中学到一些有用的知识，收获很大。社会工作者通过案主的描述，向案主介绍了安靖街道救助关爱站的情况，同时说明了社会工作者对案主开展服务应该遵守的原则等，案主同意了社会工作者的提议，接受服务。与此同时，社会工作者与案主制订了个案服务计划。

(2) 社会工作者向案主说明此次来意是帮助她链接到了一些爱心衣物，表达社区对案主的关心。案主表达了感谢。

(四) 第四次服务：增强案主亲属系统支持

(1) 社会工作者本次入户，从案主妹夫处了解到，案主最近身体状况不好，已住院一个多星期。但案主的钱已经用完，后面面临没钱治病的困境，案主已经向自己的姐妹借了 1 万多元且已花完。案主的女儿仍未回家，下落不明。

(2) 社会工作者将此次来访目的详细告诉案主妹夫，希望其转告案

主，社会工作者一直关注着她，希望她不要放弃，只要案主能够发挥主观能动性，积极主动地付出实际行动，情况一定会好转。

（五）第五次服务：为案主购买大病保险

(1) 根据个案服务计划书为案主购买大病保险，根据案主的情况，社会工作者建议案主申请安靖街道专项救助基金，并就相应事宜进行商议。但案主不在家，未能完成相应计划。

(2) 本次入户社会工作者一方面了解了案主的身体情况，另一方面为案主带去生活物资，为案主生活提供支持。

（六）第六次服务：协助案主申请安靖街道专项救助基金，增强其心理支持

(1) 入户探访，开展陪伴和支持服务，减轻案主内心的无助感；

(2) 社会工作者入户帮助案主申请专项救助基金、购买大病保险事宜；

(3) 与案主商议申请安靖街道专项救助基金，社会工作者与案主共同讨论、分析，增加案主面对困难的勇气，提升案主对生活的渴望；

(4) 为案主带去生活物资，提供生活支持。

（七）第七次服务：申请专项基金，减轻经济压力，构建案主与丈夫妹妹间的支持系统

(1) 申请到安靖街道专项救助基金，解决案主目前遇到的无钱就医的问题，减轻案主压力；

(2) 案主身体不适，加上天气不好，案主在家休息，请丈夫的妹妹帮忙办理申请大病保险材料事宜。

（八）第八次服务：办理大病保险，增强其心理支持

社会工作者协助案主办理大病保险相关事宜，跟进案主身体及家庭情况，开展心理疏导服务，增强案主心理支持。案主描述自己在医院的情况："我自己一个人在医院化疗，输液都怕睡着了，我还给医生说不要给我输犯困的药，每次想吃点东西，又输着液，吃不了，还好医院有好心人，就是那些在我旁边照顾其他人的家属，还帮我温牛奶……"说着，案主眼眶湿润，社会工作者为稳定案主情绪，使用转移话题技巧，嘱咐案主好好保重身体。案主向社会工作者说道："真的感谢你们的帮助，你们把我从生死线上拉了回来，不然可能我坚持不了这么久，是你们给了我第二次生命。"社会工作者借此增加案主的信心与勇气，鼓励说案主的坚强让案主走到了今天，同时社会工作者也希望，在社会工作者与案主共同努力下，案主越来越坚强乐观。

五、后期服务方向

(1) 链接志愿者资源，去医院开展志愿者服务；

(2) 案主治疗要维持到明年 5 月份，社会工作者后期将继续为案主链

接医疗资源；

(3) 为案主链接物质资源，缓解案主经济压力；

(4) 通过收集废旧报纸变卖，为案主购买生活物资。

六、援助总结

(1) 邀请案主参加心理调适小组，在小组当中，案主学会了一定的心理调适方法；目前案主内心坚强，在小组活动中认识了一些朋友，增强了心理支持，拓宽了人际网络。

(2) 为案主链接了爱心衣物、爱心大米，提供生活支持。

(3) 为案主申请安靖街道专项救助基金 3000 元、链接卫生院爱心资金 2200 元，缓解案主经济压力。

(4) 为案主购买大病保险，提供医疗保障。

(5) 为案主开展社会工作者陪伴服务，缓解案主内心有子女却无法依靠的无助感，同时通过社会工作者介入，打消案主轻生的念头，激发案主生命的原动力和本能。

七、社会工作者反思

社会工作者与案主关系的建立是一个漫长的过程，面对案主的孤独和无助，社会工作者用“陪伴是最长情的告白”来践行和诠释社会工作理念。社会工作者所投入时间和精力在一个相对较长的过程中会慢慢体现出案主对于社会工作者的信任和依靠，这就是专业关系的建立过程；同时社会工作者要保持同理心为案主服务，想案主之所想，急案主之所急，同时保持尊重、接纳和平等的心态，不失社会工作者初心！

从上述案例可以看出，社会工作者在对困难群众服务过程中的专业化，首先表现为服务流程的专业化，如从案主个体情况、家庭情况分析出发，界定案主面临的困难和实际需求，和案主协商确认并签订服务协议，通过多次上门服务给案主链接服务资源，跟踪案主情况，给案主提供心理支持，并在结案后考虑后续跟踪服务事宜，这种动态的、持续的服务体现出救助的体系化、系统化，体现出救助在关注结果的同时更应关注救助的过程；其次，社会工作者介入时能够感同身受地理解案主的困境，能够平等地接纳案主，用高尚的情操让案主感受到社会的温暖，感受到生活的希望，心理得到慰藉，增强了面对困难的信心；最后，我们也可以从中看到社会工作者在服务过程中体现出来的专业的交流沟通技巧，在救助过程中对细节的关注，能够快速拉近案主与社会工作者的心理距离。因此，个案服务在救助过程中有着巨大的可挖掘、可发挥的空间和专业优势，应该在社会救助事务中加以推广。

二、小组工作

小组工作也叫团体工作，是社会工作的第二大工作方法。小组工作是小组工作者按照一定的目标，通过小组活动协助小组成员通过小组过程及小组动力进行体验、分享、分担及相互支持，从而改善小组成员的态度、人际关系和应付实际生存环境的能力，帮助小组成员解决问题、恢复社会功能、发展潜能的实务过程（李莉等，2014）。小组工作与个案服务具有显著的区别，首先，参与人数上明显多于个案服务，小组成员更多的是来自有共同需求和目标的案主或群体；其次，小组工作肯定了个体的社会性特征，注重个体与小组中其他成员的互动、分享与学习，在此过程中影响案主对待生活的态度，增强案主战胜困难的信心，拓展案主的支持网络；最后，小组工作具有个案服务所不具有的行为模仿、人际学习、接纳、肯定、利他主义、情感宣泄、消除孤独等功能，在助人效果方面更加明显。小组工作的程序一般包括小组目标设定、评估小组成员需要、招募和筛选小组成员、拟订小组工作计划书、开展小组活动以及记录和评估。在目标设定方面，小组目标应是小组成员共同努力的目标，能够起到增强凝聚力、改善案主状况的引领作用，可将其分为总目标和具体阶段性分目标，目标制定应和小组成员共同商讨确定，并可在活动开展期间进一步澄清、修正和确认；在评估需要阶段，要体现出需求导向，要收集案主资料并与案主反馈、沟通，将活动的设计与案主的真实需求紧密结合；小组成员的来源一般是有类似需求的案主，可从案主库中筛选联系，也可通过他人介绍、发布广告等来招募，同时要满足小组目标和成员目标的一致性、成员的长期参与等要求；拟订方案阶段，方案应对整个活动开展，具有明确的指导效力，包括活动目标、分工、参与者、活动性质、活动时间、活动地点、活动程序、活动资源、评估和跟进服务以及可能的备选方案；在小组活动的具体开展阶段，应包括热身活动、主体活动开展、分享总结三个阶段；评估阶段，应对整个活动开展的目标实现情况、资源投入等总体情况、案主满意度等方面进行评估。

郫都区社会工作介入社会救助事务中，社会工作服务机构和社会工作者结合服务对象多元差异化需求，结合实际，形成案主互助网络，通过将有共同困难和需求的案主联系起来形成互助小组，搭建分享交流、互助互进的平台，使案主在心理层面树立战胜困难的信心，同时结交到朋友，习得解决困难的技能。此外，邻里互助支持网络、志愿者支持网络、社区伙伴网络等的形成不仅促进了小组工作的开展，也促进了社区活动（本节下一部分将说明）的开展，为案主提供了多元支持。目前，郫都区社会工作介入社会救助的小组特色活动主要有以困难儿童为主体的阳光少年成长记，以互动合作、朋辈支持为主题的“龄·邻·乐”暮年支持小组活动，“巧手生辉·技能成长”小组活动，“同献爱心，共筑希望”残疾人志愿服务小组活动，残疾人微店管理技能学习小组活动等。下面将以“巧手生辉•技能成长”小组活动为例，具体说明小组工作服务的详细流程及其体现出的理念。

“巧手生辉·技能成长”小组及其活动设计

一、小组背景

因犀浦街道的残疾人分布较为分散，且因行动不便，残疾人员集中难度大。而犀浦街道阳光家园是一个残疾人相对集中的地方，且阳光家园的部分残疾人在之前救助项目服务过程中，学习和掌握了串珠的手工技能，且通过参与救助爱心义卖，最终达到了增收创收的目的。“温故而知新，可以为师矣”，为了让他们温习之前学习的技能——串珠，从而获取新的串珠技巧，并学习其他新的手工技能，在不断的学习过程中收获专属于他们的快乐，实现自身价值，驻点犀浦街道救助关爱站的益家社工组织开展了本次手工技能学习小组活动，使残疾人学习简单的手工，提高动手能力，锻炼身体，同时减轻他们的自卑心理，培养其积极乐观的心态，丰富他们的生活。通过小组的形式，为组员提供平台，在这里组员可以互相学习交流，结交朋友，促使其建立一个同辈群体社交支持网络。

二、小组理论：人本主义学习理论

马斯洛指出学习的本质是发展人的潜能，学习首先要满足个体最基本的需要，强调学习者自我实现需要的发展，人的社会化过程与个性化过程是完全统一的。学习的根本目标是帮助发展人的个体性，帮助人们认识到自己是独特的个体并最终帮助其发挥潜能。人本主义者强调在学习中应重点帮助人们明确学习目标和学习内容，创设能促进学习的良好的心理氛围，保证学习者在充满满足感、安全感的情境中通过安排合适的学习活动，发现学习内容的价值、意义，使学习者成为充分发展的人。社会工作者在小组工作服务开展过程中，引导每位小组成员明确小组目标和内容，逐步挖掘自身潜能，动手学习制作，逐步掌握新的技能，在互动中逐步打开心扉，与其他组员交流，寻找到新的快乐，找回自信，乐观积极地参与到手工制作中，逐步实现自身价值。

三、小组目标

(1) 组建一个 8—12 人残疾人手工学习小组。引导组员间互动与交流，促使残疾人逐步打开心扉，积极与他人沟通交流，逐步构建起同辈群体间的互助支持网络。

(2) 引导小组内的残疾人士学习手工制品的制作，在巩固原有手工技能的同时掌握手工制作新技能。

(3)引导残疾人士在学习新技能的同时，不断丰富精神生活，在互动学习中找回快乐、自信，从而树立积极乐观的生活态度。

四、小组对象与招募方式

(1)小组对象：犀浦街道辖区内的部分残疾人士

(2)招募方式：电话招募、口头知会等

(3)活动地点：犀浦街道阳光家园

(4)活动日期：2018 年 9 月 4—30 日

五、活动前期筹备

2018 年 8 月，社会工作者结合走访、访谈等收集到的居民需求商讨活动性质、目的、内容等，撰写了活动计划书并发送至活动负责人/督导邮箱，经负责人/督导审核后进行修改并定稿存档，同时准备活动所需要的物资。

六、小组工作程序

第一单元

单元主题：初相识

单元目标：小组组员相互认识，制定小组契约

时间：2018 年 9 月 4 日 9：00—10：00

时长/分	环节	内容	目的	物资及注意事项
5	签到环节	社会工作者组织小组成员有序签到入场	便于小组带领人掌握小组成员参与情况	签到表、签字笔
8	破冰游戏	“大雨、小雨和中雨”(热情感染开场)	活跃气氛，打破小组沉闷等	
20	自我介绍	社会工作者带领小组成员有序进行自我介绍	便于组员间以及社会工作者与组员间的认识	
5	小组介绍	社会工作者向组员介绍本小组活动的大概内容和开展本小组的意义	协助小组成员明确小组内容和目标	
10	签订小组契约	社会工作者与小组成员共同制定小组契约，并签字	设立组员共同遵守的规则，为小组顺利开展提供基础保障	小组契约书

第二单元

单元主题：温故篇

单元目标：带领小组成员温习以前所学的手工串珠的流程和技巧

时间：2018 年 9 月 7 日 14：00—16：00

时长/分	环节	内容	目的	物资及注意事项
5	签到环节	社会工作者有序组织小组成员签到入场	便于小组带领人掌握本次小组成员的出席情况	签到表、签字笔
10	热身互动	小组带领人带领小组成员进入游戏互动环节：七巧板拼图游戏	通过游戏使小组成员集中注意力，开动脑筋，促使其思考，为接下来的手工制作营造良好的氛围	七巧板
60	手工串珠	由阳光家园的手工老师带领小组成员一起温习手工串珠的流程、分享手工串珠的技巧	通过温习手工串珠，帮助小组成员逐步提高串珠的技能，从而为串珠的义卖打下坚实的基础	购买珠子和线
10	手语学习	由社会工作者带领小组成员学习手语《感恩的心》	(1)缓解串珠带来的疲劳感，带领小组成员一起放松身心，在愉悦的氛围中结束本次小组活动 (2)在此互动过程中也可以逐步发掘做得较好的小组成员，为后期小组骨干的培养做好准备工作	《感恩的心》音频、电脑

第三单元

单元主题：新技能习得篇之一——衍纸画

单元目标：带领小组成员学习新的手工——衍纸画制作

时间：2018 年 9 月 12 日 14：00—16：00

时长/分	环节	内容	目的	物资及注意事项
10	趣味数字游戏	社会工作者分发给每位小组成员一张白纸和一支笔，开始本节的数字互动游戏。每个人从 1 写到 200，其中不能有涂改痕迹，比比谁能写到最后	为迅速集中各小组成员的注意力，保障全体小组成员全神贯注地投入小组活动中	A4 白纸 10 张、签字笔 10 支、舒缓音乐伴奏、小音响
10	手语动作温习	社会工作者带领小组成员回顾上一单元学习的《感恩的心》的手语动作，并再次进行学习；带领小组成员完成整套动作	继续帮助小组成员集中注意力，为全身心投入学习新技能——衍纸画制作做准备	《感恩的心》手稿、《感恩的心》音乐、小音响

续表

时长/分	环节	内容	目的	物资及注意事项
60	衍纸画学习制作	社会工作者将准备好的素描纸分发给小组成员，带领小组成员学习制作衍纸画	锻炼小组成员的团队协作能力，并共同学习新的手工技能	A4纸张、彩色卷纸、衍纸画专用胶水
10	小节活动总结	社会工作者协助小组骨干带领小组成员自由发言，总结本次活动	引导小组成员养成良好的思考、学习、总结习惯	

第四单元

单元主题：新技能习得篇之二——衍纸画

单元目标：带领小组成员学习新的手工——衍纸画制作

时间：2018年9月17日14：00—16：00

时长/分	环节	内容	目的	物资及注意事项
10	游戏互动	小组骨干带领小组成员开始本单元的热身游戏——脑筋急转弯，一共50道题	活跃小组氛围，协助大家将注意力集中到小组过程中来	提前准备好脑筋急转弯题目
60	衍纸画制作	小组成员经过上一单元衍纸画的学习，手中的衍纸画已经有了一定的雏形，本单元小组的目标就是带领小组成员完成一幅完整的衍纸画作品	熟练衍纸画制作技能	衍纸画制作材料包
10	小节活动总结	小组骨干带头分享本次衍纸画制作的感想	总结新技能的学习	

第五单元

单元主题：制“皂”快乐篇

单元目标：协助小组成员学习制作手工皂

时间：2018年9月26日14：00—16：00

时长/分	环节	内容	目的	物资及注意事项
10	游戏互动	社会工作者带领小组成员进入游戏互动环节——石头剪刀布，团体小组成员两两对决	活跃小组氛围，集中小组成员注意力	用A4纸打印附有石头剪刀布图案的文档

续表

时长/分	环节	内容	目的	物资及注意事项
60	手工制皂	社会工作者分发制作手工皂的材料，引导小组成员一起动手学习制作手工皂	学习新的手工技能，改变过去单一的手工串珠	手工制皂的材料包
10	手语温习	小组骨干带领小组其他成员熟练手语动作，等待手工皂的凝固	缓解漫长的等待手工皂凝固过程的无聊感	《感恩的心》音乐、小音响
20	场地清洁打扫	小组骨干带领小组成员收拾好剩余的活动物资，清扫活动产生的垃圾，等待手工皂凝固	缓解漫长的等待手工皂凝固过程的无聊感，做好活动结束前的准备	
10	包装手工皂	分发包装袋，组织各小组成员完成手工皂的最后环节——包装	便于手工皂的保存和携带	包装袋

第六单元

单元主题：总结篇

单元目标：带领小组成员共同总结整个小组活动

时间：2018 年 9 月 30 日 14：00—16：00

时长/分	环节	内容	目的	物资及注意事项
10	游戏互动	社会工作者带领小组成员进入游戏互动环节——石头剪刀布，团体小组成员两两对决	活跃活动现场的氛围	用 A4 纸打印附有石头剪刀布图案的文档
30	小组总结	小组骨干带头参与活动分享与总结，社会工作者与小组骨干鼓励其他小组成员也积极加入总结发言中	总结整个小组活动开展以来的收获与成长，引导这部分残疾人士积极生活，更好地前行	
10	合影留念	社会工作者告知小组活动即将结束，组织全体小组成员合影留念	记录小组美好时光	相机

七、预算

物资名称	预期购买数量	预期购买单价/元	预期购买总额/元	物资描述（规格、型号、颜色）
横幅	1	30	30	5 米一条
零食	若干	未知	100	
水果	若干	未知	100	

续表

物资名称	预期购买数量	预期购买单价/元	预期购买总额/元	物资描述（规格、型号、颜色）
小音响	1	100	100	个
七巧板等游戏道具	10	10	100	套
素描纸	10	20	200	袋
总计	630元			

八、小组评估方法

小组成员活动意见评估；

小组活动成效评估；

社会工作者自我活动总结评估。

九、预见的困难与对策

(1)预见的困难：组员没有组织纪律性，行为散漫。

对策：小组开始前邀请小组成员参与小组规则的制定，并组织进行学习。

(2)预见的困难：活动结束，遇到下雨，小组成员回家路途安全问题。

对策：打电话通知家人来接，或者邀请有车的小组成员进行护送。

从残疾人手工学习小组的设立以及系列活动中，我们可以了解到：小组工作的对象群体主体由具有类似困难和需求的困难群众组成，当然也会有社会工作者、志愿者和村(居)民参与，这样容易进行有针对性的活动设计，寻找共同话题，推动困难群众间信息共享，构建案主互助网络；小组工作由一系列内涵丰富、形式多样的活动组成，有助于提升困难群众的实践能力，提高其动手能力、交流能力；小组活动非常重视团结互助、轻松和谐氛围的构建，活动难度较低，注重小组成员间的互动，努力搭建无障碍交流的平台；系列活动关注困难群众在小组中的获得感的提升，这种获得感包括情感上的、技能上的以及社会网络的建设。在小组工作中，小组成员可以发现自我的优点和缺点，并进而改变，同时能够向他人借鉴、交流和学习，互帮互助，互相进步，能够起到积极的助人效果。

三、社区活动

社区社会工作是社会工作的第三大工作方法，发展较迟于个案工作和小组工作。社区工作虽然还没有统一而认可的定义，但都包含以下几个方面：在对象选择上，它以整个社区为服务对象，包括社区中的个人、团体和机构；在指导方法上，它用一系列科学的方法、理论和技巧有计划地开展工作；在服务过程中，运用集体行动的方法，强调社区居民、团体和机构的参与、协同，共同发现需求，合力解决问题；在介入层面上，不仅注重个体的需要和问题，也注重社区公共事务问题的解决，涉及社会政策及制度，政策分析和制度改变；在前提假设上，认为各种问题的产生不仅在于个人本身，而且与社区周围环境、社会制度以及整个社会环境有密切关联；在目标方面，倡导居民自助、互助和自决精神的形成，培育社区归属感和认同感，发展居民个人能力，促进社区整合，同时改变权力分配，提升社会意识和实现社会公正。社区社会工作的理论模式包括社会运动模式、社区发展模式、社区策划模式、社区照顾模式等，社区工作者根据实际情况选择最合适的模式或综合运用各种模式开展社区工作实务。在社区工作的流程方面，和个案工作、小组工作类似，包含建立专业关系、收集社区资料、制订行动计划、开展社区行动和评估工作成效几个阶段。在开展社区行动时，社会工作者扮演着教育者、资源提供者和鼓励者等角色，活动方法包括召开会议、教育宣传、管理财务、培育居民带头人、关系协调等，以保障集体行动的顺利开展。

郫都区各镇(街道)救助关爱站主要以活动形式为载体开展社区工作，促进社区居民、企事业单位、公益组织、志愿者等参与活动，营造良好的关爱弱势群体氛围。这些活动以我国各种传统节日、各种国际性节日为契机，结合困难群众需求与拥有资源，在社区开展形式多样的活动，提高社区凝聚力，推进公益慈善、团结互助精神的形成与宣传，拓展和增强弱势群体的社区支持网络。这些活动包括关爱残疾人社区体验活动、九九重阳节敬老活动、国际社工日宣传周、公益市集、医疗救助宣传与义诊活动、春节送温暖暖冬行活动、慈善迷你马拉松、“不忘初心 善满鹃城”郫都区关爱援助和慈善文化宣传活动、“情满中秋 欢度佳节”月饼 DIY 活动等。下面以犀浦镇关爱残疾人社区体验活动策划以及活动结束后的总结为例来具体说明社区活动的开展。

关爱残疾人社区体验活动

一、活动主题

呼吁居民朋友关爱残疾人，通过游戏体验残疾人的生活。

二、活动理念

(一)正常化理论

以服务对象为本的社会工作价值理念认为，由于贴标签的缘故，社会往往把残疾人等一些工作对象的行为视为异常，并采用主流社会通行的所谓“正常”的方法去治疗，这样的做法实际上是不对的，因为在一些社会工作者和治疗者或助人者眼里被视为不正常的行为，其实在服务对象群体那里完全是正常不过的事情，关键是助人者把自己看问题的眼光强加于受助者身上，换而言之，问题实际上是出在助人者对服务对象的任意标定上。正常化是社会工作实践的一种原则和理念，倡导残疾等弱势群体享有平等参与社会生活的权利。

（二）社会网络理论

所谓社会网络通常是指一群人之间所存在的特定联系，而这些联系的整体特点可以用作解释这群人的社会行为。或者也可以把社会网络视为一群人之间的关系结构及他们之间存在的交换关系及特定角色。

犀浦镇救助关爱站社会工作者开展此次体验活动，意在使社区居民真切感受残疾人的生活，平等地对待他们，让他们回归正常生活。

三、活动目标

(1)倡导不少于50名居民体验关爱残疾人的游戏；

(2)招募不少于10名志愿者参与关爱残疾人活动，充分发挥志愿服务精神；

(3)通过此次活动，使体验者真实感受残疾人生活，一定程度上给予他们支持和鼓励。

四、活动对象与宣传方式

(1)活动对象：犀浦镇居民

(2)宣传方式：线上线下结合

(3)活动时间：2017年7月25日

(4)活动地点：犀浦镇岷江广场

五、活动策划

（一）前期筹备

(1)7月12日开始策划活动，撰写活动方案；

(2)7月14日开始对接合作单位：与犀浦镇邮政支局取得联系、与犀浦镇政府取得联系、对接志愿者资源；

(3)7月17日开始筹备活动物资：联系广告公司制作活动所需横幅、海报，定制活动所需小礼品，购买活动所需其他物资等；

(4)7月24日开展志愿者培训。

（二）活动当天场地布置

时间：7月25日7：00—8：00

内容：拉横幅、搬桌椅、游戏点位物品准备、人员到位

物资：横幅、游戏物资、桌椅、轮椅

（三）活动开展

时间：9：00—11：30

内容：

(1) 单脚跳格子：根据工作人员准备好的图，单脚站立，按照数字顺序跳进制作的格子，一个个跳下来，过界则重来，完成游戏领取奖品一份；

(2) 左手夹弹珠：参与人员利用左手将一个盘子里的 10 个弹珠夹在另一个盘里不掉落(两次机会)；

(3) 蒙眼过障碍：用眼罩将参与者的眼睛蒙上，工作人员随意摆放凳子，参与者根据工作人员的语言引导绕过障碍物，到达终点者领取奖品一份；

(4) 盲人摸象：参与者用眼罩将眼睛蒙上，志愿者给予一些物品(物品事先藏好)，然后让参与者通过摸物品形状准确说出物品名称；

(5) 你比我猜：两人一组，由其中一人抽取工作人员准备好的词语，用肢体语言表现该词语，猜对者完成游戏，如猜错或者猜不出者则对方交换，由另一人重新抽取进行游戏，限时两分钟；

(6) 轮椅过障碍：参与者操作轮椅通过各种路面障碍，用时最少者胜出。

物资：桌子、凳子、格子图、弹珠、盘子、筷子、眼罩、词语卡片、轮椅、小礼品

(四) 活动结束

活动总结，参与人员分享参与感受，社会工作者谈活动意义及对活动进行总结；社会工作者将所有的物资收拾整理，顺利结束此次活动。

六、活动评估方法

现场观察法。

七、预见的困难与对策

(一) 志愿者招募不够

对策：联系多所学校招募志愿者，保证人力供给。

(二) 场面混乱

对策：做好志愿者分工安排。

八、后期总结

(一) 活动参与

活动参与达 130 人次，远超计划参与人数，志愿者参与人数为 14 人。

(二) 内容形式及环节设计的合适度

活动设计的游戏有 6 个：单脚跳格子、左手夹弹珠、蒙眼过障碍、盲人摸象、你比我猜、轮椅过障碍，居民可以根据自己的喜好选择参与。6 个小游戏都比较简单，适合大众参与，个别居民因自身原因难以完成游戏。

(三) 人手分工

活动现场社会工作者2名，负责维持活动秩序和统筹全局，14名志愿者，8人负责游戏、2名负责拍照、4名负责协助社会工作者维持活动秩序。

(四)参加者表现

居民参与的积极性较高，大都参与了6个游戏，认为活动比较有意思，也很有意义。参与者能够有序参加活动，活动现场秩序较好。

(五)工作员表现

工作员在整个活动期间都积极应对，充分做好准备工作，保证所有参与游戏人员的安全。

九、社会工作者自评与跟进建议

本次活动准备较为充分，活动当天现场氛围较好、秩序也较好，达到了活动目的，对参与者的触动也较大。个别居民因自身原因有意愿但不能参与游戏，社会工作者可给予这部分人一些关注，鼓励他们参与其他的活动，以免打击他们的积极性。

通过残疾人体验营等类似活动，社区居民可以更好地以关爱、平等、尊重和互助的精神来帮助和关怀困难群众，困难群众也能够感受到社区居民的友情、邻里的温暖，促进融合与和谐的关怀性的社区建立，形成互帮互助、团结友爱、和谐文明的社区，营造积极和谐的社区氛围，拓展困难群众社会支持网络，使困难群众能就近得到帮助，促进社区文化建设。

在社会工作介入社会救助事务的活动中，个案管理、小组工作和社区活动发挥着不同的作用，分别从个体、团体和社区三个层面入手，并从这三个不同层面解决困难群众心理、生理和社会问题，三种方法相辅相成，共同致力于困难群众社会功能的重构与恢复，促进困难群众社会融入。立足于三大工作方法，郫都区根据困难群众分类以及他们的需求，专门进行了需求导向的调查、项目设计和具体实践，形成项目资源库，涉及困难老人、困难儿童和学生、困难妇女、残疾人以及因病致贫困难群众等，具体将在下一章节叙述，这些项目和活动的开展体现了社会工作介入社会救助的专业性，对提升救助效力，实现困难群众自立自强、摆脱贫困、社会融入起到了重要的支撑作用，服务救助的提供使救助体现出发展特征，是切实解决问题、着眼长远的举措。

第四节 郫都区救助递送创新

成都市郫都区民政系统引入专业社会工作服务机构和社会工作者介入社会救助事务，是对传统政府救助不适应经济社会发展状况的回应，是对困难群众更加美好生活向往诉求的回应，是基层政府政策与实践创新的成果。郫都区在政府救助的基础上，形成了与政府救助体系紧密衔接、相互嵌套的社会工作“区—镇(街道)—村(社区)”三级社会关爱援助体系，通过制度建设将经济保障和服务保障有效结合，运用社会工作助人自助的理念和专业的助人方法，拓宽了救助对象范围和实现了救助策略创新，打破了传统政府救助的一元格局，在服务过程中实现了救助的及时性和精准化，提升了救助实效。从受助者角度来看，郫都区社会工作介入社会救助至少从三个层面取得了突破：一是保障了困难群众生理方面的需求，如生活物资的保障、疾病疼痛的缓解、生存环境的改善等；二是心理状况的改善，个体精神面貌得以改变，形成了积极乐观、勇于面对困难的心态，对未来充满信心，更有勇气和毅力去战胜生活中的困难，心理建设得以加强；三是社会支持网络的搭建，除了恢复家庭支持功能外，通过小组工作、社区活动等实现了案主互助网络、邻里互助网络、社区网络等社会支持网络的构建，受助者社会功能得以恢复并减缓社会排斥，实现社会融入。

相比于传统政府救助，郫都区引入专业社会工作服务机构介入社会救助在救助理念、救助内容、救助流程和救助管理服务等方面实现了救助递送创新。在救助理念方面，改变了传统政府救助基于绝对贫困视角下维持底线生存的消极、被动、补偿式的救助形式，通过服务提供来提供心理、医疗、教育、就业、知识、技能以及拓展社会关系等帮扶，注重发展救助、服务救助、注重受助者能力建设，通过社会工作者、民政协理员、基层村(居)委会以及村(居)民等主动发现和转介困难群众，第一时间给予社区快速救助等临时救助，并跟之以后续完整性救助，开展各种活动主动发现、主动关怀困难群众，通过设立医疗基金、购置大病保险、专业技能培训等方式事前预防风险，体现出源头救助、过程救助；在救助内容方面，打破了政府救助侧重于单一的低水平的现金救助的救助形式，拓宽物质(包括现金和实物)救助资源渠道，链接社会爱心人士、企事业单位、个体户和慈善基金会救助资源，同时由专业社会工作者、志愿者等以专业的素养、高尚的品德来提供细致入微、科学有效的服务；在救助流程方面，传统救助基于个人申请、家庭收入和家庭财产的家计调查、审批和公示的程序实施，困难群众与政府救助人员的互动较少，困难群众在与政府体系互动时易处于不利地位，且政府对困难群众多元复杂的诉求限于资源和能力难以及时有效回应，两者的互动更多是单向性、一次性的，而社会工作者在介入救助时，通过个案管理不同时段多次介入困难群众生活环境，面对面服务，能够更加真实准确地发现困难群众的问题并提供精准化服务，并且提供结案后的跟踪服务，两者之间的互动是实时的、常态化的、平等的，具有很大的灵活性；在救助管理服务方面，目前郫都区已实现政府各部门救助资源整合，制定了部门救助联席会议制度，实现了政府救助资源协调统筹和改变了救助事务部门分割、各自为政的现状，社会工作者基于入户调查、邻里咨询等途径形成精准化需求分析报告和个性化帮扶计划，通过与政府救助系统的衔接提供政府救助资源，同时利用社会工作优势开展特色专业服务，弥补和缓解了传统政府救助中基层社会救助人员文化水平较低、专业化水平不足、身兼数职致使业务难以专业化、细致化以及缺乏对政策的理解，无法正确看待贫困问题等缺陷，避免了公共部门递送时的单一同质化以及效力不足的问题。

总之，社会工作全域嵌入社会救助成为郫都区社会救助创新的重要特色与亮点，是传统救助中生存救助向发展救助、物质救助向服务救助、政府救助向社会多元参与救助治理、从解决绝对贫困向解决相对贫困转型过程中的必然结果，顺应了社会发展和呼应了民众诉求，具有强大的生命力和前景。在未来，郫都区社会工作介入社会救助还需要在社会工作者介入的政策和专业化水平建设、社会工作者队伍的稳定性发展、两大体系的深度融合、财务管理、绩效考核等方面不断改革优化现有实践，使政府救助和社会工作介入相辅相成、相得益彰、互补互进，推动社会救助转型升级。

第五章　成都市郫都区社会救助模式创新：需求导向

第一节　参与式发展理论与需求导向

一、参与式发展理论

“参与”是指参加某项活动，也反映了参加某项活动的权利。“参与”实质上反映的是一种基层群众被赋权的过程，而“参与式发展”则被广泛地理解为在影响人民生活状况的发展过程或是发展计划项目中的有关决策过程中的发展主体的积极的、全面的、介入的一种发展方式(黄磊等，2011)。参与式发展的实现方式以及途径是目标群体全面参与到发展项目和发展活动的规划、实施和监测与评价过程中。

参与式发展理论是一种微观发展理论，强调尊重差异、平等协商，在“外来者”的协助下，通过社区成员积极、主动的广泛参与，实现社区可持续的、有效益的发展，使社区成员能够共享发展的成果(李小云，1999)。参与式发展的基本原则：建立伙伴关系；尊重乡土知识和群众的技术、技能；重视项目过程，而不仅仅看重结果(李小云，2001)。该理论体系主要包括以下内容：参与意味着发展对象在发展过程中的决策作用，他们不仅参与发展的活动，同时作为受益方也参与监测与评价；参与主要是指在特定社会状况下发展的受益群体对资源的控制及对制度的影响；参与是政治经济权利向有利于社会弱势群体进行调整的过程；参与意味着在社会构建中社会角色相互平等的伙伴关系。伙伴关系不仅意味着磋商，而且意味着社会角色的基本愿望和知识系统都能得到充分的尊重(谭丽红等，2008)。

二、需求导向

需求导向又称需要导向，是指企业业务范围确定为满足顾客的某一需求，并运用互不相关的多种技术生产出不同大类的产品去满足这一需求(吴健安，2005)。

而本章中的需求导向则是指政府和社区以困难群众自身的需求为出发点，提供相应的公共服务来满足困难群众的需求。具体表现：①在动机机制方面，以“需求为导向”是以困难群众的切身需求为动机；②在运作过程方面，以“需求为导向”是自下而上、由内向外；③在政府角色定位方面，以“需求为导向”意味着政府不仅充当着划桨者的角色，还充当着服务者的角色；④在内部关系处理方面，以“需求为导向”是一种合作与交流的关系，而不同于以往命令式的上下级关系；⑤在评估手段方面，以“需求为导向”的评估标准是以困难群众的满意度为主，而不是单纯以绩效考核结果为评判标准。

根据马斯洛的需求层次理论，需求不仅是分层次的，而且各个层次的需求内容也是不尽相同的。马斯洛把人的需求由低到高分为五个层次，分别是生理需求、安全需求、社交需求、尊重需求和自我实现需求。只有低层次的需求得到满足，高层次的需求才会占据优势，从而成为新的驱动因素（Maslow，1943）。本章中所提及的困难群众也不例外。第一，从生理需求来看，困难群众有对食物、衣物等方面的需求以满足其基本生存；第二，从安全需求来看，困难群众在医疗、住房和出行方面都有需要，且这种需求比其他群体更为强烈；第三，从社交需求来看，困难群众更渴望在家庭或社区中得到关爱和温暖，同时，困难群众也需要参与社会活动以及社区活动，期望和他人交往和沟通；第四，从自尊的需求来看，困难群众希望能够得到社会的认可和尊重；第五，从自我实现的需求来看，困难群众也同其他群体一样，渴望通过自己的努力实现自我价值，能够有所作为。

三、二者的联系

参与式发展理论与需求导向之间的关系是相辅相成的，二者的理论内核有共通之处，都是以发展主体或目标主体为重点，重视和强调目标主体的需求和作用，从而使活动的发展更加平稳和顺畅。

首先，参与式发展理论为需求导向的实践提供了理论基础。参与式发展理论强调的是目标主体对于活动和项目的广泛参与、决策、执行、监测和评价，也就是能够使目标主体实际参与到活动的全过程中来，而在参与的过程中，就能通过赋权来实现自己的目标和要求，而目标主体自身的要求等都是基于自身实际需求而提出的。也就是说，目标主体，即社区困难居民，在参与式发展理论的支持下，既能够参与活动的全过程、发挥主体的积极性，又能够更深层次地满足自身的既定需求。如此一来，参与式发展理论就为社区困难居民自身既定需求的满足提供了理论基础、途径以及平台。

其次，需求导向又为参与式发展理论的开展提供具体方向。参与式发展理论需要基于某个活动或目标才能有效开展，而需求导向恰恰能够为参与式发展理论提供相应的目标。政府和社区以困难群众的自身需求为逻辑出发点，组织和举办相应满足其需求的活动。如此一来，困难群众的参与不仅能为社会救助活动的开展提供具体的思路和方向，并且能够在参与中满足自身的需要。总之，参与式发展理论与需求导向的有效结合，能够最大限度地发挥参与式发展理论的实践效用，同时也能满足目标群体的具体需求。

在本章郫都区社会救助创新的具体实践中，同时采用参与式发展理论与需求导向理论，不仅为社会救助实践提供相应的理论基础和理论参照，而且对理论在实际中的运用提供了生动的案例。郫都区的社会救助实践主要是以需求导向为指导思想的，同时在救助过程中掺杂着参与式发展理论。郫都区社会关爱援助中心不满足于对全区困难群众数据的掌握，还尝试分析不同类型困难群众及其需求并对其进行满足，这种以困难群众需求为导向的救助实践，不仅能够提高救助的精准度，而且能够提升困难群众的参与度和满意度。

第二节　郫都区需求导向实践总体情况概述

成都市郫都区的社会救助工作深刻贯彻以困难群众的需求为导向的原则，并且在实践中激发其积极性和主动性，更好地解决他们的困难、更有针对性地满足他们的需求。成都市郫都区的社会救助在积极践行十九大报告中“困难群众既是脱贫攻坚的对象，更是脱贫致富的主体”思想的同时，也在加强扶贫同扶志、扶智相结合，激发困难群众的积极性和主动性，激励和引导他们靠自己的努力改变命运。为了更好地对救助对象进行帮扶，郫都区采用需求导向的理论和思想，通过对困难群众专项需求的调查和分析，清晰地掌握他们的具体需求，并据此来设计和开展相应帮扶项目，这有助于帮助困难群众提升信心、树立勇气、自主就业、热爱生活，实现真正的助人自助。

一、郫都区困难群众需求调查原因及意义

截至 2019 年 8 月 31 日，郫都区困难数据库中共有困难群众 3396 人，其中，城镇低保 558 人、农村低保 873 人、低保边缘 259 人、急难对象 285 人、集中特困 129 人、散居特困 332 人、困难儿童 218 人、支出型贫困 742 人。

虽然我国社会救助制度建设取得了很大成就，以最低生活保障制度为核心的社会救助体系框架基本形成，救助力度持续加大，但是社会救助中依然存在政府失灵，如生活救助、医疗救助、住房救助、教育救助等各种社会救助专业性较强，相关政府部门因缺乏相关专业人才而造成救助效率不高(何丽，2018)。由此可见，政府在社会救助中的角色还不够完善，缺乏对困难群众具体需求的细致入微的了解，以至于在专业救助方面略显不足。

郫都区正是意识到了政府在社会救助中还存在着以上不足，于是引入社会工作服务机构等社会力量来弥补政府社会救助中存在的缺口。由于政府提供的社会救助服务还停留在所有困难群体救助标准一致、帮扶类别相同等的水平上，所以无法满足部分特殊困难群体的个性化需求。针对这种情况，郫都区积极发挥社会工作服务机构的力量，对特殊困难群体的需求进行细致的访问和调查，目的就是满足困难群众那些政府无法满足的个性化需求。郫都区开展个性化需求调查的原因不仅在于了解困难群众自身的需求，更深层的原因在于能够根据困难群众的需求设计和开展相对应的救助活动和项目，使困难群众能够深刻感受到来自社会的关心和帮助，增强其面对困难的信心和勇气，从而真正达到助人自助的目的。

郫都区社会关爱援助中心的以需求调查结果为参照标准来设计救助活动的创新举措，有助于满足困难群众的具体需求，提升其对于社会和生活的满意度；有助于有针对性地开展社会救助工作，提升社会救助的精准性；更有助于和谐社会的建设，营造扶贫与扶志相结合的社会氛围。

二、郫都区困难群众需求调查步骤及方法

(一)全区困难群众需求调查步骤及方法

1. 全区困难群众需求调查步骤

实现以需求为导向的创新实践，首先是准确了解和掌握服务对象的具体需求。郫都区社会关爱援助中心对全体困难群众的整体需求的获取有一系列的步骤，通过以下步骤准确识别困难群众及其需求，从而依据具体需求制定和实施相应的救助项目。

第一步是确认和评估困难群众的身份。在进行需求调查之前，首先要确定调查对象，即困难群众，因此第一步就是精准识别困难群众的身份，具体流程如图 5.1 所示。

其中，锁定困难群众这个目标群体是所有流程中的重中之重，郫都区社会关爱援助中心通过群众来访、转介和入户主动获取的方式来完成这一步骤。将从这三种途径获取的困难群众的信息进行汇总和存档之后，郫都区社会关爱援助中心的工作人员入户调查，了解困难群众的详细情况，具体掌握困难群众的申请原因，从因病、因残、因学、因意外事故或其他这五个方面进行评估。在评估和确认服务对象的过程中，不仅听取困难群众方面的情况描述，还严格通过村社、邻里友人和学校及单位等第三方视角对困难群众的情况进行核实。在确认困难群众情况属实后，郫都区社会关爱援助中心专门开展相应的会议对收集到的且情况属实的困难群众的基本信息进行充分的、公开的讨论，在充分发表意见以后，审核通过困难群众的身份，即通过困难群众的申请，确认其为服务对象。

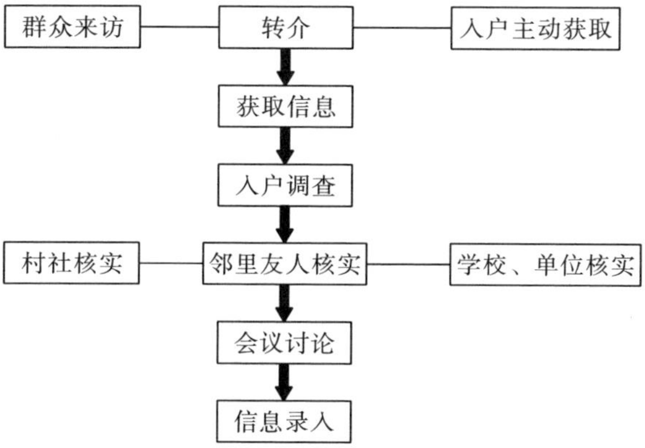

图 5.1　困难群众评估流程

第二步是将审核通过的困难群众的信息录入全区的数据库，即郫都区困难群众基本信息采集台账，实现动态化、信息化管理。主要是从困难群众的基本信息、致困原因及救助情况、情况说明和具体需求及援助记录这四个方面进行记录。其中，基本信息包括困难群众的户主信息、家庭住址、年龄、贫困类型、性别、身份证号、与户主关系、婚姻状况、文化程度、工作单位等；致困原因则包括因病、因残、因学、因意外事故或其他这五个方面；情况说明则是从总体情况说明、劳动能力、自理能力、居住情况、收入情况和参保情况这六个方面进行记录的；需求情况则是从物资、医疗、教育、住房、就业、心理、司法和其他八个方面进行记录的。

第三步是对全区困难群众按照致困原因进行分类，并按已有分类有针对性地开展需求情况的调查和分析。主要从各类困难群体的总体概况、生活中的主要困难、获得社会救助的情况以及现阶段最需要的帮助内容这四个方面开展需求调查，并由专业社会工作小组对需求调查的结果进行分析和汇总，整理出全区困难群众的总体需求情况。紧接着，再由工作人员通过入户访谈等方式获取各类困难群体的个性化需求，从而确定每个季度的项目开展方向。

2. 全区困难群众需求调查方法

在确认目标群体之后，郫都区社会关爱援助中心为了更好地实现对困难群众的精准救助，开展了对郫都区困难群众的需求调查，参与调查的工作人员有全区14个街道、191个村(社区)的民政协理员和民政干部以及7家社会工作服务机构。郫都区社会关爱援助中心主要采用问卷调查、入户访谈和PPS抽样方法(概率比例抽样方法)这三种方法收集和获取全区困难群众的主要需求。

首先，问卷调查法是设计与需求相关的问卷，通过对困难群众进行访问以及让其自行填写的方式获得相应信息。以困难残疾人的调查问卷为例，主要从基本情况、收入情况、支出情况、就业情况、需求情况以及获得社会救助的情况这六个方面进行设计。其中，基本情况包括姓名、性别、年龄、文化程度、家庭住址、自理能力、疾病类型、贫困类型、婚姻状况、子女状况等，主要是为了掌握困难群众的基本信息，以便为后来的项目设计提供参考。收入情况则包括经济来源和收入水平，主要是为了了解困难群众的收入状况。支出情况则从总支出费用、医疗支出费用和家庭支出项目的费用排序这三个方面进行提问，主要目的是了解困难群众的总体支出情况。就业情况则包括目前职业状况、技能培训、未能就业原因和就业倾向，主要为分析困难群众未能就业的原因以及促进其就业的因素。需求情况则是从选项中选择最需要的三项项目，为后来项目的设计提供有力的支持。对获得社会救助的情况进行提问则是为了避免困难群众重复参保，减少悬崖效应现象的发生。

其次，入户访谈是社会工作者进入困难群众的家中通过与其交流获得调查问卷无法准确获得的信息。入户访谈的访谈提纲，主要包括月收入、日常开销、造成困难的原因、就业倾向及就业困境五个方面。从访谈中挖掘困难群众深层次的需求信息，与问卷调查的结果互相补充，使困难群众的情况更加完整和真实，也使得需求更加清晰和明了。值得一提的是，对困难群众的访谈提纲虽大致相同，但具体内容的侧重点会因访谈对象的变化而有所变化。

最后，PPS 抽样方法是指按概率比例抽样，主要是为了提高样本的代表性以及减少误差。PPS 抽样方法也是采用问卷的形式进行，在抽样的基础上对困难群众的信息进行调查。问卷的内容除了上述问卷调查方法中所提及的问题以外，又增加了兴趣爱好、生活满意度、与父母公婆相处情况、烦恼倾诉对象、困难求助对象、与邻居的关系以及关系较好的亲戚朋友数量等主观层面的问题，与问卷调查中的客观问题相互补充，使困难群众的困难及需求更加清楚、完整。

以上获取困难群众需求的调查方法主要是通过“村(社区)—街道/救助关爱站—区关爱援助中心”的三级体系实施的，在数据收集完毕后，社会工作服务机构的工作人员从生理、心理和社会功能三方面进行全方位的评估，最终对困难群众的需求进行准确的总结和归类，为相应的需求导向项目的设计提供参考和依据。

(二)个体困难群众需求调查步骤及方法

郫都区以需求为导向的社会救助实践不仅仅满足于对全区所有困难群众需求的了解和掌握，为了更加细致地开展救助工作，郫都区对个体困难群众也给予格外的重视和关心，对其个人特殊需求进行调查和分析，并对个案进行建档管理，全程跟进个体困难群众需求满足的救助过程。

1. 个体困难群众需求调查步骤

郫都区对个体困难群众需求调查有四个环节，分别是接案、制订计划、开展服务和结案与评估。在每个环节中，郫都区社会关爱援助中心都有一套具体详细的实施方法。

首先，在接案环节中，主要包括收集资料、分析与诊断、转介、填写转介报告和结案五个步骤。第一步，收集资料主要从案主的个人心理及生理等基本情况、案主的家庭结构、案主社会生活环境、社区内外可提供的资源、案主自己的需求和其他这六个方面进行展开；第二步，从案主的自身情况、家庭因素和社会因素这三个方面来分析和诊断其情况，并列出满足案主需求的所有可能方案；第三步，转介主要包括转介原因、案主基本情况、已经完成的目标和还未完成的目标；第四步，根据上一步的情况填写转介报告；第五步，就是结案与评估，需要案主填写个案评估表以及需求建议评估表，以了解其深层次的需求情况。

其次，在制订计划环节中，主要是对案主进行分析，根据其特点制定工作总体目标、阶段性目标，并且要明确阶段目标、服务方式及采取的措施，并结合上一个流程中案主填写的个案评估表和需求建议评估表的情况来具体制订个案工作服务计划书。

再次，在开展服务环节中，援助中心的主要工作内容有建立工作关系，采用多种方式为个体困难群众服务；链接体制内外资源，积极协助案主解决问题；根据总体计划，有步骤地开展工作。在实施计划的过程中，积极与各方沟通和交流，促进资源的合理流动。在与案主沟通、与家庭主要成员沟通之后，适当利用社区的内外资源协助案主解决问题，促进案主与社会之间的良好互动。在这一环节中，援助中心的工作人员还需详细填写个案工作服务记录，以对协助个案解决困难的过程有清晰的认知。

最后，在结案与评估环节中，第一步是明确结案理由；第二步是提出持续目标和建议，关注案主家庭生活情况及互动关系，进行跟踪服务，帮助其进一步走出困境；第三步是社会工作者的自我评估，对服务的态度和内容进行自我考核；第四步是案主、督导及上级进行评估，掌握个案援助的实施情况和实施水平；第五步是其他合作机构评估，以专业的角度进行评估，发现援助过程中的不足，以及今后需要改进和加强的方面。在这一环节中，工作人员还需填写各项评估量表、跟进服务进度表和结案摘要报告，为下一次援助工作的开展提供资料和借鉴。

2. 个体困难群众需求调查方法

对于个体困难群众的需求，郫都区社会关爱援助中心主要通过问卷调查的方式进行获取和了解。由于个体困难群众的需求各不相同，因此必须详细地了解每个人的需求，这样才能较具针对性地开展救助服务和实施救助项目。

郫都区社会关爱援助中心为了获取个体困难群众的需求，设计了一系列的调查问卷，包括服务对象基本信息表、服务对象家庭基本信息表、服务对象社会支持系统评估表、服务对象心理状态评估表和服务对象需求自评表，旨在全方位了解服务对象的情况和需求、更加有针对性地设计满足需求的项目。

其中，服务对象基本信息表是根据困难类型进行填写的，分别包括病患困难群众、残障困难群众和困难学生，因为每一类困难群众的基本情况不同，所以填写此问卷有助于提升救助的准确性，具体以表 5.1 为例。

表 5.1　服务对象基本信息表(病患困难群众)

登记时间：　　年　　月　　日　　　　　　　　　　　　　跟进社工：

姓名		性别		建档年龄	
疾病名称					患病______年
自理能力					是否需要陪护： □需要(陪护人：　　) □不需要
医疗费用	曾治疗情况及目前负担医疗费用情况 治疗总费用________元/月，自费__________元 继续治疗估计花费__________元/月，预计治疗周期__________月				
自诉需求					
信息变更情况说明					

服务对象家庭基本信息表(表 5.2)、服务对象社会支持系统评估表(表 5.3)的填写则是为了了解和掌握服务对象的家庭情况和社会支持情况，避免谎报、误报情况的发生。服务对象家庭基本信息表内容包括家庭成员的基本信息、家庭的经济情况、住房情况和居家环境等；而服务对象社会支持系统评估表则包括家庭内的互动情况等。

表 5.2　服务对象家庭基本信息表

登记时间：　　年　　月　　日　　　　　　　　　　　　　跟进社工

家庭地址				户主姓名			
户籍地址							
家庭主要成员							
姓名	与户主关系	年龄	是否立案	案主	是否工作	收入来源	是否共同居住
			□是　□否		□是　□否		
	证件号				联系电话		
	基本情况备注						
姓名	与户主关系	年龄	是否立案	案主	是否工作	收入来源	是否共同居住
			□是　□否		□是　□否		
	证件号				联系电话		
	基本情况备注						

续表

姓名	与户主关系	年龄	是否立案	案主	是否工作	收入来源	是否共同居住
			□是　□否		□是　□否		
	证件号				联系电话		
	基本情况备注						
姓名	与户主关系	年龄	是否立案	案主	是否工作	收入来源	是否共同居住
			□是　□否		□是　□否		
	证件号				联系电话		
	基本情况备注						

家庭经济情况：

家庭月收入：

家庭主要月支出：

家庭债权情况说明：

备注与说明：

住房套型：□单间　□一室一厅　□两室一厅　□三室一厅　□其他_______　住房面积______m²

住房性质：□产权房　□廉租房　□贷款房　□租用房　□其他_______　租金_______元/月

居家环境：

家庭结构图：

表 5.3　服务对象社会支持系统评估表

登记时间：　年　月　日　　　　跟进社工：

家庭内互动(以申请人为核心)			
姓名	与申请人关系	交往频次	交往类型
		□每天□每周□每月□偶尔	□物资□精神□资金□其他
		□每天□每周□每月□偶尔	□物资□精神□资金□其他
		□每天□每周□每月□偶尔	□物资□精神□资金□其他
		□每天□每周□每月□偶尔	□物资□精神□资金□其他
		□每天□每周□每月□偶尔	□物资□精神□资金□其他
自评	对目前家庭交往的看法：□很满意□一般□不满意□很不满		
家庭内近期困境	□家庭成员重病/重残		
	□关系不和谐		
	□主要家庭成员去世		
	□突发意外		
	□其他		

服务对象心理状态评估表(Mental Status Scale in Non-psychiatric Settings，MSSNS)(表5.4)则是通过让服务对象选择问卷中38道问题在自己身上出现的频次的方式，来评定其焦虑、抑郁、愤怒、孤独程度以及总体心理状况，以便确定在项目设计的过程中是否需要考虑其精神层面的状况。这套心理状态评估表选用标准化测题，并采用4分法计分，分别将“没有或很少有”“有时有”“相当多时间有”和“绝大部分时间有”记为1分、2分、3分和4分。分数越高，则表明服务对象的情绪反应强度越高，就需要在项目设计和开展过程中考虑其精神层面的状况。

表5.4 服务对象心理状态评估表(MSSNS)

指导语：您好，下面有38个问题，请仔细阅读每一题，把意思弄明白。然后根据您最近的实际情况在每一题后的四个答案中选择一个打钩或画圈。

问题	没有或很少有	有时有	相当多时间有	绝大部分时间有
1. 我觉得比平常容易紧张和着急				
2. 我感到我正在受惩罚				
3. 我想大叫或摔东西				
4. 我经常与人争论				
5. 我经常责怪自己				
6. 一想到得病的后果，我就感到害怕				
7. 我担心会发生不好的事				
8. 我对将来感到悲观				
9. 我感到一阵阵的恐惧				
10. 想结束自己的生命				
11. 我想找人发泄怒火				
12. 我发抖				
13. 我害怕				
14. 我感到孤独				
15. 我有想摔坏或破坏东西的冲动				
16. 我感到他人对我不公平				
17. 我感到人们围着我但并不关心我				
18. 我感到烦乱				
19. 我希望身边有人陪伴				
20. 我觉得闷闷不乐，情绪低沉				
21. 我认为如果我死了别人会生活得好些				

续表

问题	没有或很少有	有时有	相当多时间有	绝大部分时间有
22. 我会不能控制地大发脾气				
23. 我对治疗感到害怕（放疗、手术等）				
24. 我现在对他人毫无兴趣				
25. 我的思想处于混乱状态				
26. 当我考虑目前的病情时，我就会陷入紧张状态				
27. 我感到缺乏交谈				
28. 我感到我是一个彻底失败的人				
29. 我感到命运对我不公平				
30. 我对周围的一些设施感到害怕				
31. 我有想打人或伤害人的冲动				
32. 我对身体的不适（如疼痛、麻木、恶心等）感到恐惧				
33. 我感到寂寞				
34. 我对事物不感兴趣				
35. 我感到坐立不安、心神不定				
36. 我常常想起过去快乐的日子				
37. 我害怕一个人待在病房				
38. 我想找人倾诉				

这套调查问卷中最重要的部分就是服务对象需求自评表（表 5.5），它包括物资、医疗康复、资金、心理、服务及其他六个方面，让服务对象自行选择自己最需要帮扶的部分，从而掌握个体困难群众最真实的需求状况。根据这一套调查问卷的填写结果，郫都区社会关爱援助中心的工作人员通过专门的分析和评估，准确掌握个体困难群众的个性化需求，从而实现社会救助工作的“对症下药”，使救助工作更加个性化和人性化。

表 5.5　服务对象需求自评表

类型	具体内容		案主需求
物资	□食品 □居住环境改善 □住房	□衣物 □综合 □其他	
医疗康复	□药品 □健康体检	□居家托养 □住院补贴	

续表

类型	具体内容		案主需求
医疗康复	□康复医疗 □康复护理 □其他	□无障碍改造 □康复器械	
资金	□生活补贴 □学习补贴 □医疗救助 □其他		
心理	□志愿者陪伴 □心理咨询 □临终关怀 □心理疏导 □其他		
服务	□家政服务 □志愿者服务 □家庭关系疏导 □其他	□日间照料 □课业辅导 □住院陪护	
其他	□教育支持 □社会保险 □法律援助 □参与社会活动	□就业指导培训 □就业岗位支持 □其他	

三、郫都区困难群众总体需求分析及项目开展情况

(一)郫都区困难群众总体需求分析

郫都区社会关爱援助中心在对全区困难群众的信息和需求进行调查和收集以后，在实地走访的基础上，通过专门的小组分工的形式对困难群众的数据库进行分析和总结。根据前文所述的马斯洛需求层次理论的内容，困难群众的需求大致可分为五类，分别是生理需求、安全需求、社交需求、自尊需求和自我实现需求。郫都区社会关爱援助中心的工作人员在结合理论及实际的基础上，对全区困难群众的总体需求有以下总结和发现。

第一，全区困难群众具有强烈的安全需求，具体指医疗、出行和改善居家环境的需求。多数困难残疾群众对于医疗保健类的服务需求格外强烈，因为他们中的大多数缺乏康复理疗，而且仍有看病、吃药等的医疗需要。困难残疾群众因身体条件的限制，只得常年待在家中，因此有强烈的出行需求。大多数独居老人有居家环境改善的需求，他们年事已高，而儿女又常年不在家，所以无法承担改善居家环境的重任，因此有很强烈的改善居家环境的需求。

第二，困难群众仍有较强的社交需求，具体指心理健康服务和精神文化的多元化需求以及困难家庭对救助政策的普及需求。全区大多数困难家庭成员的文化程度不高，且长年照顾家中的残疾者和病患者，缺乏对病患和自身的心理支持，心理健

康容易受到损害，因此，需要专业的心理健康服务介入来改善其心理状态和纠正其认识偏差。除此以外，困难残疾等群众对精神文化的需求也日益强烈，除了看电视，他们渴望用更多元化的活动来充实自己的精神世界。与此同时，困难群众由于缺乏对救助政策的了解和认知，对各类政策不熟悉，不能及时参与社区举办的活动和与社区其他居民沟通，错失建立人际关系网的良机。因此，多数困难群众有强烈的政策普及需求和参与社会活动的意愿，期望和他人进行交往和沟通。

第三，困难群众还具有较强的自尊需求，希望能够得到社会的认可和支持。首先，困难群众由于自身的贫困或者疾病等原因，或多或少有一定的自卑心理，而这种自卑心理又造成他们不敢与人交往的困境，导致社会其他成员对其不甚了解，以至于困难群众无法得到社会其他成员的尊重和与其交往的机会。这就使得困难群众有强烈的自尊需求，渴望通过和其他成员的交往来展示自己，从而获得来自他人的关注和尊重。其次，多数困难家庭的社会支持系统非常单一，仅以家庭系统为主，只有少部分困难群众能够得到邻里和朋友的支持。然而大多数困难群众仍有护理、医疗照顾、心理疏导等方面的困难，需要社会其他成员和社区的进一步帮助和支持，从而满足其希望得到社会支持的自尊需求。

（二）郫都区困难群众需求导向项目开展情况

1. 郫都区困难群众需求导向项目总体开展情况

截至 2019 年 10 月，郫都区关爱援助体系已发挥巨大效用并取得一定成就。针对全区的困难群众及困难家庭，郫都区社会关爱援助中心共服务 1074 个长期跟踪急难个案、发放 8072 人次生活援助资金、实施 3412 人次医疗救助以及 510 次教育援助、开展 3960 人次志愿服务、3768 人次心理援助以及 2023 次特需援助服务。近年来，郫都区社会关爱援助中心不仅服务次数令人瞩目，服务的项目类型也颇具特色，形成了以生活援助、医疗援助、教育援助、心理援助和特需援助为主要内容的多元项目援助体系。

除了上述成就外，郫都区社会关爱援助中心还特别注重特殊困难群众的个性化需求的满足，通过问卷调查、走访入户、困难群众数据库分析、征询村（社区）和街道的意见等方式，根据不同困难群众的类型、程度和具体需求，设计和开展了不同的以困难群众需求为导向的援助项目。近三年来，社会工作者共开展 3996 次需求评估，制定 2358 份精准化援助方案，有效满足了困难群众的具体需求，帮扶对接工作的精准化程度显著提高。

自 2016 年郫都区开展困难群众需求导向项目实践以来，针对不同的困难群体，包括困难儿童和学生、困难妇女、困难老人、困难残疾人和因病致贫困难群众，根据其需求及需求评估结果共设计和开展了 23 项特色项目。其中，以困难儿童和学生需求为导向而开展的项目共 7 项、以困难妇女需求为导向而开展的项目共 3 项、以困难老人需求为导向而开展的项目共 6 项、以困难残疾人需求为导向而开展的项目共 6 项、以因病致贫困难群众需求为导向而开展的项目共 2 项(表 5.6)。

表 5.6 困难群众需求导向项目统计表

困难群体类型	主要需求及特点	项目名称	项目主要内容
困难儿童和学生	学习用品匮乏、亲子关系支持较弱	助学展翅计划	以教育联盟为基础提供教育培训课程，提升学习能力
		让红领巾自由飞翔计划	以开学季为契机，为困难儿童募集学习用品等
		360 爱心包援助计划	以大米、油、鸡蛋、牛奶等健康食物为主的价值 360 元的爱心营养包
		乐助学习空间改善计划	对课桌椅等进行学习环境的改善、提供书籍等，营造良好学习氛围
		公益大讲堂援助计划	针对儿童心理健康成长开展相关公益讲座
		“童心一同行”援助计划	以儿童成长小组、暑期假日活动、图书漂流活动的方式开展相应活动
		“亲亲一家人”援助计划	以爱心结对的方式，对接爱心人士一对一帮扶困难家庭学生
困难妇女	渴望获得就业相关技能、渴望补充相关健康知识	“一个女人一个家”计划	以开展女性健康知识讲座的方式，提高困难妇女自我保健意识和疾病预防意识
		“赋能计划”培训班	围绕家政服务、种植养殖等技能开展培训
		“公益大讲堂”项目	提供妇女卫生、妇女健康、救护、救助等内容的讲座
困难老人	行动不便、年事已高、子女常年不在身边陪伴	“乐助家·居家环境改善”项目	打造局部功能性或实用性的防护设施，改善居住环境和提高居住安全性
		“公益大讲堂”项目	提供以卫生、健康、救护、防病减灾、救助、心理辅导为主要内容的讲座
		“暖冬爱心包”项目	提供棉被、棉衣、小家电等御寒物资
		“让爱回家”项目	入户陪伴、微心愿实现、组织集体活动
		多彩活动暖夕阳项目	开展朋辈关系搭建互助支持网络援助活动
		“乐享速递”温情援助项目	提供送餐服务、餐费补贴、居家环境改善和爱心陪伴等服务
困难残疾人	改善经济状况、提升医疗康复水平	公益市集	搭建残疾人手工品义卖平台和搭建市集引入社会企业参与
		梦想改造家	开展适老化改善项目
		爱是同心圆生计发展项目	开展培育盆景、多肉植物和手工品的培训活动
		爱·相伴残疾人工坊	开展手工技能培训工坊
		“益暖人心—相伴你我”医疗援助项目	社区体验营活动、团体心理辅导活动
		居家照料培训项目	日间照料培训以及成立心理减压小组
因病致贫困难群众	减轻经济负担、减轻疾病的困扰	“医疗援助，康复到家”计划	检查身体、免费诊断病情、社会工作者和志愿者定期入户陪伴、提供药品及医疗器械等物资支持
		医疗联盟援助计划	动员全区各医院、药房结成联盟，提供医疗救助及药品救助

针对困难儿童和学生学习用品匮乏、亲子关系支持较弱等特点和现状，郫都区设计和开展了助学展翅计划、让红领巾自由飞翔计划、360爱心包援助计划、乐助学习空间改善计划、公益大讲堂援助计划、“童心—同行”援助计划和“亲亲一家人”援助计划。其中，助学展翅计划主要内容是以教育联盟为基础为困难儿童和学生提供教育培训课程，以提升其学习兴趣和学习能力。让红领巾自由飞翔计划则是以开学季为契机为困难儿童和学生募集学习用品、生活用品等物资，为其健康成长助力。360爱心包援助计划则是为困难儿童提供价值360元的爱心营养包，营养包具体包括大米、油、鸡蛋、牛奶等健康食物。乐助学习空间改善计划则是帮助困难儿童和学生改善学习空间和学习环境，主要包括课桌椅、书籍、学习用品的改善。公益大讲堂援助计划主要以困难儿童和学生心理健康成长为内容开展公益讲座。“童心—同行”援助计划是以儿童成长小组、暑期假日活动、图书漂流活动为主要内容开展的儿童健康成长援助活动。“亲亲一家人”援助计划则是以爱心结对为主要内容，对接爱心人士一对一帮扶困难家庭的学生，助其顺利完成学业。

为了满足困难妇女渴望获得就业相关技能的需求，并结合困难妇女健康知识匮乏的特点，郫都区社会关爱援助中心设计和开展了“一个女人一个家”计划、“赋能计划”培训班和“公益大讲堂”项目。其中，“一个女人一个家”计划和“公益大讲堂”项目都是以开展女性健康知识讲座的方式，提高困难妇女自我保健意识和疾病预防意识。“赋能计划”培训班则是帮助困难妇女掌握就业相关技能，主要包括家政服务、种植养殖等符合妇女求职特点的培训项目。

针对困难老人行动不便、年事已高、子女常年不在身边陪伴的特点和现状，郫都区社会关爱援助中心设计和开展了“乐助家·居家环境改善”项目、“公益大讲堂”项目、“暖冬爱心包”项目、“让爱回家”项目、多彩活动暖夕阳项目和“乐享速递”温情援助项目。其中，“乐助家·居家环境改善”项目主要内容是为困难老人打造一个局部功能性或实用性的防护设施或环境，改善其居住环境和提升其居住安全。“公益大讲堂”项目则是提供卫生、健康、救护、防病减灾、救助、心理辅导等方面的知识讲座。“暖冬爱心包”项目则是为困难老人提供棉被、棉衣、小家电等御寒物资，让困难老人的冬天不再寒冷。“让爱回家”项目则是招募志愿者为困难老人提供入户陪伴的服务、帮助困难老人实现微心愿以及举办集体活动，填补困难老人缺乏子女陪伴的内心空白。多彩活动暖夕阳项目则是帮助困难老人搭建朋辈关系互助支持网络，并开展相关的集体活动，完善和加强困难老人的社会支持体系。“乐享速递”温情援助项目则是为辖区内有需要的特殊困难老人提供送餐服务、餐费补贴、居家环境改善、爱心陪伴等服务。

为了改善困难残疾人的经济状况、提升其医疗康复水平等，郫都区社会关爱援助中心设计和开展了公益市集、梦想改造家、爱是同心圆生计发展项目、爱·相伴残疾人工坊、“益暖人心—相伴你我”医疗援助项目和居家照料培训项目。其中，公益市集主要是为困难残疾人义卖手工艺品搭建平台，并同时引入社会企业和爱心人士的参与。梦想改造家则是对困难残疾人的适老化进行改造。爱是同心圆生计发展项目包括对困难残疾人开展手工培训，帮助其培育盆景、多肉等手工艺品。爱•相伴残疾人工坊是对困难残疾人开展技能培训，主要是提升其制作手工艺品的技能，并通过工坊促进其人际交流和提升人际交往能力。“益暖人心—相伴你我”医疗援助项目主要是对困难残疾人开展团体心理辅导活动，确保其拥有健康的心理，并开展社区体验营活动，扩大残疾人宣传和帮扶工作的范围。居家照料培训项目则是对困难残疾人或其家属的日间照料能力进行培训，并成立专门的心理减压小组，时刻关注困难残疾人及其家属的心理状态，帮助其减轻心理压力。

对于因病致贫的困难群众，为了减轻疾病对其的困扰，郫都区社会关爱援助中心设计和开展了“医疗援助，康复到家”计划和医疗联盟援助计划。其中，“医疗援助，康复到家”计划包括日常身体检查、免费诊断病情、社会工作者和志愿者定期入户陪伴和提供药品及医疗器械等物资。医疗联盟援助计划则是通过动员全区各医院和药房结成联盟，为疾病缠身的困难群众提供医疗救助和药品救助。

以上以各类困难群体需求为导向设计和开展的项目，对社会救助工作实现精准化有促进作用，与此同时，能够发挥人力、物力和财力资源的最大效用，在各司其职的基础上实现相应的目标和满足相应的需求。最重要的是，能够最大限度地满足困难群众的个性化需求，使其感受到来自社会和政府的关心和关爱，也使其幸福感和获得感有所提升。

2. 郫都区困难群众需求导向项目具体开展情况

以犀浦街道的“爱心工坊”项目为例。

郫都区犀浦街道，共有8个村、13个社区，人口27.6余万(常住人口15.6万、流动人口12余万)；物产丰富，交通便利，是西南地区著名的重镇；因人口基数较大，需要救助的困难群众也相对较多。据犀浦街道救助关爱站提供的2019年救助信息资料显示，犀浦街道共有困难群众217名，其中，因老弱致困的困难群众共9人、因病致困的困难群众共93人、因学致困的困难群众有16人、因祸致困的困难群众有3人、因缺乏就业能力致困的困难群众有14人、因残致困的困难群众有82人。相对于全区3396名困难群众总人数来说，犀浦街道的困难群众总人数约占全区的6.4%；而相对于犀浦街道217名困难群众总人数来说，犀浦街道的困难残疾人总人数约占全街道的37.8%，相对来说比较多。

针对困难残疾人的现状，并结合现有资源，犀浦街道推出了服务于困难残疾人的活动项目——“爱心工坊”活动。“爱心工坊”活动，主要是通过链接犀浦街道阳光家园的资源①，让困难残疾人在其中通过学习掌握串珠、刺绣等手工技能，

① 注：阳光家园是精神残疾人关爱服务机构，以日间托养、康复训练、辅助就业为主要内容，主要为犀浦镇轻度精神障碍人士提供一个充满支持和接纳的公疗康复环境，地址位于犀浦街道玉龙五巷。

并协助困难残疾人通过线上销售和现场销售的方式义卖他们制作的手工艺品，在活动过程中，困难残疾人不仅能够获得制作手工艺品的技能，还能够通过制作和售卖手工艺品的活动增加与外界和他人的沟通和交流，更重要的是义卖所得收益可以直接增加困难残疾人的收入、改善他们的生活。

以困难残疾人的需求为导向开展的“爱心工坊”活动，当然也少不了获取困难残疾人具体需求的流程。在设计和开展这项特色服务项目之前，犀浦街道通过入户访谈法、参与式观察法、问卷调查法等方法对困难残疾人的情况进行探访和调查，调查结果显示大部分家庭因为家中有残障人士需要照顾，导致无法进行全职就业，因而使得经济状况陷入困境。与此同时，困难残疾人因为自身的肢体或精神的残疾，鲜少与除了家人以外的人沟通和交流，因而人际交往能力比较差，但与之相矛盾的是困难残疾人内心还是很渴望与外界沟通和交往的。困难残疾人的另外一大需求就是渴望实现自身的价值，他们大多受家里人的照顾，但并未能为家里做出自己的贡献，因而非常渴望通过某些就业技能的获得来体现和实现自身的价值。因此，结合困难残疾人的以上需求，并结合犀浦街道自身的平台资源，“爱心工坊”活动应运而生。

自“爱心工坊”活动开展至 2018 年，犀浦街道开展相关主题社区活动共 6 次、小组活动共 4 次。“爱心工坊”相关主题活动汇总表如下(表 5.7)。

表 5.7　“爱心工坊”相关主题活动汇总表

活动类别	活动名称	活动内容
社区活动	“情浓端午，爱聚六一”残疾人手工艺品义卖活动	1. 宣传助残理念，营造助残、爱残的氛围，提高居民对残疾人的关心和关爱程度 2. 通过手工艺品义卖活动，提升残疾人的自信心和自我认同感 3. 营造节日气氛的同时宣传志愿服务理念
	关爱残疾人社区体验活动	1. 倡导和招募居民和志愿者参与此次体验活动 2. 通过此次活动，使体验者感受残疾人生活，在一定程度上给予他们支持和鼓励
	全国残疾预防日宣传活动	1. 通过活动，增强居民对残疾预防以及相关法律知识的了解 2. 加强犀浦镇救助关爱站特色服务方向的宣传，使更多有需要的人了解向救助关爱站求助的渠道
	残疾人手工艺品义卖活动	1. 宣传助残理念，营造助残、爱残的氛围 2. 通过手工艺品义卖活动，增加残疾人的收入和提升自我认同感
	“让心靠近，让爱传递”公益助残活动	1. 通过让困难残疾人教志愿者制作手工串珠、手工皂和衍纸画等手工艺品，引导困难残疾人正确认识自我价值和优势，提高其自我认同感 2. 通过游戏、手工教学等活动增进困难残疾人与志愿者之间的互动和沟通
	“金秋公益集”社区主题活动	1. 引导企事业单位多元化参与公益活动 2. 让困难群众感受到来自社会的关爱
小组活动	“心灵手巧，我能行”残疾人手工制作小组活动	1. 让组员变得更自信、自主，更加开放自己，学会真诚表达，学会快乐生活 2. 使组员乐于交朋友，善于交朋友，增强人际交往的意识和能力 3. 使组员学会与人合作，增强团队合作和组织创新的意识和能力

续表

活动类别	活动名称	活动内容
小组活动	残疾人微店管理技能学习小组活动	1. 学习微店管理相关技能，并能运用 2. 提升小组成员的自信心，营造良好的小组互动氛围 3. 小组成员自己管理微店，实现创业增收
	“巧手生辉·技能成长”小组活动	1. 组建一个8—12人残疾人手工学习小组。通过引导组员间的互动与交流，促使这部分残疾人逐步打开心扉，积极与他人沟通交流，逐步构建起同辈群体间的互助支持网络 2. 引导小组残疾人学习手工艺品的制作，巩固原有手工技能的同时，掌握新的手工技能 3. 引导残疾人在学习的过程中，不断丰富精神生活，在互动学习中找回快乐、自信，从而树立积极乐观的生活态度
	“同献爱心，共筑希望”残疾人志愿服务小组活动	1. 协助志愿者实现与残障人士互动并体验学习手工，增强团队互动及在志愿者服务中充实自己 2. 志愿者通过微信或者线下义卖活动等方式帮助宣传残疾人手工品，营造良好的助残、爱残氛围

社区活动主要包括“情浓端午，爱聚六一”残疾人手工艺品义卖活动、关爱残疾人社区体验活动、全国残疾预防日宣传活动、残疾人手工艺品义卖活动、“让心靠近，让爱传递”公益助残活动和“金秋公益集”社区主题活动。其中，困难残疾人手工艺品义卖活动通过以 “微爱鹃城，公益朋友圈”、爱心工坊参与公益跳蚤市场等主题和形式获得相应的收益，这些满载着爱心的收益都由阳光家园的老师扣除成本后按手工计件发放给困难残疾人。与此同时，犀浦街道也通过关爱残疾人社区体验活动、全国残疾预防日宣传活动和“让心靠近，让爱传递”公益助残活动等倡导和动员更多的居民和爱心人士参与到关爱和帮助困难残疾人的群体中来，在增加和补充相关残疾预防知识的同时，也让居民群体和困难残疾人群体更加融合，不仅使居民更多地了解困难残疾人的困境、激发他们帮助和支持困难残疾人的爱心，还使困难残疾人能够与外界交流沟通、更好地融入社会与集体中，从而实现自身的需求。

与此同时，犀浦街道还致力于开展困难残疾人小组活动，包括“心灵手巧，我能行”残疾人手工制作小组活动、残疾人微店管理技能学习小组活动、“巧手生辉·技能成长”小组活动和“同献爱心，共筑希望”残疾人志愿服务小组活动。其中，“心灵手巧，我能行”残疾人手工制作小组活动和“巧手生辉·技能成长”小组活动通过聚集困难残疾人一起制作手工艺品的方式，让参与小组活动的困难残疾人变得自信、开朗，增强人际交往的意识和能力，并且增强团队合作和组织创新的意识。残疾人微店管理技能学习小组活动，则是通过教授困难残疾人微店管理技能的方式，在开拓其手工艺品售卖渠道、增加其手工艺品销售量的同时，使其获得开微店的相关技能，提升自身的价值。“同献爱心，共筑希望”残疾人志愿服务小组活动是通过困难残疾人教授志愿者制作相关手工艺品的方式，提升困难残疾人的获得感和价值感，与此同时，也加强了其与外界的交流和沟通，提升了自身的信心以及实现了自身的价值。

犀浦街道的“爱心工坊”项目的开展，对困难残疾人的良好发展和社会融入有巨大助益，它与单纯的现金救助不同，而是致力于通过困难残疾人自身的努力实现收入的增加，这种项目的开展不仅有利于困难残疾人自身经济状况的改善，即物质生活的改善，也有利于困难残疾人幸福感和价值感的获得，即精神生活的改善和充实。首先，组织困难残疾人参与手工制作小组活动，在学习手工新技能的同时，促进小组成员间的沟通和交往，不仅使困难残疾人发现自身的价值、提升获得感，还使其社会交往能力有了一定程度的提升。其次，组织困难残疾人参与自己制作的手工艺品的义卖活动，为其与外界的交流搭建平台，进一步提升其人际交往能力，并实现自身价值感的提升。最后，将困难残疾人制作的手工艺品通过线上加线下的方式进行义卖，能够拓宽销售渠道、增加手工艺品的销量，从而增加残障人士的收入，增强其工作的动机。“爱心工坊”活动的开展不仅使困难残疾人在物质方面得到了提升，也对其精神世界的满足提供了途径，能够丰富其精神世界，使其幸福感和获得感得到进一步满足。

四、郫都区困难群众需求导向项目满意度情况概述

郫都区有完整的需求导向实践流程，不仅有前期的需求调查、中期的以需求为导向设计的项目，还有后期困难群众对项目的满意度调查。通过对困难群众，即服务对象的满意度调查和访问，能够及时得到项目开展情况的反馈，从而为下一次项目的开展提供宝贵的意见和借鉴。

郫都区社会关爱援助中心借助第三方评估机构对面向困难群众实施的需求导向项目满意度进行调查，主要调查方法是电话访谈。电话访谈主要包括服务对象对所在街道救助关爱站的了解程度、提供服务的种类、联系救助关爱站的方式以及遇到困难时是否会求助于救助关爱站这四个方面。从这四个方面可以反映出服务对象对救助关爱站提供服务的态度，以及救助关爱站在实际运营和宣传中是否取得成效。根据服务对象的回答，第三方评估机构的工作人员做出分析和评估，最终得到服务对象对需求导向项目的满意度情况。

电话访谈是以街道为单位进行的，所以每一个街道的服务对象都有相对应的满意程度。以 2018 年为例，在全区 14 个街道中，友爱街道的困难群众对需求导向项目实施的满意度最高，为 98.4%，而郫筒街道的困难群众满意度最低，为 85.24%，具体如图 5.2 所示。结合统计资料，可以计算得出各街道困难群众的平均满意度约为 94.54%，说明整体困难群体对以需求为导向的项目实施的满意度较高，也从侧面印证了郫都区以困难群众需求为导向的救助创新举措的成功。

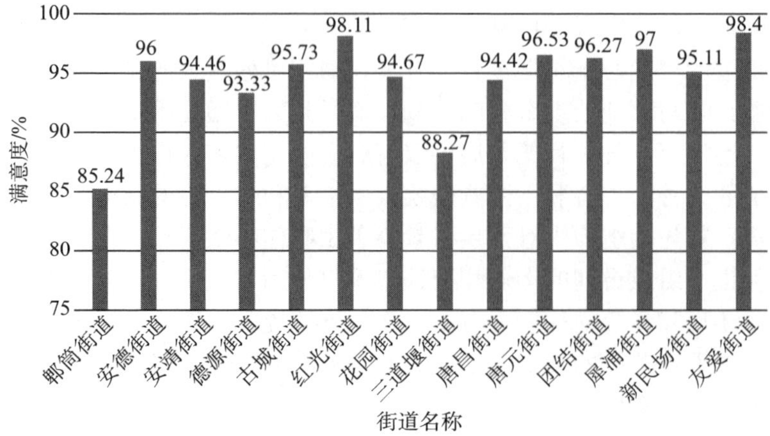

图 5.2　郫都区 2018 年困难群众需求导向项目满意度统计表

第三节　郫都区困难群众个性化需求导向具体项目实践

郫都区社会关爱援助中心不仅关注困难群众的总体需求，对不同困难群体的个性化需求也格外重视，并根据每个困难群体的具体需求开展颇具特色的、致力于满足其需求的活动和项目。郫都区每年会以季度开展个性化需求调查，经过社会工作者入户走访，问卷调查，征询村(社区)、街道的意见，以困难群体的收入、困难程度、需求情况、家庭成员心理状态等指标为依据，确定每一季度中需求最突出的困难群众为目标主体，设计相应的项目，并整合资源开展相关活动，以提高救助的精准性和针对性，力求实现以需求导向为主要指导思想的社会救助实践。本节选取郫都区 2019 年度前三季度的个性化需求导向具体项目实践，试图阐明郫都区以需求为导向的特色。

一、困难残疾群众——以 2019 年第一季度个性化需求调查为例

(一)困难残疾群众个性化需求调查背景及意义

为残疾人逐步创造良好的环境，是残疾人全面参与社会生活的重要条件，也是社会文明进步的表现。为了更好地对郫都区困难残疾群众实施精准救助，郫都区社会救助中心针对郫都区困难残疾人员开展了需求调查。需求调查的结果将直接引导或影响郫都区社会救助工作的开展，其将根据困难残疾群众的具体需求实施相对应的项目，不仅实现了郫都区精准救助和以需求为导向的实践精神，还在实际中满足了困难残疾群众的需求，并同时提高了其生活质量及生活满意度。

（二）困难残疾群众整体情况分析

据数据显示，截至 2019 年 3 月 31 日，郫都区共有困难残疾人 1170 人。从街道、年龄、帮扶对象和婚姻状况四个方面来分析全区困难残疾群众的情况。第一，在全区 14 个街道中，新民场街道的困难残疾人占比最高，为 56%，居全区第一。而花园街道困难残疾人占该街道困难群众的比重最小，为 15.8%，为全区最少。第二，在全区困难残疾人的年龄分布中，年龄段在 45—59 岁的人最多，为 427 人，占困难残疾人总数的 36.5%；而 0—17 岁的人数最少，只有 39 人，占比为 3.3%。说明困难残疾人的年龄段较集中于青年和中年群体。第三，困难残疾人多为政府帮扶对象，70%的困难残疾人都享受了政府的各种救助和补贴，比如残联补贴、低保补贴和临时救助等。第四，困难残疾人的婚姻状况并不很乐观。离异人数与丧偶人数占总人数的 21%，而未婚人数则占总人数的 51.5%，相当于一半的残疾人尚未找到伴侣，可见残疾不仅影响他们的日常生活，还影响着他们的婚姻状况。

（三）困难残疾群众个性化需求分析

经过问卷调查及实地走访，郫都区社会关爱援助中心的调查人员总结后发现，困难残疾人有就业、锻炼、外出和参与公众活动等主要需求。

具体来说，就业需求的产生是因为在困难残疾人中，仅有 10.75%的困难残疾人拥有工作，剩下的均无工作，收入来源只有政府的补贴，只能维持基本的生活开支，无法支撑其他诸如居家环境安全改善等活动，具体就业情况如图 5.3 所示。锻炼需求则是因为困难残疾人作为特殊的群体，对体育锻炼设施的要求比较特殊，应依据其身体情况设置相应的锻炼设施。只有 17.74%的困难残疾人所在社区有很多体育锻炼设施，12.37%的困难残疾人所在社区几乎没有体育锻炼设施，这对于困难残疾人的身体康健或强身健体极为不利。

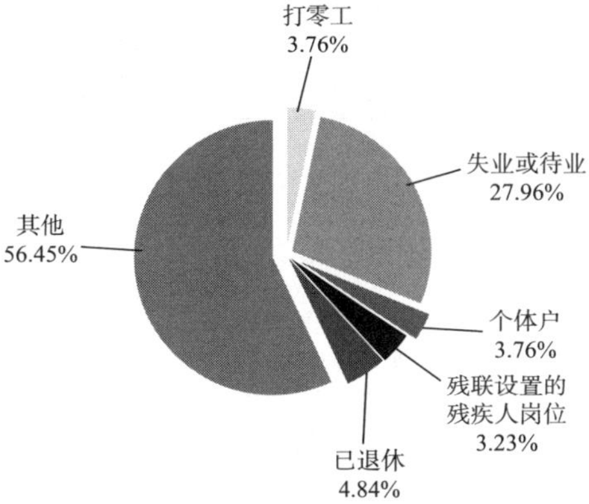

图 5.3　困难残疾人就业情况分布图

在对困难残疾人外出频率的调查中发现，有16%的困难残疾人几乎不外出，8%的困难残疾人每月才外出一次，只有不到一半的困难残疾人能每天外出一次，具体的数据如图 5.4 所示。可以看出，困难残疾人因为自身生理上的缺陷，外出的频率受到严重影响，外出需求也相应大幅增加。

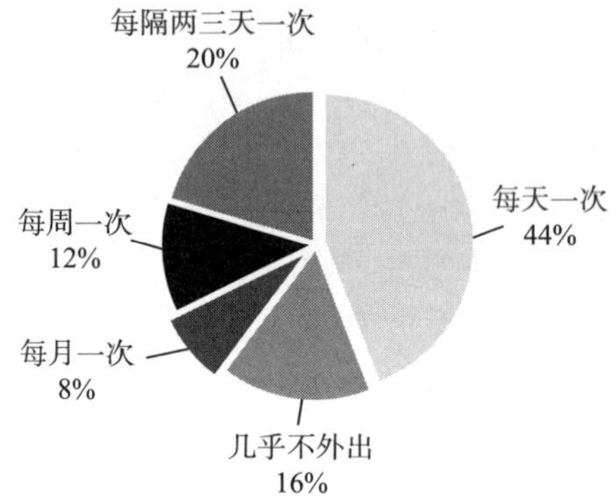

图 5.4 困难残疾人外出频率分布图

困难残疾人对公众活动的参与度较低，有 24.73%的困难残疾人完全不参加公众活动，偶尔参加的占比为 41.4%，经常参加的仅占比 11.83%，具体数据见图 5.5 所示。参与度低的主要原因是行动不便、没有适合的场所和活动、缺乏专门的辅导人员和咨询机构等客观原因，说明困难残疾人在主观上还是比较想参与公众活动的。

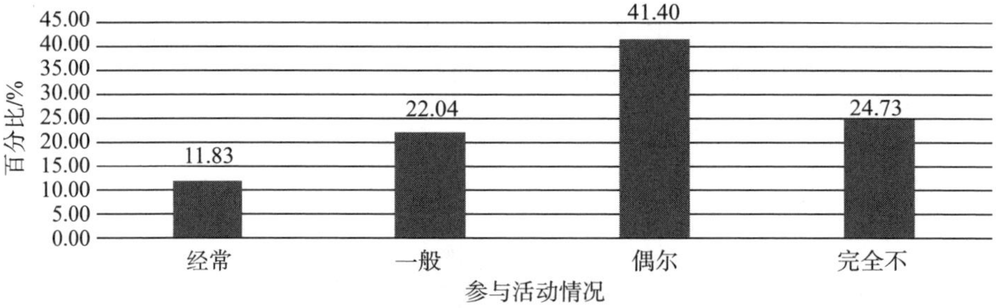

图 5.5 困难残疾人参与活动情况统计图

(四) 困难残疾群众需求导向项目实践

1. 针对整体困难残疾群众的需求导向项目实践

根据上文对困难残疾人的整体需求分析，郫都区社会关爱援助中心结合自身所拥有的资源，并在对接社会工作者、爱心企业和爱心志愿者的基础上，设计和开展如下救助项目。

一是就业帮扶计划。鉴于困难残疾人拥有工作的人数占比较小，且大多数的收入仅仅来源于政府的补贴，这就造成收入拮据的局面，因此对就业的需求较为强烈。经过社会工作者和志愿者的入户访谈，了解到困难残疾人的求职意愿强烈，但囿于自身技能薄弱、人岗不匹配等复杂原因无法实现就业。于是，郫都区社会关爱援助中心借助爱心企业的力量，对残疾人的就业资源进行链接，为困难残疾人提供专业技能的定向培训，加强其就业指导并及时提供帮扶，提高其实现就业的可能性。与此同时，郫都区社会关爱援助中心还为那些想要通过市场渠道实现就业的困难残疾人开展大型的残疾人专场招聘会，为爱心企业和困难残疾人提供双向选择的机会，一方面有效发挥爱心企业提供就业资源的作用，另一方面也为残疾人实现就业的需求提供渠道和平台，实现双赢局面。

二是安全知识宣讲活动。困难残疾人有强烈的外出需求，但是存在两方面的困难：一方面是由于自身残疾而导致的行动不便；另一方面是由于安全意识普遍薄弱，所以外出时很容易遇到困难。针对这一点，郫都区社会关爱援助中心开展以安全知识为主题的知识讲座，通过发挥相关领域专家和志愿者的积极作用，为困难残疾人指明他们身边存在的安全隐患及相关注意事项，并帮助其掌握一些身处困难和危险境地时的基本生存本领和逃生技能，旨在增强其自我防范和自我保护意识的同时，提高其应对各种险境的能力。与此同时，郫都区社会关爱援助中心还颇具新意地创建了困难残疾人互助小组，不仅是为了促进彼此的共同学习，还为增强困难残疾人的合作意识和合作能力，构建社会关系网络、建立良好的人际关系。

三是残疾人宣传和帮扶工作。据上文的调查结果显示，困难残疾群众有非常强烈的外出活动意愿。深究出现这种需求的原因，还是在于室外设施不能为残疾人的行动提供便利，同时社会群众对于残疾人的了解程度不够深未能为困难残疾人提供有效的帮助。针对困难残疾人的这种需求和情况，郫都区社会关爱援助中心积极开展残疾人宣传和帮扶工作，以大型户外活动为依托，激发热爱公益的爱心人士参与帮扶困难残疾人活动的积极性。在活动开展的过程中，不仅使社会各界人士加深了对困难残疾人在生活等方面不便的了解，而且为残疾人外出需求的满足提供了途径。

2. 针对困难残疾群众个性化需求的项目实践

郫都区社会关爱援助中心不仅针对困难残疾群众的整体需求设计了相应的项目，还十分重视困难残疾群众的个性化需求，并以此形成个案，进行长期的帮扶工作。本部分选取张叔一家作为案例分享，旨在体现郫都区社会关爱援助中心以困难残疾人具体需求开展相应项目的设计、实施过程以及其优越性所在。

张叔，家住郫都区三道堰程家船村，51岁，妻子是聋哑人，女儿正在读大学。张叔的职业是环卫工人，妻子因为残疾无法工作，加之女儿正在读大学，收不抵支使得本就不富裕的家庭更加拮据。经济拮据造成张叔的家已破旧不堪也无力修缮，因此张叔及妻子最大的心愿就是对居家环境进行改善，有一个像样的家。郫都区社会关爱援助中心的社会工作者得知此情况后，经过多次走访并整合资源，链接到四川品品食品有限公司为张叔家捐赠居家环境改善资金。与此同时，动员志愿者对张叔家的环境进行改善。在改善过程中，参与活动的志愿者和工作人员发挥不怕脏、不怕累的精神，齐心协力使张叔的家焕然一新。这次居家环境改善活动，不仅满足了张叔及家人改善居家环境的需求，还帮助其提升了生活质量，使其对未来的生活充满信心。

郫都区社会关爱援助中心根据困难残疾群众的需求设计和开展相应的项目和活动，不仅实现了救助的精准化，还使救助更加人性化。这些项目的开展，使救助不再是统一标准的流程化工作，而是温暖人心的、有温度的个性化工作，郫都区对张叔帮扶和救助的效用，不仅在于满足了其改善家居环境的需求，更在于温暖了困难残疾群众那颗渴求关爱的心，使其更有力量也更有希望。

二、困难妇女儿童群众——以2019年第二季度个性化需求调查为例

(一)困难妇女群众

1. 困难妇女个性化需求调查背景及其意义

随着时代的发展，女性生存发展问题成为社会关注的焦点。为了准确、真实地了解和掌握郫都区城乡困难妇女的基本情况、生存和发展需求，寻求解决对策，增强为城乡困难妇女服务的针对性和有效性，促进妇女的进步和发展，郫都区关爱援助中心在全区开展了困难妇女生存与发展状况的调研。

2. 困难妇女整体情况分析

截至2019年6月30日，郫都区困难妇女有1098人，其中城镇低保129人、农村低保315人、低保边缘85人、急难对象63人、集中特困16人、散居特困51人、支出型贫困346人、其他93人。调研结果显示，困难妇女普遍存在文化水平较低、健康状况较差、无独立经济来源、劳动技能单一、家庭地位较低、文化娱乐生活匮乏、子女教育等问题。大部分困难妇女很难实现就业，只能依靠配偶、家庭其他成员以及各类社会救助生活，生活质量低。女性特殊的生理特点导致困难妇女在中年时期易患妇科疾病和各类慢性病，健康状况普遍较男性差，但

是在步入老年后寿命却普遍比男性长，在当前我国人口老龄化的趋势下，在老年困难群众中，妇女所占的比例很高。这部分困难妇女文盲或半文盲的比例高，养老问题突出，困难程度深，脱困难度大。

3. 困难妇女个性化需求分析

据数据分析，目前困难妇女面临的最主要问题是就业，其次是物资改善需求和妇女健康知识教育问题。针对以上困难和情况，社会工作者对困难妇女在妇女健康知识教育、妇女法律维权知识、职业规划或职业技能培训、家庭关系处理、妇女团体活动、社交训练、物资改善需求、儿童教育发展系列项目、兴趣发展及娱乐项目和居住卫生及安全环境项目这十个方面进行了预测，并绘制了困难妇女需求统计表(表 5.8)，并抽样调查了 100 名困难妇女，分析出困难妇女最希望获得职业规划或职业技能培训，占比为 75%，其次是物资改善需求、妇女健康知识教育需求和妇女团体活动，分别占比 71%、65%和 60%。

表 5.8　困难妇女需求统计表

年龄分布	需求类型	频次	百分比/%
18 岁及以上	妇女健康知识教育	65	65
	妇女法律维权知识	32	32
	职业规划或职业技能培训	75	75
	家庭关系处理	34	34
	妇女团体活动	60	60
	社交训练	50	50
	物资改善需求	71	71
	儿童教育发展系列项目	55	55
	兴趣发展及娱乐项目	30	30
	居住卫生及安全环境项目	45	45

4. 困难妇女需求导向项目实践及个案实践

根据上文的调研结果，郫都区困难妇女的主要需求是就业、物资改善和妇女健康知识教育。针对这三种主要需求，郫都区社会关爱援助中心结合现有人力和物力资源，设计和开展如下需求导向项目。

一是赋能计划。此项目是针对困难妇女的就业需求而展开的，具体形式是为困难妇女提供就业培训和就业帮扶。根据调查结果，发现郫都区的困难妇女由于自身家庭条件较差和自身文化水平较低等原因，造成就业技能不足和学习能力不强的困境。因此，郫都区社会关爱援助中心通过邀请专业的就业培训师为困难妇女讲授相关就业知识的方式，对其进行就业辅导和职业规划，增强其就业技能和提升其就业能力。与此同时，郫都区社会关爱援助中心还通过募捐等形式，为困难妇女提供物资支持，从而增强其继续学习就业知识等的动力，为成功实现就业提供助力。此举不仅能够满足困难妇女渴望就业的需求，同时还能使困难妇女通过就业获得收入等方式尽早摆脱贫困，实现自我的长远发展。

二是“一个女人一个家”计划。此项目主要是针对困难妇女健康知识匮乏、急需补充妇女健康知识的情况而设计和开展的。据调查显示，困难妇女由于在经济收入、生活质量和医疗健康等方面缺乏保障，因此患病，尤其是慢性病的比例很高，大部分困难妇女都遭受着妇科疾病的困扰。有相当一部分的困难妇女甚至从来不做妇科检查，往往发现疾病时已错过最佳治疗时机，这既损害了她们的健康，又给其家庭带来不良影响。因此，此项目的开展主要是通过为困难妇女健康体检的方式，使困难妇女全面了解自己的身体健康状况，做到早检查、早发现和早治疗，及时阻断疾病侵扰的源头。此项目不仅满足了困难妇女补充健康知识的需求，还为其疾病的预防和发现提供了便捷途径，使其在精神和身体两个方面都得到有效的保障。

三是“公益大讲堂”项目，此项目为郫都区社会关爱援助救助中心和郫都区慈善会创建的“志愿者联盟”的主打项目。宗旨就是将全区广大热心公益的志愿者、服务者、企业、机关单位联合起来，以志愿服务的形式，自愿无偿地向志愿者、社会工作者提供权威性、专业性的公益指导服务。此项目是针对困难妇女的以上需求设计的，分别按照卫生、健康、救护、防病减灾、心理辅导、法律援助、救助政策等几大板块进行讲授，帮助困难妇女了解相关知识，提高自身的知识水平和素质水平。具体包括志愿服务和课程培训两部分，志愿服务是区关爱援助中心招募各类医疗、律师、心理、救援和教育领域的专家以及在社会上享有较高声誉的名师志愿者作为主讲嘉宾进行讲解，对困难妇女进行定向授课，实现其需求的精准满足。

> 2019 年 4 月 24—27 日，安靖街道办联合安靖街道救助关爱站和安靖卫生院，共同开展了以“无癌中国我的梦，健康安靖肿瘤筛查”为主题的“一个女人一个家”计划活动。此次活动的服务对象是安靖街道各村(社区)的 50 名困难群众，针对其中的困难妇女，安靖街道提供的检查服务是宫颈液基细胞和乳腺彩超，在一定程度上提高了困难妇女对自身健康的认识和对癌症的防范意识，从而降低发病率和死亡率，实现“健康中国”的宏伟目标。

郫都区社会关爱援助中心对困难妇女的需求格外重视，因为妇女不仅是一个家庭的重要组成部分，更是一个社会的重要组成单位。郫都区针对困难妇女的需求开展的上述活动和项目不仅帮助困难妇女了解、预防和治疗相关的妇科疾病，使其在能够丰富医学知识的同时拥有健康的身体。与此同时，就业技能培训的开展对困难妇女实现就业有很大的助益，从而使困难妇女实现自我的固有价值、获得长足发展。

(二)困难儿童群众

1. 困难儿童个性化需求调查背景及意义

儿童所处的环境、所受的教育、所形成的生理和心理状况对他们将来是否能够承担历史赋予的重任具有决定性的作用。然而，处于生活拮据、生活窘迫状态中的贫困家庭的未成年，由于在社会中处于弱势地位，很难在一个良好的环境下健康成长。同时，面对自身的生存危机，他们的生活目标只能局限于满足自身生理的需求，由于家长忙于生计，对儿童的关心和爱护很少，使他们不仅缺乏提升自我的机会，而且难以积极有效地参与社会事务。因此，为了全面关爱来自困难家庭的儿童，郫都区社会关爱援助中心对郫都区困难家庭儿童进行了需求调查，积极开展困难家庭儿童的帮扶工作，努力改善困难儿童所处的环境以及推动其心理和生理的健康成长。

2. 困难儿童整体情况分析

截至 2019 年 6 月 30 日，困难儿童 266 人，其中男性 138 人、女性 128 人。具体的年龄段分布情况为：0—3 岁 17 人、4—6 岁 35 人、7—12 岁 111 人、13—17 岁 103 人，从中看出困难儿童的年龄段主要分布在 7—12 岁。

根据问卷调查的结果工作人员总结了郫都区困难儿童的成因，分别有因学致贫、因病致贫、因残致贫、因家庭困难致贫和其他原因。其中，因家庭困难致贫的占比最高，说明家庭贫困是主要原因，困难儿童所在家庭本身就属于困难家庭，造成原因或是家中亲人患病或家中亲人重度残障。在受教育方面，困难儿童处于学龄阶段的居多，即正处于接受义务教育阶段。在家庭环境方面，多数困难儿童都与父母共同居住，而绝大多数困难儿童的家庭自身就属于困难家庭。困难家庭对儿童的影响主要体现在经济和照料两个方面：在经济上，由于贫困而造成生活拮据和社交困难，可能会影响困难儿童在社交方面的心理；在照料上，父母健康状况不佳直接导致其疏于对子女的照顾，从而使子女在精神方面产生空虚感和孤独感，精神需求不能得到及时满足。

3. 困难儿童个性化需求分析

郫都区社会关爱援助中心的工作人员在对 100 名年龄在 0—14 岁的困难儿童进行走访调查中发现，困难儿童普遍存在心理健康知识教育、学习空间改善、亲子关系、学习用品、医疗救助、学业辅导、心理援助、教育援助和安全知识教育的需求。根据这些需求，工作人员绘制了困难儿童需求统计表(表 5.9)。其中，最为突出和强烈的需求有学习用品需求、亲子关系需求和学习空间改善需求。说明困难儿童对学习的热情还是很高的，他们渴望通过社会的关爱和帮助来改善自己的学习环境，从而提升自身的学习成绩和能力。

表 5.9 困难儿童需求统计表

年龄分布	需求类型	频次	百分比/%
0—14 岁	心理健康知识教育	51	51
	学习空间改善	86	86
	亲子关系	89	89
	学习用品	91	91
	医疗救助	45	45
	学业辅导	80	80
	心理援助	54	54
	教育援助	80	80
	安全知识教育	70	70

4. 困难儿童需求导向项目实践及个案实践

根据调查结果，困难儿童最突出的需求主要有学习用品需求、亲子关系需求和学习空间改善需求三种，针对这些需求，并结合困难儿童的致贫原因、家庭情况以及其自身特点，郫都区社会关爱援助中心整合资源、链接爱心企业和志愿者资源之后设计和开展如下项目。

一是助学展翅计划。此项目的设计主要是为了满足困难儿童强烈的学习用品需求。据入户访谈的结果显示，郫都区困难儿童所在的家庭大多数经济条件比较差，导致其学习用品和生活物资严重匮乏。因此，助学展翅计划应运而生。这个项目主要有两种形式：一种是社会工作者和志愿者定期入户陪伴，捐赠书籍、学习用品等，帮助困难儿童解决生活上的困难；另一种是通过教育联盟计划，链接教育培训课程，提升困难儿童学习能力，丰富其日常生活，使其保持阳光、积极心态。而学习用品、书籍、体育用品等物资则来源于爱心企业和爱心人士的捐赠，学习课程等则来源于爱心教育机构的捐赠。与此同时，关爱援助中心还对困难儿童所在的家庭进行资金帮助，每户的帮扶标准是每年 100—500 元，资金主要来源于爱心人士的捐赠。此项目的开展不仅有助于困难儿童的学习生活，还有助于增强其对学习的热情和信心，从而拥有更加光明的未来。

二是“童心一同行”援助计划。此项目的设计和开展主要是为了满足困难儿童的亲子关系需求。困难儿童所在的家庭通常情况下经济条件较差，父母为了生计需要常年在外奔波，因此没有更多的时间陪伴孩子，更别说与孩子一起进行亲子活动了。于是，这个项目就应运而生了。“童心一同行”援助计划主要是指为困难儿童开展为期一天的旅行计划，由志愿者作为孩子们的临时陪伴者带领他们参观动物园、游览科技馆以及看儿童电影等，丰富困难儿童的课余生活以及开阔其视野。此项目主要有两种服务方式，分别是志愿者服务和资金捐赠。其中，志愿者服务是指志愿者作为困难儿童的爱心爸爸、妈妈陪伴他们完成为期一天的旅行计划，给予他们温暖和关爱；资金捐赠则是对某个困难儿童进行全年活动经费的捐赠，为其参与相关活动提供资金基础。

三是"幸福蓓蕾"计划。此项目的设计和开展主要是为了满足困难儿童的学习空间改善需求，主要以两种形式开展：一种是资金和物资捐赠，另一种是对困难儿童的学习空间进行微改造。其中，资金捐赠主要是面向郫都区品学兼优的小学至高中的困难学生，给予他们每人每年 1500 元的资助。物资捐赠则主要涉及生活用品和学习用品，主要包括台灯、学习书桌、学习椅、书包、文具盒、笔袋、中性笔、铅笔、钢笔、绘画用品、学生水壶、成语词典、英语词典和牛奶等物资。学习空间的改善计划则是因为困难儿童所在的家庭，经济条件一般来说都比较差，没有多余的钱给困难儿童打造专门的学习空间，这就造成困难儿童学习环境较差的境况，对其的健康成长也多有不利。因此，此项目通过为困难儿童配置台灯、书桌和书柜等相关学习用品的方式，对其学习和阅读空间进行改善，帮助其营造良好的学习氛围和成长环境。

2019 年 1 月 6—21 日，唐昌街道开展了以"这是我想要的"为主题的"幸福蓓蕾"计划，主要内容是对困难儿童的学习环境进行改造。唐昌街道救助关爱站经过长时间的走访和评估，发现困难儿童因家庭贫困、自身残疾或缺乏有效监护等原因，无法拥有一个良好的学习环境，有的困难儿童蹲在地上并趴在小板凳上写作业，有的困难儿童在油腻的饭桌上写作业，有的在昏暗的房间里写作业。针对这一问题及困难儿童想要改造自身学习空间的需求，唐昌街道招募了有安装经验的爱心志愿者为困难儿童进行学习空间的改造。

小明，唐昌街道火花村的一名四年级的小学生，在志愿者帮助他安装书桌、椅子、书架的过程中，原本因重感冒躺在床上的他，因为兴奋和激动立马下床帮助志愿者抬凳子、拿螺丝，迫不及待地想看到属于自己的学习空间的样貌。当书桌等安装完毕后，志愿者又在书桌上摆上了护眼台灯、闹钟、桌垫、笔筒、笔记本、笔和唐诗宋词元曲套装书籍等学习用具。小明看着被改造后的学习空间，小心翼翼地摸着书桌说："这个书桌还带书架，我以后可以把我的书都放上去，这个台灯还可以调节光线的强弱，我一直希望有一个属于自己的做作业的空间，今天终于梦想成真了！这些就是我想要的，以后我会更加努力学习，不辜负大家对我的期望！"

儿童是祖国的未来，郫都区格外重视困难儿童的需求，并针对他们的需求开展了以上项目和活动。由志愿者陪伴困难儿童进行亲子活动，既满足了困难儿童心中亲子关系的需求，又能丰富他们的课外知识、增长他们的见识。对困难儿童的学习空间和学习环境进行改造，帮助他们打造一个属于自己的学习天地，也为他们点燃一束希望之火，以此汇聚成炬，点亮他们光明的未来。

三、困难老人群体——以 2019 年第三季度个性化需求调查为例

(一) 困难老人个性化需求调查背景及其意义

困难群体是目前存在于社会中且不容忽视的一种社会现象，特别是困难老人群体。困难老人群体不仅年龄高，且身体状况普遍较差，更需要对其进行专项救助；又因困难老人群体中的个体需求不尽相同，所以更应该以其需求为导向实施社会救助。困难老人个性化需求的调查，能够帮助郫都区社会关爱援助中心的工作人员了解其具体需求，并根据需求采取相应的措施。不仅能够体现郫都区以需求导向为指导思想的社会救助实践，还能够合理安排人力、物力和财力，使其各尽其能。

(二) 困难老人群体情况分析

通过对全区困难群众数据库的分析，截至 2019 年 8 月 31 日，全区共有困难老人 1388 人，其中因老弱致贫 802 人、因病致贫 222 人、因残致贫 312 人、因祸致贫 14 人、因家庭缺乏就业致贫 38 人。

根据发放的 200 份困难老年人个性化需求调查表(收回 191 份抽样调查表)绘制的困难老人健康状况统计表(表 5.10)显示，17.3%的困难老人身体很健康；13.1%的困难老人身体无病，但身体较弱；23.6%的困难老人身体有些小病；46%的困难老人有大病或慢性病。

表 5.10　困难老人健康状况统计表

健康状况	频次	百分比/%
很健康	33	17.3
无病，但身体较弱	25	13.1
有些小病	45	23.6
有大病或慢性病	88	46.0
合计	191	100.0

(三) 困难老人个性化需求分析

根据对回收问卷的分析以及入户访问的结果，绘制出困难老人精神文化满足途径统计表(表 5.11)，困难老人的需求主要有以下三个方面。

一是渴望满足自身的精神需求。据调查，困难老人的精神生活方式非常单一，而且相关的文化活动很缺乏，导致多数老人处于孤独、空虚和无助的生活状态中。困难老人获取精神文化的途径非常单一。看电视是多数困难老人满足精神需求的主要方式，而大部分老人没有满足自身精神需求的途径。

表 5.11　困难老人精神文化满足途径统计表

选项	频次	百分比/%
看电视	59	30.9
参加社区活动	15	7.9
散步、跳舞、健身	33	17.3
没有	45	23.5
报纸	18	9.4
邻里互动	21	11.0
合计	191	100.0

二是对家庭和社会支持的强烈需求。在全区 1388 名困难老人中，生活部分自理或者完全不能自理的老人约占困难老人总数的 42%。其中，近 20%的困难老人感觉生活无人照料是面临的最大困难。这就催生了其对家庭支持网络的需要，以及需要社区、志愿者等社会组织对其生活和精神方面的支持。

三是居家环境和安全环境改善的需求。老年人因身体的平衡功能逐年下降、视力下降、肌力减退等因素，以及常见的一些疾病，很容易受伤。同时，老年人容易轻信他人，造成精神上和经济上的损失。根据发放的 200 份(收回 191 份)抽样调查表数据绘制而成的困难老人居家和安全环境需求统计表(表5.12)显示，35.6%的老人对房屋修缮有需求，36.6%的老人有安装防滑、防跌倒设施需求，5.8%的老人有居家用电、用气、防火、防盗需求；15.7%的老人有居家环境改善需求；6.3%的老人有家具、电器设备改善需求。

表 5.12　困难老人居家和安全环境需求统计表

选项	频次	百分比/%
房屋修缮	68	35.6
安装防滑、防跌倒设施	70	36.6

续表

选项	频次	百分比/%
居家用电、用气、防火、防盗	11	5.8
居家环境改善	30	15.7
家具、电器设备改善	12	6.3
合计	191	100.0

(四)困难老人个性化需求项目实践及个案实践

根据上文的调研结果，困难老人主要有渴望满足自身精神世界、渴望得到家庭和社会的强烈支持和改善居家环境和安全环境的需求。按照这三种主要需求，郫都区社会关爱援助中心结合自身资源，对接爱心企业、爱心人士和爱心志愿者资源，设计和开展了以下满足困难老人个性化需求的项目。

一是“公益大讲堂”项目。据调查结果显示，困难老人的精神生活形式非常单一，多数是以看电视作为满足精神生活的主要途径。这就造成困难老人极易感到精神世界空虚、无助和孤独的情况。因此，郫都区社会关爱援助中心为了拓宽困难老人获得精神满足的途径，开展了“公益大讲堂”项目。此项目是以讲座的形式开展的，讲座内容较为广泛，包括卫生、健康、救护、防病、防盗、心理辅导、法律援助、救助政策等几大板块，通过现场演示、课堂讲解和图片展示的方式在满足困难老人精神生活的同时，帮助其拓宽视野和知识面，填补其空虚无助的精神生活。与此同时，郫都区社会关爱援助中心还组织爱心志愿者对全区 14 个街道的所有困难老人提供无偿帮助，不仅关注其精神生活的满足，还注重对其物质生活和现实生活的帮扶。

二是“乐助家·居家环境改善”项目。根据调查发现，全区困难老人普遍面临着居住环境差、存在安全隐患等问题，究其原因，主要是由于文化程度较低、居家安全意识较为薄弱，又由于家庭经济原因无力承担改善居家环境的费用，而恶劣的居住环境又对困难老人的健康状态、心理状态有着极其负面的影响，形成了恶性循环。为此，郫都区社会关爱援助中心设计了居家环境改善项目，并且通过资源链接的方式提供局部功能性或居家安全改造。具体的开展形式是通过招募对居家环境改善有一定了解的专业志愿者，由其到有需求的困难老人家中进行安全用品的安装以及帮助困难老人明白如何使用老年辅助用品，改善其居家环境的同时提高其居家的安全性。

三是“爱·相伴”医疗援助项目。据问卷调查结果显示，将近一半的困难老人长期患病，身体状况欠佳。据此，郫都区社会关爱援助中心设计了“爱·相伴”医疗援助项目，满足困难老人对医疗的需求。由于困难老人年龄高，常伴有各种急性、慢性疾病，健康状况不佳。加之多数困难老人缺乏相关的医疗知识，并且家庭经济条件较差也无力负担高昂的医疗费用，这就导致很多困难老人的疾病恶化速度较快，错过了治疗的最佳时机。因此，“爱·相伴”医疗援助项目通过和全区医疗联盟单位合作，以义诊活动、家庭医生入户、基础药品匹配、基本预防保健知识宣传的方式让全区困难老人学习医疗知识以及得到更多更加优质的医疗资源。

郫都区的社会救助项目设计不仅以整体困难群众需求的满足为目标，而且注重每个群体中个体的个性化需求。三道堰街道在2018年和2019年分别以“水乡义仓”为主题开展了温暖独居困难老人的活动，主要内容是根据其具体需求完成对其家居环境的改善。

> L叔，家住三道堰街道，今年63岁，未婚育，唯一的弟弟是聋哑人。父母过世后，好心的亲戚将弟弟接去照顾，留下L叔独自生活。L叔文化水平较低所以没有找到像样的工作，平时就靠着种几亩韭菜来维持生活，经济比较拮据。家里的房子部分已经垮塌，后来通过申请体制内政策维修了部分房屋用于居住，但家里仍然缺乏一些必备的生活用品，特别是L叔的床快塌了。2019年1月下旬，三道堰救助关爱站通过网络联系到当地某小区的一位爱心人士R女士，R女士表示自己家中有一张闲置的床可以捐出来。随后救助关爱站社会工作者到该爱心人士家中进行实地察看，确认床可以正常使用之后商议好搬运时间。2019年1月23日，社会工作者与志愿者一起将床搬运到L叔家。由于没有装配图，社会工作者和志愿者反复探讨尝试零部件的安装位置，志愿者拧螺丝的手被磨得通红，经过两个多小时尝试终于安装完成。社会工作者还给L叔铺上了新买的褥子、棉被，L叔终于可以睡个温暖的觉了。看着新装的床，不善言辞的L叔不停地说着“谢谢”，提出要送自己种的韭菜给志愿者，志愿者婉言谢绝了他的好意，其实L叔的笑容就是最好的礼物。改善困难老人的居家环境不仅满足了其改善居家环境和居家安全的需求，还有助于其感受到来自社会和他人的关心和帮助，使其带着温暖充满勇气地拥抱未来。

郫都区还格外关注困难老人的需求满足，因为他们不仅年事已高、难以就业，而且多数因为腿脚不好而行动不便，因此，郫都区社会关爱援助中心设计和开展了以上项目，提高困难老人居家的安全性。这些项目的开展既满足了困难老人的需求，又让他们感受到来自社会的关爱和温暖。

第四节　郫都区救助对象和内容创新

郫都区社会救助的创新之处在于其对救助对象和救助内容的创新。救助对象，是按照统一标准确定的实际生活长期或短暂处于法定最低生活水平线或其以下状态的贫困人口（贾平，2006）。根据导致社会救助对象需要社会救助的原因不同，可将社会救助对象划分为三类，分别是无依无靠又没有生活来源的社会成员，即“三无”成员；有收入来源，但生活水平低于国家公布的最低生活水平的社会成员；遭受天灾人祸等突发性灾害而生活陷入困境的社会成员（郭成伟等，2003）。而郫都区在确定社会救助对象的时候，除了采用上述的一般标准确定救助对象外，还根据困难群众的类别进行分类，分别分为困难老人、困难残疾人、困难妇女、困难儿童以及因病致贫的困难人员。这样做的益处在于救助对象的分类更加明确，实现了更加精细的分类救助，也有助于准确掌握每一类困难群体的实时需求，避免忽略或重复救助情况的发生。与此同时，郫都区为了使救助对象得到全面而深入的救助，在进行精细分类之后，还进行了个案设立和管理，致力服务于个别极度需要帮扶的困难家庭或困难群众，与上述五类相辅相成，实现救助的精细化和精准化。

救助内容，包括经常性的社会救助工作、紧急救助制度、临时性救助和支持倡导社会互动活动。其中，经常性的社会救助工作包括城乡最低生活保障、农村五保供养、农村特困户生活救助以及城乡医疗救助等专项救助。郫都区的救助内容包含并超越以上救助内容，实现了创新和发展。其救助内容的创新之处在于以困难群众的具体需求为导向，设计和实施相应的救助项目，最大限度地满足困难群众的实际需求，并体现了精准救助的效用。郫都区通过引入社会工作服务机构的方式，让社会工作者这类更具有专业性的工作人员对困难家庭及成员的实际需求进行综合评估，根据评估结果总结出其深度需求，在系统运用体制内的救助资源的同时，链接专门的社会救助服务机构或社会资源来满足困难群众的需求。此举不仅有助于对困难群众家庭及成员实施精准化的援助项目并有效满足其需求，还对其身体、心理和社会支持网络的长效帮扶机制的建立有显著助益。

郫都区以需求导向为指导的社会救助创新举措取得的成效，离不开其救助流程和模式的打造和优化。首先，动员全区各街道的民政协理员、民政干部和社会工作服务机构的工作人员通过问卷调查、入户访谈等方式确认和评估困难群众，并建立全区困难群众数据库，实施动态化管理。其次，根据困难群众的性别、致困原因、困难程度等指标对其进行细分，分成困难老人、困难残疾人、困难儿童和学生、困难妇女等具体群体，此举有助于有针对性地设计项目和实施救助。再次，对各类困难群体开展专项需求调查，社会工作者通过入户走访、问卷调查和征询村(社区)、街道意见的方式了解和掌握困难群众的需求，并由专业小组对其需求进行分析和总结。之后根据困难群众需求的分析和总结结果，并结合其收入、困难程度和家庭成员心理状态等指标，设计满足其需求的项目和活动，实现以需求为导向的救助目标和理念。最后，充分调动困难群众自身参与的积极性，并整合社会工作者、志愿者等人力资源和企事业单位捐款、爱心人士捐款等财力资源，形成巨大合力，实现精准救助的目标以及促进社会救助水平和效果的提升。

郫都区以困难群众需求为导向的社会救助创新实践在运行中取得良好成效，一方面，设计和实施救助的工作人员有据可依，根据困难群众的需求来开展相应的活动，最大限度地提高了项目的运行效率和效果；另一方面，接受救助服务的困难群众满意度提升，救助项目的实施不仅有助于其需求的满足，还提高了其对活动的参与度，实现了双赢。

第六章　成都市郫都区社会救助模式创新：多元参与

第一节　部门失灵理论、福利多元主义理论与多元参与

一、部门失灵理论与多元参与

部门失灵理论主要包括市场失灵理论、政府失灵理论以及志愿失灵理论。

市场失灵理论所对应的主体是整个市场。首先，市场经济活动只是人类社会的一个主要方面，它不可能解决经济社会中的一切问题；其次，市场机制由于一些干扰不能正常发挥调节作用，会导致资源的配置失误或资源的浪费使用，从而出现不完全竞争、外部性、信息不对称等现象，破坏市场运营效率和影响收入分配(张晖，2008)。由于在市场的表面平等中存在实际的不平等，弱势群体的需求往往被忽视，无法为营利组织提供盈利来源，致使市场中的公平性缺失，但弱势群体的需求需要得到满足，这为社会组织参与社会服务提供了需求前提(符信新，2011)。

政府失灵理论所对应的主体是政府。由于市场失灵，政府调节成为必然选择，政府调节的作用在于运用各种手段弥补市场功能的弊端。政府自身内部的局限性和外部的其他客观因素制约而产生的新缺陷，使社会资源配置无法达到最优的状况(保罗·萨缪尔森等，1999)。政府所提供的服务旨在满足大部分公民的需要，这导致政府倾向满足处于中间状态的人的需求(葛卫华，2010)。因此，一部分人对公共物品的特殊需求将得不到满足，此时，政府就处于无能为力和失灵状态。由于社会组织和政府在公共物品提供方面具有相互替代性，当政府出现失灵不能向公民提供满足其需求的产品和服务时，势必会出现大量的社会组织加入供给行列(林尚立等，2006)。

志愿失灵理论所对应的主体是社会组织，是指社会组织在慈善资源的分配过程中也会存在无法合理有效分配资源的问题，不能有效满足社会公众需求从而陷入志愿服务供给功能失调和效率低下的困境(Salamon，1987)。社会组织既不以志愿求私益，也不以强制求公益，而是以志愿求公益，它既没有经营收入，也没有强制税收，当其无法通过社会自发的机制获得足够的资源时，往往会偏离非营利的目标，为了自身的利益而损害社会公共利益。

从上述部门失灵理论的相关定义阐述可知，三种理论对应三种不同的治理主体——政府、市场和社会，这三种治理机制都因自身机制内部的缺陷或外部客观条件的影响无法单独提供满足全体成员的服务需求，因此需要三个主体相互协同，共同参与服务供给。只有市场、政府、社会组织进行多方合作，形成多元参与的局面，各自发挥特长才能为社会公众提供多样化的社会服务。因此部门失灵理论为社会组织参与社会救助服务提供了重要的理论基础。

二、福利多元主义理论与多元参与

20 世纪 70 年代的石油危机致使福利国家无法维持高水平的国家福利开支，急需改革。在这种情况下，福利多元主义理论应运而生。

福利多元主义，也称混合福利经济，它的含义是由多个部门共同完成福利的规制、筹资和递送过程的理论体系(陈静，2016)。福利多元主义理论具有以下几个核心内容：一是福利多元主义强调多元主体。鼓励各种社会组织、企事业单位、个人参与社会福利的供给以弥补政府福利供给的缺陷；二是福利多元主义理论提倡将福利国家的行政权由中央政府转移给地方政府，同时也要从地方政府转移至社区，由公共部门转移给私人部门；三是福利多元主义理论强调多元主体的参与。鼓励多元主体协同参与，特别是社会组织等社会力量参与社会福利服务供给和规划，发挥其特有的作用。

福利多元主义理论的启示在于：一是国家不应是公共服务供给的唯一主体，要减少政府在社会服务供给中的直接角色作用，充分调动和利用社会组织的力量作为国家资源的补充。二是强调政府权力分散化。政府权力的分散预示着政府角色的转变。政府角色转变为福利服务的规范者、福利服务的购买者、福利服务的管理者和监督者，将更多的服务供给和执行交给社会组织来完成。三是，强调社会福利民营化。鼓励社会组织的参与，充分发挥和利用社会组织的重要功能(林闽钢等，2001)。综上所述，福利多元理论为社会组织参与社会救助服务提供了重要的理论依据。

第二节　多元主体参与实践

一、郫都区多元主体参与实践的模式

(一)“1+2+N”整体模式

2013 年以来，郫都区按照“党委引领、政府主导、民政牵头、部门协同”的指导思想和原则，积极探索建立政府救助服务与专业化、社会化关爱援助服务相结合的新型社会救助服务模式，创新构建了如图 6.1 所示的郫都区“1+2+N”社会救助模式。

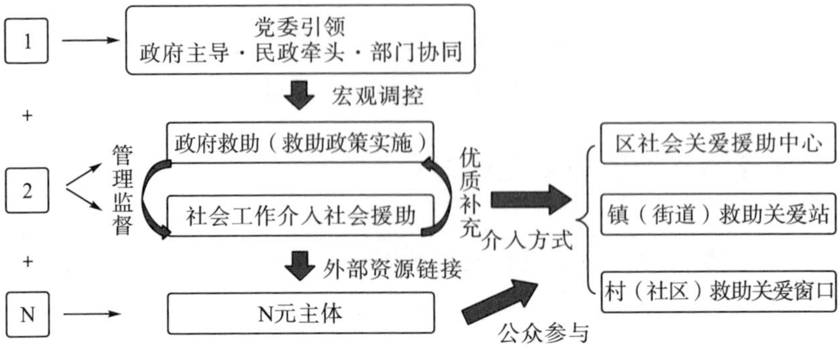

图 6.1 郫都区“1+2+N”社会救助模式

1是指一个指导原则，即在党委引领、政府主导下，通过民政部门牵头，指挥、引领其他政府部门共同参与社会救助管理、执行和监督；2 是指体制内外救助工作机制，包括政府救助和社会援助两大主体。政府救助主要依托政府所提供的法律规定的体制政策救助，内容涉及所有基本、普惠性的社会救助服务；社会援助则是指社会工作服务机构依托区—镇(街道)—村(社区)三级社会援助体系介入社会救助领域，链接其他社会主体和资源为受助者提供有针对性的、多元的社会救助服务。内外救助工作机制互为依托，相辅相成。社会援助为政府救助内容、形式等提供优质补充，政府救助为社会援助提供制度、财政支撑和对社会援助进行管理、监督。N 是指 N 元参与，社会工作服务机构链接体制外的各类救助资源，统筹社会力量，激发社会各界参与社会救助的活力以弥补政府救助的不足。

从上述对郫都区社会救助体系的简单介绍来看，体系的构筑涉及各类社会主体，各主体依托体系流程参与到社会救助服务中，共同构成了完整的社会救助体系。

(二)党政主导参与

郫都区以“建机制、强规范，不断发挥党委政府在社会救助中的领导核心作用”理念建设了郫都区社会救助“党委引领，政府主导”的政府参与社会救助模式。其主要内容包括：一是区委、区政府将构建新型社会救助体系列入重要议事日程，主要领导亲自督促建立困难群众帮扶体系；二是为确保区级政府所制定的各项政策、措施得以落实以及提高低一级政府的服务能力，在区和镇一级定期召开联席会议；三是在区、镇、村建立社会救助工作领导小组负责该级社会救助体系建设工作的组织领导，如图 6.2 所示。形成了主要领导亲自抓、分管领导具体抓、班子成员配合抓的工作格局。区级政府主要负责体系内救助资源的联络整合以及政策的制定和完善；镇政府和街道办主要负责执行区级政府所制定的规章制度以及联络整合所辖区域的救助资源。该模式下的多元主体涉及三级部门及其工作人员。

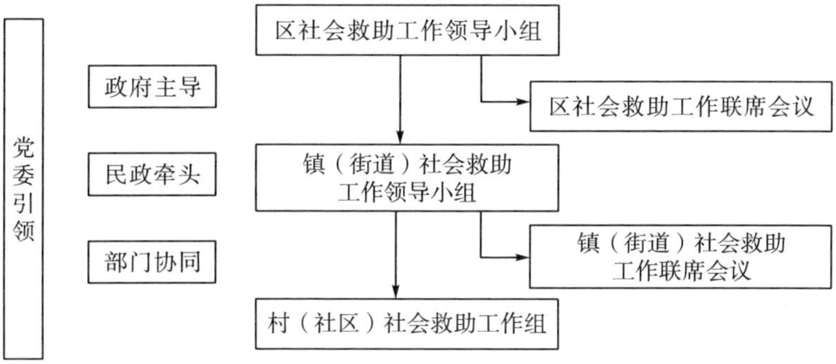

图 6.2 郫都区政府主导的社会救助工作统筹与协调机制

(三)社会工作服务机构介入社会救助

2015 年郫都区政府以深化“救急难”试点工作为抓手，通过政府购买引入社会工作参与社会救助，政府同社会工作服务机构形成合力共同构建新型社会救助体系。为了给社会工作介入社会救助创建平台，完善介入的规范化流程，郫都区政府成立了以郫都区社会关爱援助中心、镇(街道)救助关爱站和村(社区)救助关爱窗口的郫都区三级社会援助平台(图 6.3)，为社会工作服务机构链接外部资源、培养志愿者团队提供了平台。

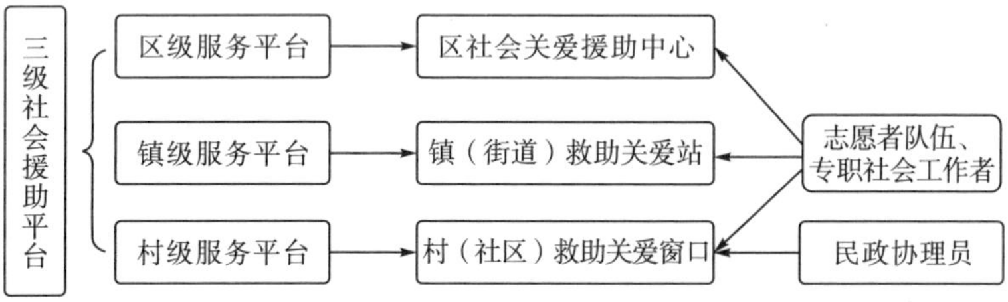

图 6.3 郫都区三级社会援助平台

政府协助社会工作服务机构培育发展了两支队伍，参与区—镇—村社会救助服务。一是社会工作人才队伍，包括专职社会工作者及民政协理员；二是培育长期志愿者队伍，以开展服务于社会救助的志愿服务。社会工作服务机构在介入社会救助的同时与政府合作，形成体制内外救助并举的模式，铺织了一张有层次、有分工的由政府工作人员和社会工作人员组成的困难群众救助帮扶网络。该模式下所涉及的多元主体包括：社会工作服务机构、区社会关爱援助中心、镇(街道)救助关爱站、村(社区)救助关爱窗口、专业社会工作者、志愿者队伍以及民政协理员。

(四)外部资源链接

郫都区外部资源链接以实现多元社会力量参与社会救助、统筹社会资源为目标。多元参与的实现需要多个不同性质的主体，它们因具有相同的目标、不同的资源需求而以各种衔接方式连接在一起。各社会主体有着不同的性质、角色、功能以及人员构成，能够为社会救助提供多样性、专业性、针对性的服务内容和形式。郫都区新型社会救助体系外部资源链接涉及两大体系：一是政府救助与社会援助的“无缝衔接”，以政府体制内政策性救助为基本，辅之以体制外的具有针对性和发展性的社会援助为补充；二是以政府和社会工作服务机构的联合为主导，通过社会工作服务机构链接企事业单位、社会组织、高校、社区居民等体制外的资源，实现多元社会力量的共同合作与参与，以有效补充社会救助体系。如图 6.4 所示，多元主体包括政府、社会工作服务机构、社会志愿者、企事业单位、社会媒体、高校志愿者及高校调研团队、社区居民。

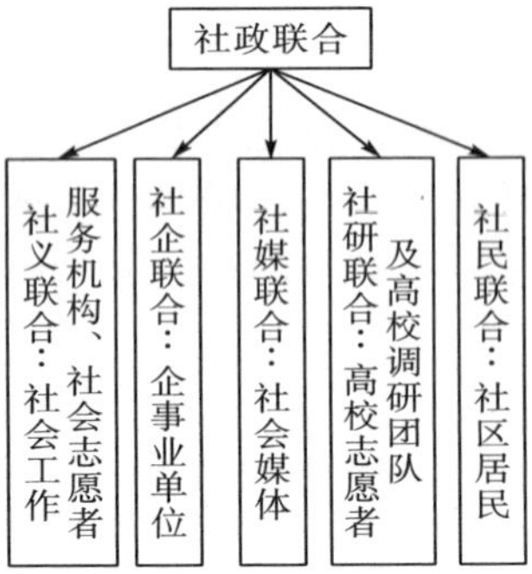

图 6.4　郫都区外部资源链接

二、郫都区多元主体的构成

政府是社会救助的主体，是实施社会救助的第一责任人。从当前的社会救助运行情况看，一是仅靠政府这一单一主体织就社会救助的安全网是绝对不够的；二是现阶段救助资源存在较为明显的浪费现象，救助资源并未得到充分利用；三是各个社会力量掌握着丰富的人力和物质资源。但是从当前社会救助的过程来看，其掌握的救助资源尚不能实现自身价值，即其分散状态使不同救助主体所掌握的救助资源并没有充分发挥其应有的功效。社会力量最早是由美国古典社会学家沃德提出的，其是指“鼓动社会中众多成员采取社会行动，使社会发生变化的力量”，该理论最初主要用于社会法学的社会控制领域(尹皓，2017)。现在社会力量往往被定义为是一个能够参与、作用于社会发展的基本单元，也就是指能够参与社会领域的各项公共事务并能够提供相关社会服务的基本单位(唐钧，2019)。为了引导社会力量参与到社会救助当中，《社会救助暂行办法》第 52 条规定：“国家鼓励单位和个人等社会力量通过捐赠、设立帮扶项目、创办服务机构、提供志愿服务等方式，参与社会救助。”从这条规定当中我们可以看出，当前我国对于社会救助制度的开展是鼓励和支持“政府救助”和“社会力量参与”两股力量同时协作进行。政府救助是主体，社会力量作为社会救助工作的良性资源，是重要补充。

因此，郫都区“1+2+N 基于多元参与的专业化社会救助体系”建设就是在政策的指导下开辟和发展的 N 元社会力量参与社会救助实践，这是郫都区新型社会救助体系的亮点与特点。郫都区 N 元参与的社会力量主要包括企事业单位、社会组织(专业社会工作服务机构、高校、慈善基金会、慈善组织、社区自组织)以及爱心人士。下文就将结合案例阐述政府及各社会力量在郫都区社会救助中的参与实践，为社会救助资源整合，资源配置，挖掘、引导和促进社会力量参与社会救助提供实践经验。

(一)政府

1. 社会救助制度中政府责任的主导性

社会救助制度是由政府主导，保障社会成员基本生活的一种制度。政府以缓和社会矛盾、谋求社会安定、保障社会成员生存权利与增进社会福利为己任，承担救助贫困社会成员的责任，这是政府和社会不可推卸的基本责任，也是维护公民基本生活权利的重要举措(刘昕明等，2011)。同时，政府是我国社会救助制度最重要的主体，当前所倡导的多元化社会救助制度以及“8+1”社会救助体系都应以政府为主导。

2. 郫都区政府在救助服务当中的主导作用

郫都区区政府、镇政府以及村(社区)委员会在“建机制、强规范，不断发挥党委政府在社会救助中的领导核心作用”理念的指导下，在社会救助体系内承担着不同的责任和任务，充分发挥着救助服务当中的主导作用。

第一，构建四大机制协同的郫都区新型社会救助体系。2015 年 11 月，郫县民政局牵头开始以深化“救急难”试点工作为抓手，探索社会工作介入社会救助，构建新型社会救助体系。建立了“救急难”统筹协调工作机制、急难对象主动发现机制、“救急难”快速响应机制和“一门受理，部门协同，社会参与”机制等四大机制。在这四大机制当中各级政府在不同的机制当中发挥着不同的作用。“救急难”统筹协调工作机制是指在社会救助联席会议下，由民政部门牵头建立镇(街道)工作、协调机制。急难对象主动发现机制主要依靠基层党组织、村(居)委会等一线人员及时发现，并于 2 天内上报镇(街道)救助关爱站。“救急难”快速响应机制是指镇(街道)民政办接到镇(街道)救助关爱站的受理救助申请后，向上申请县社会救助中心的审批的同时，第一时间协调镇(街道)职能部门开展救助，县社会救助中心在接到社会救助关爱站上报救助项目后再次评估、整合协调救助资源，开展更具针对性、包裹性的第二次救助帮扶，通过两次不同时段、不同程度的救助切实帮助困难群体。“一门受理，部门协调，社会参与”是指镇(街道)救助关爱站上报，县社会救助中心受理和审批。县社会救助中心再积极协调民政、人社等政府部门及企事业单位、社会组织和爱心人士等资源，开展综合救助。

第二，创建“区—镇(街道)—村(社区)”三级救助平台。2016 年 12 月，郫县人民政府办公室发布《关于印发〈郫县建立城乡一体社会关爱援助体系提升精准扶贫实效的实施方案〉的通知》(郫府办发〔2016〕38 号)，正式提出建立“1+2+N 基于多元参与的专业化社会救助体系”，建设了“区—镇(街道)—村(社区)”三级救助平台。首先在郫都区社会救助领导下，区民政局牵头，区委组织部、区残联、区工会、区妇联、区红十字会等 15 个相关部门成立了郫都区社会救助中心，作为区级政府社会救助服务平台，引入社会工作服务机构参与全区的社会救助服务。郫都区社会救助中心由综合部和社工部两个部门组成：综合部主要负责社会救助中心的日常任务，如制定全区的社会救助细则，联系统筹体制内资源，下发各项社会救助举措安排，统领全区的社会救助工作，此外，综合部还是购买社会工作服务机构服务的主体代表，对社会工作服务机构进行监督和评估；社工部则主要负责针对特殊困难群众的项目研发，吸引和利用体制外的社会资源为特殊困难群众提供个性化服务等。其次，成立镇(街道)社会救助站作为镇(街道)一级政府救助服务平台。该服务平台主要由镇政府和街道办负责，服务平台负责本辖区困难群众的救助服务。具体负责事项：一是掌握本辖区困难群众的基本情况，做好救助档案管理；二是承接区研发的项目，通过政府购买引进社会工作服务机构并协助其进行一线服务以及接受区社会救助中心及区级相关部门的相关业务指导；三是受理本辖区困难群众申请，如果遇到本级社会救助平台无法解决的难题，及时上报给区社会救助中心，确保困难群众得到及时救助；四是整合和联络本辖区社会救助资源，对政策没能覆盖或者经政策内救助以及社会工作服务机构救助后仍有困难的群众进行补充救助等；五是对村(社区)收集的困难群众基本信息进行核查和补充，并连同社会救助专项基金使用情况、日常工作信息情报一起上报区社会关爱援助中心。最后，成立村(社区)社会救助窗口作为村(社区)一级救助服务平台。村(社区)救助服务平台主要由村(居)委会负责管理，其主要职责：一是接受政府部门的相关业务指导和任务指派，协助社会工作服务机构进行一线服务；二是深入居民家中进行入户调查和邻里走访，采集申请人基本家庭情况信息，受理特殊困难群众的申请要求；三是购买村(社区)民政协理员岗位，动员组织辖区内单位、热心群众建立社区救助服务志愿者队伍；四是对本辖区特殊困难群众的基本信息进行定期或不定期的调查了解，建立动态管理机制并定时向政府机构汇报等。

第三，统筹整合体制内救助资源。政府作为社会救助制度的第一责任主体，在救助政策法规的制定、救助资金的保障、救助制度的监管以及救助制度的建设上承担着不可推卸的责任，这也是社会力量无可替代的责任和任务。郫都区主要通过以下几个方面统筹整合体制内救助资源：一是区民政局、区人社局、区教育局、区公安局等15个部门共同参与并且构建社会救助联席会议制度，落实“一门受理，部门协同，社会参与”工作机制。二是梳理全区15个部门救助政策，汇编成《郫都区救助政策汇编》并将其发至各相关部门和镇(街道)、村(社区)及村民小组，向群众开展救助政策宣传的同时为日常的社会救助工作提供参考性依据，避免多头救助和重复救助。三是建立社会救助督察机制，增强社会救助工作的透明度，加强社会救助工作绩效考评和对社会救助工作人员的社会监督，建立“救急难”工作办公室，采取听取汇报、查看资料、实地走访、听取群众意见等方式，定期与不定期地对“救急难”工作效果进行督查，并将督查结果列入年终目标考核。四是搭建社会救助信息公开渠道，发布社会救助信息。郫都区社会救助中心通过APP、官方微信公众号、《善满鹃城》月报、《郫都区社会救助中心特殊困难家庭需求报告》《郫都区社会救助中心特殊困难家庭专项需求报告》等形式及时对外发布特殊困难群众救助信息，接受公众监督。五是加大社会救助资金投入，实现社会救助事业与公共财政收入的同步增长。六是郫都区完善社会救助法律体系，加强社会救助制度建设。郫都区先后制定出台《郫县人民政府健全完善困难群众长效帮扶救助四大工作体系的实施意见》(郫府办发〔2013〕36号)、《关于印发〈郫县“救急难”工作实施方案〉的通知》(郫府办发〔2015〕56号)和《建立城乡一体化社会关爱援助体系提升精准扶贫实效实施方案》(郫府办发〔2016〕36号)等政策文件，着力构建“政府+社会”的精准帮扶长效机制。

(二)社会工作服务机构

1. 社会工作介入社会救助的需要

2014年国务院颁布的《社会救助暂行办法》规定，“县级以上地方人民政府应当发挥社会工作服务机构和社会工作者作用，为社会救助对象提供社会融入、能力提升、心理疏导等专业服务”。2015年民政部和财政部联合下发的《关于加快推进社会救助领域社会工作发展的意见》提出建立健全社会工作服务需求发现报告机制、社会工作服务承接机制，以及社会工作服务转介机制。至此，上述两个政策文本倡导将社会工作服务机构和社会工作者引入社会救助领域，发挥社会工作的价值和功能，分担政府在社会救助中的困难以促进社会救助由传统的、单一的物质帮助转向物质保障、生活帮扶、精神慰藉、心理疏导、能力提升相结合的专业化、个性化、发展型救助。

社会工作介入社会救助这种方式既是现代新型社会救助发展的趋势，也具有自己独特的优势和亮点。传统社会救助主要向贫困者提供以现金方式为主的经济援助，但许多贫困者不仅在经济方面存在困难，在非经济方面也存在对各种社会服务的需要，而社会工作的介入正是向困难家庭提供社会工作服务，以满足他们的需求。概括起来，贫困者对社会工作服务的需求分为几个方面：一是帮助贫困家庭提升能力，二是帮助协调社会关系，三是帮助增进心理健康。但在现实情况中贫困家庭的需求情况千差万别，在这几个方面都有更加具体的需求内容，对社会工作服务机构和社会工作者来说，首先要对贫困家庭的各种实际需求做出仔细的调查和分析。此外，社会救助管理也需要社会工作的介入。社会救助管理也是一个较复杂的过程，包括对社会救助申请者的审查、审批，对受益者的管理，以及对社会救助工作的绩效评估等方面的事务。社会工作介入社会救助管理正是提升社会救助工作专业化的一个重要的步骤。通过社会工作的参与，可以在提升管理效能的同时提高管理的人性化水平，并且能够更好地将管理与服务结合起来（关信平，2017）。

2. 郫都区社会工作介入社会救助的实践

郫都区政府从 2015 年 12 月开始，通过公开招投标的形式引入社会工作服务机构参与本区社会救助工作，实现了社会救助制度以及被救助群体对社会工作的抽象需要到现实需求的转化，形成了“1+2+N 基于多元参与的专业化社会救助体系”以及救助社会工作三级体系的郫都区特色社会救助体系。目前，郫都区有 30 家专业的社会工作服务机构，其主要职责为负责社会救助体系里具体的社会救助运营和执行，包括链接体制外的社会资源加入社会救助服务、具体操作区社会救助中心研发的特色项目、培养专业社会工作人才以及志愿者等。郫都区社会工作介入社会救助有以下主要特点。

1）郫都区社会工作介入社会救助不是简单地将两项工作相加，而是从制度和机制上实现二者的融合，让社会工作成为社会救助体系的一部分。郫都区在社会救助体系中独创的三级社会援助体系，是实现社会工作与社会救助相融合的重要“催化剂”。

首先，是建立区级社会关爱援助中心作为区级层面的社会工作服务机构平台。该平台是在郫都区社会救助中心指导下，通过政府购买服务的方式引入成都市同行社会工作服务中心来承接运营区级关爱援助平台。同行社会工作服务中心在区级关爱援助平台的主要功能有以下几项。

第一，进行困难群众需求数据摸排调查，按需分类、动态化、个性化、综合化、全人全程全家的工作要求，制定了由16张量表组成的“困难群众档案表”以及样表的填写方式，为构建郫都区困难群众数据库提供数据支撑。

为了实现精准采集困难群众需求信息，郫都区社会救助中心从2015年12月开始，经全县203名民政协理员、10家社会工作服务机构共同参与，对全区的低保户、低保边缘户、特困人员以及急难对象等困难群众展开需求调查，收集并分析了困难群众的家庭基本情况、生活中面临的主要困难、已获社会救助现状、家庭实际需求四方面情况。

第二，制定相关的困难群众评估流程以及困难家庭认定支撑材料收集标准。

第三，构建郫都区援助资源库。收集包括公益合作伙伴、爱心帮帮团、个人募捐、医疗救助专项基金等在内的社会资源。

在郫都区援助资源库建立之初，郫都区社会救助中心就同6所学校的志愿者团队(西华大学、四川托普信息技术职业学院、成都工业学院、四川省水产学校、西南交通大学、成都铁路工程学校)确定合作关系，与5家企事业单位志愿者团队(中国建设集团第九公司、中建西部建设股份有限公司、英特尔产品成都有限公司、成都红旗连锁、蜀都万达广场)达成了长期合作关系。并且与32家医疗企事业单位构建了合作关系，与20家企事业单位机构达成合作意向。

第四，组织开展各类社会救助特色主题活动，让困难群众获得文化教育、疾病救治、生活状态改善等实际帮助。社会工作服务机构以需求为中心策划特色援助项目，链接包括生活资金、生活物资、医疗援助、法律援助、心理援助、志愿服务在内的社会多元援助资源，为困难家庭提供个性化帮扶措施，作为体制内救助的补充。

截至2016年12月30日，同行社会工作服务中心执行团队共策划19个项目活动，绘制成郫都区关爱援助中心策划项目活动一览表(表6.1)，回应困难家庭个性化需求。

表6.1 郫都区关爱援助中心策划项目活动一览表

序号	类型	援助项目名称	项目服务对象	活动参与方
1	主题活动	“善满鹃城，其乐融融过大年”困难老人援助项目	困难老人	成都天佑养老院、郫都区社会福利中心
2	网络募捐	“我养儿小，谁养我老”困难家庭援助项目		/
3		多彩活动暖夕阳困难老人援助项目		
4	主题活动	“欢聚圣诞节，牵手共成长”困难儿童关爱活动	困难儿童	蜀都万达广场、成都响当当文化公司

续表

序号	类型	援助项目名称	项目服务对象	活动参与方
5		“大手牵小手”乐助儿童影院		成都太平洋影城
6		乐助，有福“童”享困难儿童救助项目		成都晨明爱家居
7	生命教育小组	乐助，爱心伴成长活动		/
8	主题活动	“爱在深秋，善满鹃城”慈善拍卖会	困难家庭	郫都区慈善会、郫都区民政局、郫都区慈善书画协会
9	宣传活动	乐助，集市一条街	困难家庭	蜀都万达广场
10	主题活动	乐助五一，一起劳动吧！	困难家庭	郫都区社会福利中心、郫都区示范幼儿园帮帮团
11		乐助，公益坊		爱心帮帮团
12		乐助，粽情粽意浓情端午活动	困难家庭	唐昌两河蔬菜、郫都区社会福利中心、爱心帮帮团
13		乐助，浓情中秋活动	全郫都区 202 户困难家庭	成都天康医院、爱心帮帮团
14		乐助，爱心医药包计划	5 镇 500 户困难家庭	成都同润堂、爱心帮帮团
15	募捐活动	郫都医疗救助专项基金启动仪式	/	32 家医疗机构、企事业单位
16	主题活动	暖冬行宣传公益活动	/	润扬集团、6 家医疗机构、爱心帮帮团
17		乐助，暖冬行爱心包计划	30 户困难家庭	润扬集团、爱心帮帮团
18	网络募捐	乐助，新年福包计划	100 户困难家庭	成都晚报、爱心帮帮团
19	宣传活动	首届“感动·郫县”公益伙伴、公益人群评选活动	/	郫都区慈善会

第五，制定个案管理流程图，实施特殊困难群众个案管理，并撰写个案工作报告。截至 2019 年 10 月，针对郫都区 3445 名特殊困难群众、2121 户特殊困难家庭，共服务 1074 个长期跟踪急难个案，发放 8072 人次生活援助资金，实施 3412 人次医疗救助，510 次教育援助，开展 3960 人次志愿服务、3768 人次心理援助、2023 次特需援助服务。

个案管理案例：刘某，47 岁，家住犀浦街道珠江东街银杏苑。丈夫十年前因肺癌去世，这个普通的女性一个人承担了父亲和母亲两个角色，大儿子小旭(化名)已经上大二了，小儿子小林(化名)即将高中毕业。2018 年 4 月 30 日晚上，小旭突然走不了路，并逐渐失去意识。2018 年 5 月 6 日，20 岁的小旭被华西医院确诊为“系统性红斑狼疮引起的器官衰竭”

并伴有脑梗。确诊当天，小旭已经半边身体瘫痪，同时丧失语言功能，什么都干不了，只能发出孩童般的“哼哼”声，除此之外还伴随剧烈的全身疼痛、大小便失禁等症状。

2018 年 8 月 9 日，社会工作者接到社区的反馈后，立即入户了解情况，经过研讨评估后将其纳入个案对象，在其知情同意的前提下，与其签署了个案服务协议，自此展开个案服务。鉴于刘某的情况，社会工作者采用危机介入模式进行干预，运用体制内政策资源和体制外社会资源相互结合的方式，帮助刘某一步步走出困境：

1. 及时介入。给予刘某情绪支持，在交谈中不断为其注入希望，与刘某建立了相互信任的专业关系。

2. 政策内救助梳理。进一步评估其家庭情况后，社会工作者与街道领导协商后认为可以通过政策内为其申请困难职工子女助学、专项基金救助。于是在街道领导的支持下，社会工作者协助刘某申请办理了困难职工子女助学、专项基金救助。

3. 制订计划和目标。利用专业技能为刘某提供情绪治疗，协助其认知儿子病情的好转，鼓励其对生活充满希望，为其提供心理支持。

4. 各类救助资源整合。社会工作者协助刘某申请了社会救助专项基金、困难职工子女金秋助学，通过以上途径刘某获得了 10000 元的救助金，让刘某及家人感受到了政府、社会和他人的关心，拥有继续治疗的信念，对生活开始充满希望。

5. 持续跟进。2018 年 9 月至今，社会工作者协助刘某申请四季包，链接相关物资资源给予家庭生活支持；持续跟进了解小旭治疗情况，并且在此过程中及时给予心理支持。

资料来源：犀浦镇(街道)救助关爱站。

第六，建立救助信息发布平台，进行社会救助推广宣传。一是通过中心自媒体宣传，统计出郫都区社会关爱援助中心自媒体(表 6.2)。中心自媒体包括善满鹃城微信公众号、特殊困难群众需求报告、优秀个案案例集、同行社工微信公众号、《善满鹃城》季刊、《善满鹃城》月报等。二是通过媒体报道宣传，汇总出郫都区社会关爱援助中心接受媒体报道次数(表 6.3)，包括地方电视台、报刊以及网络媒体。例如，人民网、新华网、新民网、腾讯新闻、网易新闻、四川电视台、《四川日报》、《华西都市报》、中国社会组织网等媒体。三是接待参观工作。接待来自省内外各地领导、社会组织，让更多的社会力量参与社会救助，让更多的困难群体获得平等、机会、尊重和希望。

表 6.2　郫都区社会关爱援助中心自媒体

序号	自媒体名称	2017 年/次数	2018 年/次数	2019 年/次数
1	"善满鹃城"微信公众号	4035 条		
2	同行社工微信公众号	3380 条		
3	《善满鹃城》月报	12 期	12 期	12 期
4	《善满鹃城》季刊	4 期	4 期	4 期
5	特殊困难群众需求报告	4 期	4 期	4 期
6	优秀个案案例集	1 期	1 期	1 期

表 6.3　郫都区社会关爱援助中心接受媒体报道次数

序号	媒体类别	2017 年/次数	2018 年/次数	2019 年/次数
1	国家级媒体报道次数	15	4	6
2	省级媒体报道次数	7	7	2
3	市级媒体报道次数	30	38	41
4	区级媒体报道次数	42	41	49
5	报纸杂志报道次数	5	6	3
6	电视节目报道次数	6	4	2

其次，建立镇(街道)级救助关爱站作为镇(街道)级层面的社会工作服务机构服务平台，该平台是在区社会关爱援助中心的指导下建立，依托"善满鹃城"项目引进专业社会工作机构服务参与到镇(街道)一级的社会救助服务当中来，由他们承接区社会救助中心研发下派的特色项目并执行。

古城救助关爱站社会工作者在村社区走访中了解到有这样一户家庭：向大爷是农村低保户，独自一人生活，家中年久失修，厨房破烂不堪，家中连一个像样的餐桌都没有，厨房也没有水管，需要用水时只能去哥哥家中提水，对于身体残疾的向大爷来说，十分不便，故向救助关爱站求助，希望可以居家改造。

救助关爱站社会工作者了解到向大爷的情况后，向郫都区关爱援助中心申请了"助残筑爱居家改造项目"，成功申请了 1000 元居家改造基金，救助关爱站将改造基金专款专用帮助向大爷改造水管、购买餐桌、更换窗帘。救助关爱站还向古城街道专项基金管理委员会申请 4000 元帮助向大爷修建了新的灶台和碗柜，社会工作者和志愿者还帮助向大爷挂上新窗帘，打扫了屋内卫生，换上了新枕头、被子、床单。

资料来源：《善满鹃城》2019 年第 8 期《助残筑爱，一起为爱改造》。

最后，建立村(社区)级救助关爱窗口作为村(社区)级层面的社会工作服务机构服务平台。村(社区)救助关爱窗口是在村(社区)两委指导下，购买民政协理员岗位开展基层社会救助工作，充分发挥基层服务窗口的优势，把援助工作深入困难群众家里，使他们切切实实地得到保障。

2)各级社会工作服务机构除了自身特有的任务和内部相互协作之外，还要同体制内社会救助(政府救助)形成合力，具体如图 6.5 所示。各级政府对各级社会工作服务机构进行统一领导指挥、管理监督。各级社会工作服务机构则对各级政府所承担的社会救助工作进行针对性的补充和系统性的完善。二者共同构建困难群众主动发现—快速响应—“一门受理，部门协同，社会参与”的综合性社会救助机制。

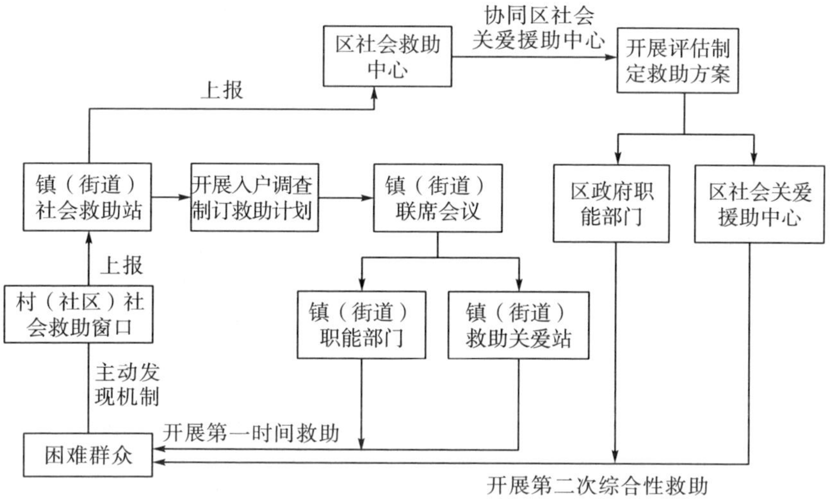

图 6.5　郫都区政府与社会工作服务机构合力流程

在基层，村(社区)社会救助窗口和村(社区)救助关爱窗口承担着困难群众主动发现机制的构建作用。一方面，社会救助窗口所组织的村(居)委会、村(社区)两委干部、村(居)民小组以及民政协理员等联合救助关爱窗口所联合的村(居)民、社会工作者及志愿者通过入户调查、走访邻里、动态观察等形式及时发现、了解、掌握、核实本辖区居民遭遇突发事件、意外事故、罹患重病等特殊情况；另一方面，将收集到的数据整理入库，第一时间上报给镇(街道)社会救助站以及镇(街道)救助关爱站，并协助镇(街道)社会救助站以及区社会救助中心开展下一步具体的救助工作。

镇(街道)社会救助站和镇(街道)救助关爱站除在镇(街道)一级发挥构建困难群众主动发现机制功能之外，还发挥着构建快速响应机制的重要作用。镇(街道)社会救助站在接到上报后，第一时间安排入户调查并同步制订救助计划。再一次入户调查能够对上报情况进行进一步的核实和掌握，依据实际情况制订出合理的、全方位的、切实的救助计划。救助计划包括救助资金额度、志愿者人数安排、定期回访时限以及指定救助负责人等内容。救助计划经镇(街道)联席会议审核同意并公示后，再向区社会救助中心上报审批进行备案以及数据入库。在确认困难群众情况属实后，镇(街道)联席会议安排镇(街道)各相关职能部门及镇(街道)社会救助站按照救助计划立即开展救助工作，确保困难群众能够在第一时间得到救助，落实“早发现，早解决”的工作理念。

区社会救助中心和区社会关爱援助中心则在三个机制的构建当中发挥着重要作用。既要渗透到每个机制的实际运行过程当中，又要站在机制的顶端进行宏观把控以实现机制的构建目标。区社会救助中心，对通过镇(街道)社会救助站“一个口子”上报的救助项目实行“一窗式”受理。区社会救助中心同区社会关爱援助中心一同对提交上来的资料进行评估与审议，制订相应的援助计划。然后区社会关爱援助中心在区社会救助中心的指挥下根据救助对象需求内容，结合实际情况链接各类包括爱心企事业单位、社会组织、爱心人士等在内的体制外社会救助资源开展第二次综合性的精准社会救助。

(三)慈善组织

慈善组织是慈善事业发展的载体和慈善活动的中坚力量，是慈善活动的实物载体和组织基础，也是慈善事业的实施主体(宋忠伟等，2018)。郫都区慈善组织是郫都区体制外社会救助资源的一个重要组成部分。郫都区慈善组织主要包括郫都区慈善会以及57家社会组织，如郫都区幼儿园、足球协会、太极协会、基金会、各个社区以及高校所组织的志愿者团队、服务队等。

1. 郫都区慈善会

郫都区慈善会成立于2014年12月，是由从事和支持慈善公益事业的单位，以及关心热爱慈善公益事业的个人，自愿参加组成的、依法核准登记的非营利公益性社会团体法人。郫都区慈善会以遵守国家法律、法规，发扬人道主义精神，弘扬中华民族扶贫济困的传统美德，募集慈善资金，开展社会救助活动。其在郫都区新型社会救助体系所承担的主要职能有以下几项。

第一，建立和管理专项基金，拓展N元救助资金渠道。郫都区慈善会作为依法核准登记的非营利公益性社会团体法人，拥有公开募捐资格。其利用募捐而来的资金建立专项基金。当前，郫都区成立的专项基金有区级层面成立的“郫都区医疗救助专项基金”“普瑞眼科专项基金”“中国人寿保险基金”“董班长专项基金”。同时还有郫筒街道、犀浦镇、团结镇、红光镇、花园镇、友爱镇、德源镇、安靖镇、三道堰镇在内的10个镇(街道)分别成立的镇(街道)级区域化专项救助基金。2018年还新建社区专项基金9只，募集97.82万元。截至2018年12月底，区慈善会总共建立了 27 只专项基金。

2017 年初，郫都区社会救助中心联合郫都区慈善会发起成立郫都区医疗救助专项基金，号召各社会力量向郫都区医疗救助专项基金注入爱心资金，共同建立一套医疗援助长效帮扶机制，为郫都区的特殊困难家庭提供医疗帮扶。2017 年 8 月 4 日，在郫都区 32 家医院、药房、医疗等企事业单位的共同努力和参与下，“郫都区医疗救助专项基金”正式成立。它是由政府主导，慈善会承办，医疗企事业单位发起的专业类医疗救助基金，将通过补贴自付医疗费用、提供高质量医疗服务和捐赠免费医药用品来实施对辖区困难群众医疗方面的帮扶救助。

资料来源：《郫都区基于专业引领的参与式社会救助体系建设分享》电子书。

自 2016 年以来，在郫都区慈善会平台上，4 个区级层面专项基金以及 10 个镇(街道)级区域化专项基金总共募集善款 1000 余万元(不包括董班长专项基金)。其中，各类救助资源价值 200 余万元，具体如图 6.6 所示。

郫都区慈善会代为保管所接受的捐款，并将此捐款用于社会工作服务机构和政府开展和举办社会救助活动。所以郫都区各级社会工作服务机构所开展的各种类型的社会救助服务活动都必须和郫都区慈善会相联系，都要依托郫都区慈善会这个平台来开展活动和链接外部资源。

郫都区慈善会成立至今已经开展了 48 次募捐活动，实施了 40 个救助项目(表 6.4)。募捐活动主要包括三大类：一是针对具有相同困难或相似遭遇的一类人所

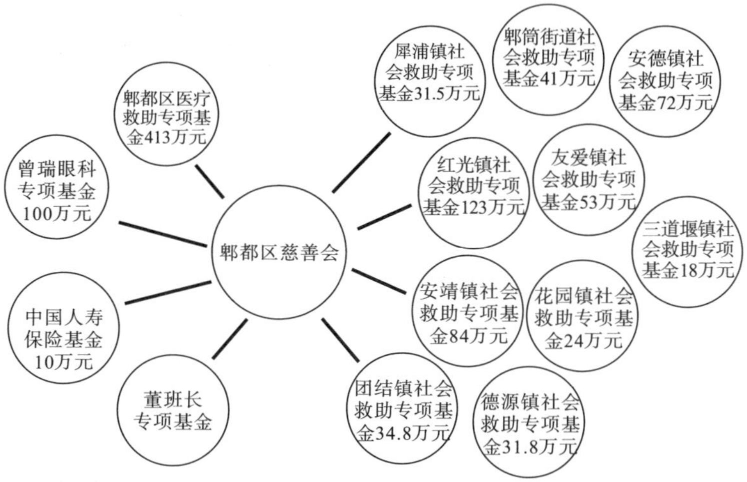

图 6.6　郫都区慈善会专项基金一览

举行的募捐活动。例如，“春节慰问残疾人”募捐活动，在春节为残疾人送去祝福和礼物。“义彩暮年”困难长者关爱项目，为困难长者适配日常生活用具以及组织志愿者对其进行节日慰问和陪伴支持。二是针对遭遇意外事故亟须帮助的个人所举行的募捐活动。例如，“定向助学吴某某”募捐活动，为吴某某筹集助学资金；“给我一个快乐的童年”为深度烫伤的 1 岁半小女孩杨某某所举行的募捐活动等。三是上文所提到的区或各镇(街道)所建立的区域化专项救助基金。40 个救助项目主要包括助学项目、助医项目、济困项目、扶老项目、扶贫项目、赈灾项目以及助残项目等 7 大类。从项目类别来看，救助项目齐全，救助人群覆盖范围广。首先，从具体的项目内容来看，郫都区慈善会所进行项目重点在于医疗救助、教育救助和贫困救助，这三方面的救助所占比重超过了 50%。在助学方面，郫都区慈善会开展了帮助寒门学子完成大学学业的“阳光圆梦工程”，资助 18 名学生 5.83 万元；开展了资助优秀高中贫困学生的“阳光宏志工程”，7 名品学兼优的高中贫困生被纳入“阳光宏志工程”并得到帮助。在助医方面，区慈善会对困难群众实施了医疗大病救助 53 人，共计 44.81 万元。在助困方面，对因灾害、伤残、患重大疾病和长期慢性疾病导致生活困难的家庭实施扶贫救济和应急救济，适度开展“住有所居”活动。全年实施生活救济 323 人 13.06 万元，对 12 户困难群众实施建房资助 11.26 万元。其次，各救助项目之间的内容是相互交叉的，扶贫项目内容同时包括助医、助学等项目，旨在给困难群众以全方位、综合式的救助。所以虽然赈灾项目、助残项目和扶老项目较少，但是在助医、助学、助困、扶贫项目当中都涉及了困难老人和残疾人，使他们也能够很好的得到帮助。最后，虽然还没有任何赈灾项目，但是也充分体现了郫都区政府、慈善会对于应对各方面困难的思考和准备。当灾害发生并且造成危害时能够及时采取行动。

表 6.4 郫都区慈善会救助项目一览表

助学项目	助医项目	济困项目	扶老项目	扶贫项目	赈灾项目	助残项目
阳光圆梦工程	陈某车祸致残医疗救助	春节慰问宗教信众	定向团结敬老院净水设备	对口帮扶道孚县		困难残疾人关爱项目
定向团结镇程某生活	白血病儿童马某医疗救助项目	春节慰问残疾人	“义彩暮年”困难长者关爱项目	中国人寿保寿基金		
e 万行动	烫伤女孩杨某某医疗救助	定向贫困户宋大哥买棉衣被	“渲红新年、笑进家门”项目	宋公桥公益基金		
定向助学李某某	医疗救助基金	专项基金	定向团结敬老院	石牛社区 e 公益基金		
定向助学李某	国开银行医疗救助基金	企事业单位献爱心救急救难		犀浦社区基金		

续表

助学项目	助医项目	济困项目	扶老项目	扶贫项目	赈灾项目	助残项目
定向助学李某	定向资助刘某	郫筒奎星楼社区基金		犀浦梓潼社区基金		
定向资助二中学生	定向捐赠红光镇唐某医疗救助	晨光社区公益发展基金		三观社区“久伴”社区发展基金		
定向助学吴某某	定向新民场王某某医疗救助	唐昌东街社区公益基金		定向安德周某、李某困难救助		
	定向花园张某某医疗救助	郫筒街道一里桥社区公益专项基金		书院社区基金		

第二，郫都区慈善会监督管理并且核实使用各专项救助基金。郫都区慈善会在各项救助基金的吸纳和使用过程当中，对救助基金进行监督、管理、核实与发放。

例如，《犀浦镇社会救助专项基金章程》就规定了对各专项救助基金的监督管理与核实发放。从以下对郫都区安德街道社会救助专项基金的报道中也可以看出郫都区慈善会对救助资金的代管以及发放使用。

> 为保障郫都区安德街道社会救助专项基金的合理使用，资金由郫都区慈善会代管，由基金理事会决定使用，丹丹郫县豆瓣公司董事长岳平先生担任理事长。截至今日，基金已使用8300元(包含项目)，为40户困难家庭带去生活希望。2018年12月18日，专项基金“义彩暮年”困难长者关怀项目立项，资金使用2000元为30户独居困难长者赠送有声陪伴包与健康关怀包，慰藉长者心灵，关爱长者健康。
>
> 资料来源：《善满鹃城》2019年第4期。

由郫都区慈善会监督管理并且核实使用各专项救助基金，一方面有利于展现基金募集的合法合规与公开透明，打消爱心企事业单位、爱心人士及其他公益组织捐款的疑虑；另一方面，管办分离有利于更好地对资金的使用情况进行规划和监督，提高基金的使用效率，使专项基金做到专款专用，防止资金浪费、闲置以及基金被贪污的状况。

第三，郫都区慈善会充分激发社会各界力量参与社会救助的活力，积极链接社会资源、吸纳“会员”企事业单位，开展慈善救助和扶贫济困。

首先，郫都区慈善会广泛吸收各单位和个人成为会员。郫都区慈善会会员要拥护本会的章程并且要热心于慈善事业，愿为郫都区慈善事业贡献一份力量。同时作为郫都区慈善会会员有选举权、被选举权和表达权，以及对郫都区慈善会工作的批评建议权和监督权。目前，郫都区慈善会已经与576家单位和个人成为合作伙伴，其中有98家企事业单位同郫都区慈善会建立了“会员”关系，达成了长期合作的统一意见。

例如，成都澜亭叙酒店管理有限责任公司是郫都区慈善会理事单位，作为郫都区企事业单位，其从2013年起一直投身于公益事业，多年累计参加公益活动60场次。作为郫都区慈善会理事单位，其积极献言献策，多次参加由郫都区慈善会、郫都区社会关爱援助中心举办的大型主题公益活动并进行善款捐赠；长期以来与唐昌镇贫困家庭进行结对帮扶，公益之路并肩而行。

例如，作为郫都区慈善会、郫都区社会关爱援助中心的公益合作伙伴成都林惠农业开发有限公司自成立以来，积极参与郫都区慈善会、郫都区社会关爱援助中心组织开展的各项帮扶活动。秉持公益之心，定向捐赠并帮扶郫都区困难学生助学圆梦；参与大型公益主题活动，参与郫都区困难群众居家环境改造活动，为郫都关爱援助体系提供物资捐赠、活动场所等公益性支持。

资料来源：《善满鹃城特辑》2019年12月。

可见，郫都区慈善会通过由企事业单位来担任郫都区慈善会理事单位、设立郫都区公益合作伙伴等形式来激发企事业单位参与郫都区社会救助的活力，通过利用和统筹企事业单位的人力、财力资源，推动郫都区社会救助体系的建设。

其次，郫都区慈善会还通过举办“感动郫都公益年会”，设立“十大公益人物”“十大公益合作伙伴”等形式，对为郫都区社会救助做出卓越贡献的个人和集体进行表彰，鼓励其继续为郫都区社会救助做出贡献，同时吸引和号召更多的社会力量参与郫都区慈善和社会救助，让公益筑起困难群众的防护网，搭起社会文明的大舞台。

2019年1月15日，成都市郫都区文明办、成都市郫都区民政局、成都市郫都区慈善会共同主办了第二届感动郫都公益年会。来自郫都区的爱心企事业单位家、公益书画家和社会各界爱心人士共计200多人参加了此次公益盛典。颁奖活动，坚持以汇聚“大爱正能量”，弘扬“社会责任感”，构建“大慈善氛围”为使命，引导大众深入关注社会民生问题，深刻思考全民公德与爱心，提高人民幸福生活指数，促进社会文明与和谐，感动郫都已经成为郫都区的一项公益品牌。

资料来源：《善满鹃城》2019年第2期。

2. 高校志愿服务队

郫都区作为成都市区域内著名的高校聚集地，拥有19所大中专院校、31个国家级实验室、100多所科研机构以及众多专家、技术人才。高校高质量、丰富的人力资源为社会救助服务提供了丰富的人力资源和技术资源。郫都区高校志愿服务队主要有西华大学校团委筑家公益青年者服务队（简称西华筑家公益服务队）、四川省水利职业技术学院志愿者队、电子科大MBA党支部青春乌托邦团队等。

——西华筑家公益服务队

西华筑家公益服务队成立于2014年，是西华大学四大校级公益服务队之一。筑家内设策划组、人事组、外联组、宣传组，四个组分工协作。2018年郫都区人民政府授予西华筑家公益服务队第二届“感动郫都”十大公益合作伙伴。西华筑家公益服务队目前的服务对象为社区老人、儿童及残疾人。

2015年西华筑家公益服务队在晨光社区和德源社区开展了青少年活动和特殊老人康娱活动。

2017年4月19日，西华筑家公益服务队在西华大学校内为金牛区阳光家园特殊人群举办手工艺品义卖活动，为他们义卖680元并全额返还给他们。

——四川省水利职业技术学院志愿者队

该志愿者队设立了三个主要部分：青年志愿者服务中队、红十字服务中队、失物招领中队。部门组织除了开展校内各种志愿服务活动，同时也协助郫县红十字会、四川省红十字会青年志愿者中心搞好校外活动，联系各大高校进行青年志愿者服务活动。定期召开青年志愿者服务中队、红十字服务中队联席会议，安排布置相关工作，并做好月度、年度评比工作。组织重阳节敬老院献爱心活动，为敬老院的老人带去温暖和感动。组织爱心捐助活动，集资给贫困地区的孩子们带去所需物品。

资料来源：《大爱天府　善满鹃城》特刊，2017年。

从以上例子来看，首先郫都区高校志愿服务队大部分具有健全的组织机构。一是各高校志愿服务队服务具有专业化。西华大学成立的筑家公益服务队，专门从事困难群众康娱及居家建设等活动；四川省水利职业技术学院志愿者队则主要从事与爱心捐赠相关的公益活动。二是各高校志愿服务队组织分工明确。西华筑家公益服务队内设策划组、人事组、外联组、宣传组，四个组分工协作；四川省水利职业技术学院志愿者队设立了三个主要部分：青年志愿者服务中队、红十字服务中队、失物招领中队。其次郫都区高校志愿者团队具有常效的运行机制。四川省水利职业技术学院志愿者队定期召开青年志愿者服务中队、红十字服务中队联席会议，安排布置相关工作，并做好月度、年度评比工作，构建了一套包括志愿服务理念、对象、培训、规范、实施、评价及反馈等在内的制度体系。最后郫都区高校志愿服务队具有广泛的社会影响。高校志愿服务队所参与的每一次公益活动都能够吸引大批企事业单位赞助、爱心人士捐款，并且能够将公益活动的主题和目的在整个社会进行传播。

(四)企事业单位

1. 郫都区企事业单位参与社会救助的可能性

1)郫都区企事业单位的特征与性质为其参与社会救助提供了条件。成都现代工业港南区位于四川省郫都区境内，在此汇聚了多家世界500强企事业单位，以及大中小型国企、央企以及私企，企事业单位数量多、类型广，具有强大的创新孵化能力、资源聚集能力及强大的经济实力。企事业单位是指社会上以营利为目的，从事生产经营、流通、服务等活动的自主经营、独立核算的社会经济单元(高锡林，2018)，企事业单位的资金、货物商品、场所以及人员都能成为社会救助当中能够加以利用的资源。郫都区众多企事业单位的存在为社会救助资源提供了潜在的可能性。

2)郫都区企事业单位作为社会力量的重要组成部分，理应在社会力量参与社会救助的过程当中重要作用。国务院于2014年2月颁布的《社会救助暂行办法》首次将社会力量参与社会救助的相关要求和规范单章阐述，表明我国政府正在逐渐重视社会力量在社会救助中的作用，企事业单位作为社会力量的核心组成部分日益成为我国社会救助事业的重要参与主体。

2015年郫县人民政府《关于印发〈郫县“救急难”工作实施方案〉的通知》在第三章具体任务当中强调“促进政府救助与慈善救助的有效衔接”。2016年印发的《建立城乡一体化社会关爱援助体系提升精准扶贫实效的实施方案》中也规定“发动企事业单位、社会组织、爱心人士等社会力量，实现综合性精准救助”。从郫都区的相关政策当中也可以看出，企事业单位作为社会力量的一个重要组成部分是应该被鼓励和引导参与社会救助的。

3)郫都区企事业单位作为多元主体利益共同体，在追求利益最大化的过程当中担负着众多主体(如员工、消费者、社区等主体)的利益和责任。任何一个企事业单位的发展都离不开企事业单位利益相关者的参与和关注，维护利益相关者的合法权益、重视各类利益相关者的贡献和合理回报，既是企事业单位利益相关者的权利，也是企事业单位持续发展的基础，因而企事业单位应承担一定的社会责任(朱健刚，2018)。社会救助作为一种公共物品，就其市场价值而言只有投入没有收入，这与企事业单位逐利的组织目标是不相符的，但是企事业单位作为多元主体利益的集合体，可以拿出一小部分利润、货物或者提供一定的人力和场所来回馈社会、助力社会救助，这不仅能够展现企事业单位的社会责任感，还能在不同程度上提高企事业单位的曝光度以及声誉。企事业单位在郫都区政府和社会工作服务机构的引领下，开始探索参与社会救助的路径，履行其应承担的社会责任。

2. 郫都区爱心企事业单位参与社会救助实践

(1) 协助搭建特殊困难群众关爱援助资源平台

第一，集资建立专项基金。

郫都区各爱心企事业单位积极响应郫都区各级政府以及各级社会工作服务机构的倡议，通过捐款的形式集资建立区级专项基金以及镇(街道)区域化专项基金，并且从捐赠企事业单位当中选出代表来担任基金理事会会长，使爱心企事业单位能够尽自己的力量持续为郫都区的困难群众提供帮助。

——郫都区医疗救助专项基金

在郫都区社会救助中心发起成立郫都区医疗救助专项基金后，郫都区卫计局、市场和质量监管局、人社局、发改局等积极响应并发出倡议，全县 22 家医院、10 家医院企事业单位向医疗救助专项基金注入了首批爱心资金，并共同建立了一套医疗援助长效帮扶机制，保障郫都区的特殊困难家庭能够持续得到医疗援助帮扶，保证他们的需求得到满足。在郫都区医疗救助专项基金理事会第一次全体会议上，通过选举表决，决定由四川省中药饮片有限责任公司法人王礼均担任理事会会长。截至目前，郫都区医疗救助专项基金已募集爱心资金 151 万元以及价值 262 万元的药品和医药设备。按照医疗援助长效帮扶要求，郫都区全区范围的各家医院都为困难群众提供惠民医疗服务，包括普通门诊挂号费、普通门诊诊查费等四项免费和抢救费、注射费、手术费、放射费等六项减免30%的费用。

资料来源：四川在线。

由上可见，郫都区医疗救助专项基金是多家企事业单位联合集资建立的政府、慈善会层面的专项基金。

第二，出资开展公益活动。

区社会关爱援助中心积极动员社会力量参与援助项目，通过组织援助活动，搭建爱心企事业单位、社会组织、志愿者与困难群众沟通对接的服务平台，有效解决困难群众与社会爱心力量信息不对称的问题。郫都区爱心企事业单位出资，郫都区社会关爱援助中心为其定制公益活动是郫都区企事业单位参与社会救助方式的亮点所在，也是其独有的特色。郫都区爱心企事业单位定制活动有两种类型。一是区社会关爱援助中心根据爱心企事业单位提供的物资或资金，依靠所建立的困难群众数据库，将亟须同类型救助资源的困难群众与此爱心企事业单位相链接，使爱心企事业单位提供的善款或物资能够最大限度地发挥应有的作用，为真正需要此类帮助的困难群体排忧解难。二是郫都区爱心企事业单位协同郫都区社会关爱援助中心、郫都区慈善会共同开展公益活动。将公益活动募集的资金或物资分发给亟须的特殊困难群体。目前，已开展“佳贝艾特•优爱行动”、“萤火暖巢•让爱回家”关爱独居老人活动、“快乐暑假行•公益在我心”公益集市等企事业单位定制活动、“携手同行•为爱奔跑”天府绿道公益慈善迷你马拉松大型公益活动等。通过企事业单位定制类活动，为困难群众募集资金及物资共计12余万元。

郫都区爱心企事业单位出资开展公益活动是企事业单位参与社会救助的主要方式，也是郫都区新型社会救助体系链接外部资源的重要途径。

(2)协助搭建特殊困难群众关爱援助对接平台

爱心企事业单位协助郫都区社会关爱援助中心搭建特殊困难群众关爱援助对接平台是以特色援助项目的形式实现的。郫都区社会关爱援助中心依据前期实地观察与访谈调查结果为确定的特殊困难对象制定救助项目，根据项目的内容以及需求链接爱心企事业单位、志愿者、社会组织等社会资源以完善项目并且服务于困难对象。最终将救助项目发展成为适用于具有相同困难群体的特色项目，并将其纳入项目库。郫都区爱心企事业单位通过提供志愿者、资金、物资、场所等资源帮助特色项目实施，使特殊困难群众能够得到切实救助。爱心企事业单位参与构建的特色项目包括：针对困难老人的乐助家•居家环境改善项目、乐助360爱心包项目、公益大讲堂项目、“让爱回家”计划；针对困难儿童援助项目的助学展翅项目、让红领巾自由飞翔项目；针对困难妇女援助活动的“一个女人一个家”活动、“赋能计划”培训班活动；针对困难残疾人援助活动的梦想改造家项目、爱•相伴残疾人工坊；以及针对因病致贫困难群众援助活动的“医疗援助，康复到家”计划、医疗联盟援助计划。

——乐助家•居家环境改善项目

通过乐助家•居家环境改善公益活动，推进郫都区关爱体系居家环境改善项目，募集社会资源，调动辖区内的爱心企事业单位、爱心人士为志愿者，入户为困难老人改造居住环境及局部功能性改造和老化改善。由14个街道救助关爱站社会工作者、驻点志愿者及爱心企事业单位参加活动，该活动共计为852名困难老人提供了居家改善服务。

资料来源：《善满鹃城》2017年第3季。

——公益大讲堂项目

“公益大讲堂”是郫都区社会关爱援助中心创建的“志愿者联盟”的主打项目。宗旨是将全区广大热心公益的志愿者、企事业单位、机关单位联合起来，以志愿服务的形式，自愿无偿地向特殊困难群体提供权威性、专业性的公益指导服务。结合郫都区社会救助体系服务特点，“公益大讲堂”按照卫生、健康、救护、防病减灾、心理辅导、法律援助、救助政策几大板块等的“全覆盖”，共计为2000人次提供公益知识普及及医疗服务。

资料来源：《大爱天府 善满鹃城》特刊，2017年。

——助学展翅项目

助学展翅项目旨在联合爱心企事业单位、志愿者等力量为困难家庭儿童提供教育培训课程、家庭环境改善等个性化儿童关爱服务。该项目共计为郫都区困难儿童提供510次援助服务。2019年8月23日，在郫都区慈善会、郫都区社会关爱援助中心号召下，由郫都区慈善会会员单位、郫都区关爱援助中心社会工作者及其爱心企事业单位组成一支队伍，来到友爱、花园等街道为20户困难儿童家庭送去了温暖。

资料来源：《善满鹃城》2019年第8期。

(3)协助搭建特殊困难群众关爱援助服务平台

郫都区特殊困难群众关爱援助服务平台的建立以实施特殊困难群众个案管理为基础。个案管理所针对的不是一个群体而是一个家庭或个人，以他们的需求评估为标准，为其拟定独特的帮扶计划，并在服务过程中进行个案梳理与记录。具体实施中会依据特殊困难群众的实际情况来链接相匹配的爱心企事业单位为其解决实际问题，爱心企事业单位在参与个案管理的过程当中除了捐赠爱心资金以及生活日用品等物资之外，还为案主提供就业岗位及专业化的服务。2017年6月30日，郫都区社会救助中心、郫都区社会关爱援助中心、镇(街道)救助关爱站为全区3388名困难群众建立由16套量表组成的社会救助对象需求评估档案，为393名长期跟踪急难个案提供个案管理服务。链接爱心企事业单位、志愿者以及社会组织为365位困难群众提供了生活援助资金、987人提供了医疗救助，总计478次志愿服务以及358次特需援助服务。

——“集小爱汇大爱”托起明天的希望

一、个案背景资料

小阳(案主)10岁，与父亲相依为命。案主父亲因为车祸导致无法从事重体力劳动，案主父亲除了要负担每月家庭日常开支、案主学习费用，还要负担案主父亲两个哥哥(案主父亲有两个患有帕金森的哥哥，一个住在养老院、一个住在精神病院）的医疗费用，每月支出大于收入。案主生活困难，省吃俭用地过日子。案主独自一人在家的时候大多由邻居奶奶照顾。

二、案主面临的问题

1. 居住环境差，缺少一个良好的学习空间。床上用品简单，薄薄的被子，褥子就是一张单薄的床单，床单下面就是冰冷的床板。一张破旧的书桌，凳子的四条腿长短不一，稍微用力一坐就会散架。

2. 经济困难。案主家中只有案主父亲一人赚钱，每月工资 2000 元左右。案主父亲除了要负担家庭生活开支、案主学习费用，还要负担其两个哥哥的治疗费用。

三、服务目标

1. 链接社会资源为其改善居住环境，进行学习空间打造；

2. 链接志愿者为其募集物资支持；

3. 居家环境改造；

4. 为案主父亲链接就业资源或增加收入。

四、服务实施过程

第一阶段：鼓励案主表达需求，建立信任专业关系。

第二阶段：制订服务计划，链接服务资源。

1. 学习计划：通过 4：30 课堂，案主暑假到社工站学习及完成暑假作业，通过对接学校老师多关注案主学习，积极引导案主养成好的学习习惯。

2. 环境改善方面：社会工作者通过链接案主所在社区、爱心企事业单位、社会爱心人士等资源，为案主募集爱心资金共计 2435 元，利用这笔资金为其进行“除旧迎新”大扫除、地面硬化、窗户安装、线路安全排查等问题，让案主有一个干净舒适的居住环境。

3. 学习空间打造：社会工作者链接社会资源，号召爱心企事业单位、爱心人士为其捐赠学习用品。爱心企事业单位向案主捐赠了衣柜、床上四件套、棉被等物资。

4. 就业方面：社会工作者走访了案主所在社区的爱心企事业单位，当地社区蔬菜合作社愿意为案主父亲在其空闲的时间提供工作机会。

资料来源：《善满鹃城特辑》2019 年 12 月。

（五）第三方评估机构

郫都区引入了第三方评估机构对社会救助站点和整个社会救助体系进行评估以明确政府购买社会工作服务机构服务的质量，进而强化各级社会工作服务机构站点的服务职能，提高其办事效率，加强对社会关爱援助体系的管理。第三方评估机构也是专业社会工作服务机构，它同郫都区各级社会工作服务机构的区别在于它的职责仅局限于评估和督导而不负责整个郫都区社会救助活动的开展。

1. 评估内容

第三方评估机构的评估时间为一年两次，分别在项目的半程和结束时，通过评估报告的形式展现评估结果。评估对象主要是郫都区社会关爱援助中心、郫都区 14 个镇(街道)救助关爱站。评估报告包括三个部分：郫都区社会救助关爱援助体系总体报告、郫都区社会救助中心的评估报告以及郫都区各镇(街道)救助关爱站点的评估报告。其主要评估内容包括三个方面：一是社会工作服务项目目标的实现程度；二是社会工作服务机构服务和项目执行的效果；三是对各级社会工作服务机构项目资金的使用情况。

2. 质量标准

要确保评估的质量和标准就需要对第三方评估机构进行筛选和要求，郫都区民政局对第三方评估机构的质量标准把控主要从以下几个方面着手。

一是第三方评估机构的来源。郫都区民政局选择的第三方评估机构是一家来自广东省东莞市的评估机构，原因是该机构是全国百强社会工作服务机构且多次获得民政部、中国社会工作联合会、广东省民政厅、东莞市民政局等单位嘉许表彰，具有很强的公信力和威望，郫都区关爱援助体系里的各级社会工作服务机构愿意接受和配合其评估和监督。

二是第三方评估机构评估团队的构成与质量。郫都区要求第三方评估机构的评估团队由不少于 5 人的单数组成，其中不少于一名有相关多年行政或政府管理的社会工作领域专家或 1 名救助或社会福利领域社会工作专家，不少于 3 名取得中级社会工作者职业水平证书或受过硕士研究生及以上社会工作专业教育或港澳台地区注册社会工作者[且港澳台地区注册社会工作者不少于三年内地(大陆)督导工作经验]，具有 3 年以上相关社会工作实务经验的人员，不少于 1 名熟悉社会组织财务工作、具有中级及以上专业技术职务的财会人员。

三是第三方评估机构的评估周期是三年。第三方评估机构满三年后需要更换另外一个机构以保证监督、评估的公平公正。

第三方评估机构作为郫都区新型社会救助体系的监督者和评估者，不仅要对评估中发现的问题给予专业督导以及传授解决方法和策略，还要通过评估督导总结郫都区救助领域社会工作服务的有益经验，以提升郫都区各社会工作服务机构的社会工作服务专业化水平。

(六)志愿者

志愿者同社会组织、企事业单位一样是社会力量当中重要的一股力量。虽然志愿者是普通公民的一员，但是其具有发自内心的不谋求任何物质、金钱及相关利益回报去参与社会公益事业以帮助有需要的人士的初衷，使其能够发挥自己的力量推动社会救助事业的发展，从而促进整个社会的进步。

志愿者作为郫都区体制外救助资源的重要一环，不仅在为郫都区困难群众提供物资、资金当中充当先锋，更是在辅助郫都区各级社会工作服务机构开展公益活动、入户调查、资源库建设以及链接等项目之中发挥着不可或缺的作用，郫都区志愿者已经成为郫都区新型社会救助体系当中一张鲜明的名片。

1. 志愿者类型

根据志愿者所属单位、性质可以将郫都区众多的志愿者大致分为高校志愿者、特殊技能志愿者及基层志愿者三类。

高校志愿者主要来自郫都区各大高校。主要人员构成是在校大学生，还包括部分学校的老师及员工。在校大学生思想上进、社会责任感强、团队意识高、具有稳定性，并且有一定的专业技能，再加上郫都区高校众多，所以高校志愿者已经成为郫都区志愿者的主要组成部分。郫都区高校志愿者参加社会救助的方式有两种：一是参加高校志愿者队伍同郫都区社会工作服务机构或爱心企事业单位共同举办的公益活动；二是利用寒暑假自由报名参加公益活动、入户调查、个案管理等项目。郫都区高校志愿者队伍主要有西华筑家公益服务队、四川省水利职业技术学院志愿者队、电子科大 MBA 党支部青春乌托邦团队等。

2019 年 7 月 13 日，为深入贯彻落实社会主义核心价值观，电子科技大学 2019 级 MBA 党支部青春乌托邦团队联合电子科技大学经济与管理学院专业学生党支部、郫都区慈善会、郫都区社会关爱援助中心，在郫都区联合举办了“萤火暖巢·让爱回家”关爱独居老人的公益活动，呼吁社会和子女加强对老人的“精神赡养”，常回家看看。在活动现场，乌托邦的志愿者们还向现场老人代表捐赠了生活必需品等爱心物资。此外，志愿者们还分批对当地 10 户特困独居老人进行了入户慰问和探望，为老人们送去了特别的关怀。

资料来源：《善满鹃城》2019 年第 3 季。

特殊技能志愿者则是主要由部分企事业单位职工以及一些拥有专业技能的居民所组成。特殊技能志愿者因拥有某方面的技能或手艺能够为困难家庭提供相对口的帮助。例如，会木工的志愿者可以帮助困难家庭打造木质家具或修理房屋；会装修的志愿者则可以为困难家庭提供装修服务；会修理电器的志愿者可以帮助困难家庭修理坏掉的电器；会画画、剪纸等手艺的志愿者可以将这门手艺教授给残疾人等。特殊技能志愿者一般所参加的都是郫都区社会救助的个案管理和特色援助项目，通过上门服务的方式为特色困难群体提供与自己的技能相关的志愿服务。

基层志愿者是由郫都区关爱援助体系所发起、倡导和建立的社会援助志愿队伍。区社会关爱援助中心、14 个镇(街道)救助关爱站都拥有自己的社会援助志愿队伍。据统计，截至 2019 年 6 月底郫都区共有 15 支社会援助志愿队伍，志愿者跟随社工参与入户走访、活动参与、专业培训，拥有固定志愿者 802 人，参加志愿服务 55 场。基层志愿者主要是以当地居民为主，同时也有高校学生以及企事业单位职工。

2. 志愿者建设

志愿者团队由多个部门组成，通过各个部门有序运转，最终高效统一地达成预期目标。但是目前国内志愿者团队的现状不尽如人意，如团队成员之间缺乏沟通；团队规范不明；相应的团队培训未形成统一、规范等问题，这凸显了团队缺乏凝聚力和团队责任分散、效率低下的问题。

鉴于这些问题的存在，郫都区从志愿者招募、志愿者培育以及志愿者管理考核三个方面着力培育一批高效率、凝聚力强、责任意识强的基层志愿者团队。

(1)郫都区志愿者招募

郫都区志愿者招募包含志愿者招募计划制订、志愿者招募原则以及志愿者招募方法三个方面。郫都区志愿者招募计划主要涵盖组织需求(工作地点、工作时间、工作内容、组织要求等)，即结合组织项目来规划人力资源；郫都区志愿者招募坚持五项基本原则：公开、竞争、择优、坚持以人为本、坚持自愿与平等，确保志愿者与服务对象安全，找到最合适的人，而不是最好的人。主要通过网络平台(QQ群、微信群、公众号、官方网站等)、杂志期刊、公益活动现场宣传、举办志愿者课程、以点带面的合作等方式招募志愿者。

——志愿者招募

工作地点：成都市郫都区关爱援助中心(成都市郫都区蜀信路二段 279 号)

工作时间：9：00—12：00
　　　　　13：00—17：00

工作内容：

1. 协助社会工作者入户调查；
2. 协助社会工作者开展相关活动；
3. 整理档案资料；
4. 参与中心日常工作。

报名时间：长期有效

报名方式：将个人简历发至援助中心邮箱

社会工作者将在收到简历的3个工作日内进行回复。

招募名额：10人

任职要求：年满18周岁以上；

有爱心、责任心，性格开朗，善于交流；

服务时间不低于30天；

社会工作相关专业优先。

您将享受以下待遇：

1. 由成都市郫都区关爱援助中心、成都市同行社会工作服务中心联合出具社会公益实践证明；

2. 志愿服务时间证明；

3. 一次学习的机会、一次难忘的志愿成长经历；

4. 结交一群与您有共同公益理念和热情的伙伴；

5. 一定的志愿者补助；

6. 在岗期间的人身意外伤害保险。

联系人：

志愿者QQ群：

期待你的参与！

资料来源：《善满鹃城》2019年第1季。

(2)郫都区志愿者培育

郫都区志愿者培育是志愿者团队建设最为关键的一环。郫都区各级社会工作服务机构为了培育自己的志愿者队伍，开展了不同的志愿者培育活动。郫都区社会关爱援助中心为了培育志愿者，开展了“爱心帮帮团培育计划”，该计划是针对郫都区志愿者团队的专题培训，依托同行社会工作服务中心的专业社会工作者的经验与技能，充分发挥社会工作专业的优势，旨在提高郫都区救助中心志愿者的团队凝聚力和工作效率；尽快掌握团队的运作模式；加强团队成员之间的有效沟通，最终实现团队效益最大化。开展此类志愿者培训活动，增强了团队成员之间的情感交流和业务交流，提高了成员的人际交往能力，有助于实现团队的高效、有机、统一的目标，也能促进团队成员之间的有效配合、竞争和共同成长。例如，郫都区犀浦镇救助关爱站开展了“九九公益志愿者培训”(表6.5)、郫都区安德镇救助关爱站开展了“春泥志愿者培训”，以及各式各样的志愿者团队建设活动和表彰活动。

——九九公益志愿者培训

郫都区犀浦镇救助关爱站开展了“九九公益志愿者培训”。该培训包括签到、相互介绍、九九公益日培训、“老有所乐有声陪伴”项目培训、线上发起“一起捐”培训、线下劝募技巧培训、志愿者规则申明、答疑环节八个方面。分别从志愿者团队建设、凝聚力培养、具体项目指导培训、志愿者规则意识、专业性等方面对志愿者进行培育。

表 6.5　九九公益志愿者培训活动表

环节	目的	内容
签到	对参与活动对象进行实名登记	由社会工作者引导活动对象进行有序签到
相互介绍	相互熟悉，增加信任	社会工作者与志愿者之间相互介绍认识
九九公益日培训	让志愿者了解九九公益的起源	社会工作者通过培训，让志愿者了解腾讯牵头发起的九九公益的知识，解释九九公益相关规则，如捐款方式
“老有所乐有声陪伴”项目培训	让志愿者了解项目缘起、服务对象、落地方式，形成项目同感	社会工作者通过培训，让志愿者了解项目缘起、服务对象、落地方式，形成项目同感
线上发起“一起捐”培训	提高志愿者劝募知识知晓度	社会工作者通过培训，与志愿者现场一起发起在线“一起捐”，让志愿者实践九九公益规则
线下劝募技巧培训	提高志愿者劝募能力	社会工作者通过培训，提升志愿者劝募知识与能力，鼓励志愿者勇于尝试
志愿者规则申明	增强志愿者规则意识，申明志愿服务考核方式	社会工作者通过规则申明，如到场签到，佩戴志愿者帽等，提出对志愿者的要求，并申明现场将进行考核，纳入年度志愿者表彰中，提高志愿者规则意识与专业性
答疑环节	互动答疑	志愿者与社会工作者之间互动，并解答疑惑

(3) 郫都区志愿者管理考核

志愿者管理考核可以有效地向志愿者传达组织要考核和达成的目标和使命，同时评估结果也可以作为组织管理者对志愿者进行奖励的参考依据，更重要的是还可以帮助组织了解志愿者的各方面情况，为组织的工作调整和针对性培训提供参考意见。从志愿者本身的角度来说，通过工作绩效考核和评估可以让志愿者对自己在工作中的情况有所了解并充分认识到自身的优缺点，帮助志愿者分析自己的工作情况、发现问题所在并改进，从而激发他们的潜能，有利于增强志愿者参与组织工作的积极性(李静，2015)。以成都市郫都区安德街道救助关爱站“春泥”志愿者团队管理制度为例，其管理制度主要从志愿者的注册、权利和义务，志愿者工作流程，志愿者退出机制以及志愿者的激励和表彰等方面对志愿者进行管理考核。

志愿者的注册、权利和义务

第一，志愿者的管理推行志愿者注册制度。志愿者组织长期接纳志愿者的报名申请。

第二，规定了注册志愿者的基本条件：①年龄在 10 周岁以上(10—16 岁志愿者需在监护人的同意下进行志愿者注册及志愿服务开展)；②热心于公益事业，不怕困难，具有奉献精神；③具备与所参加的志愿服务项目及活动相适应的基本素质及能力；④具有相应的民事行为能力；⑤思想品质优良，无不良嗜好，无违法乱纪行为，遵纪守法；⑥能遵守《志愿者管理制度》的相关规定，服从救助关爱站管理。

第三，要求志愿者登录中国志愿者网站填写注册登记信息并加入益家社会工作志愿服务队完成注册。

第四，规定了志愿者享有以下权利：①自愿加入或者退出志愿者服务组织；②参加志愿者服务组织开展的服务活动；③要求获得志愿者服务必需的条件和必要的保障；④请求志愿者服务组织帮助解决在志愿服务期间遇到的实际困难；⑤对志愿者服务组织提出建议、批评与监督；⑥对所参加组织和志愿活动有知情权；⑦有获得工作指导和参加志愿者培训机会的权利；⑧有选择与个人技能和兴趣相符的服务项目的权利。

第五，规定了志愿者和志愿者服务组织应当履行以下义务：①遵守《志愿者管理制度》的相关规定；②不得向服务对象收取报酬或者借钱、借物、谋取其他利益；③在服务期间不得接受服务对象的捐赠；④对服务对象的隐私予以保密；⑤不得以志愿者或志愿者组织的名义组织或者参与违反志愿者服务原则的活动；⑥志愿者应当在志愿者服务组织的安排下开展志愿者服务，完成服务工作。未经志愿者服务组织同意，任何单位和个人不得以志愿者服务组织名义开展活动。

志愿者工作流程

第一，救助关爱站将志愿活动信息提前对外发布，志愿者依据个人情况自愿报名参加。

第二，志愿活动中，志愿者依据救助关爱站社会工作者做出的活动分工，明确自身职责，协调配合活动顺利开展。

第三，社会工作者应定期组织志愿者对活动开展情况进行总结，针对活动开展中存在的问题予以反思和改进。

志愿者退出机制

志愿者退出自由，可分两种情况：自愿退出和劝退。

自愿退出：志愿者出现以下情况，可向救助关爱站申请自愿退出志愿者服务组织。因工作或居住地的改变等原因需要退出志愿者组织的，应向救助关爱站提交书面申请；因特殊事故丧失民事行为能力或服务能力的可向救助关爱站提交书面申请；因其他个人原因自愿退出的。

劝退：志愿者出现下列情况之一的，救助关爱站可对其进行劝退说明，并向上级志愿者管理部门反映汇报：无正当理由不服从救助关爱站工作安排的；不遵守纪律造成服务对象损失或影响服务活动成效，造成不良影响的；用志愿者的名义从事营利性或非法活动的；违反志愿者其他管理有关规定的。

志愿者的激励和表彰

第一，为了提高志愿者参与志愿服务的积极性，激发志愿者的潜能，提升志愿者服务的质量与水平，救助关爱站特制定激励和表彰制度。对在日常志愿服务工作中表现突出、成绩优异的志愿者进行奖励和表彰。

第二，救助关爱站依据已认定的志愿者服务时数，实行星级认证制度及评优制度，其中星级上墙需在志愿者会议上共同见证，评优制度根据志愿者会议现场到会情况给予志愿者奖励。

第三，实行志愿者星级认证制度。

救助关爱站根据志愿者参加志愿服务的次数累计，认定其为一至五星志愿者，并给星级志愿者颁发荣誉证书及相应奖励。①志愿服务 3 次以上，认定为一星级志愿者；②志愿服务 5 次以上，认定为二星级志愿者；③志愿服务 10 次以上，认定为三星级志愿者；④志愿服务 15 次以上，认定为四星级志愿者；⑤志愿服务 20 次以上，认定为五星级志愿者。

建立志愿者管理考核机制规范了志愿者的权利和义务，明确了志愿者工作流程以及多方评估机制，能够对表现优异的志愿者进行表彰激励，对表现欠佳的志愿者进行指正或者劝退。

第三节　郫都区救助主体创新

在郫都区“1+2+N 基于多元参与的专业化社会救助体系”中，N 元主体的参与已经成为郫都区社会救助的主要救助资源来源以及郫都区新型社会救助体系的亮点与创新。该体系的建立不仅是各主体简单的捐赠物资、提供赞助等最基本的形式，而是各主体形成了不同的具体的参与方式，这使得各主体可以有序参与社会救助，在提高社会救助质量的同时实现救助的持续性以及各主体在提供服务的过程当中自我价值的实现。

第一，郫都区政府引领主导。郫都区各级政府建机制、强规范，不断发挥其在社会救助中的领导地位，实现政府职能的转变。建立政府救助体系，实现体制内政府资源整合；建立郫都区社会关爱援助中心，搭建社会力量参与平台，形成多渠道发现机制、快速救助响应机制、专业化评估机制、精准化帮扶机制，促进和引导体制外资源的整合。通过政府引领，一是实现了体制内外资源的整合与联动，有效解决了救助资源分散，缺少有效整合运用问题；二是统一梳理和发布了救助政策，使救助有法可依；三是拓展了精准帮扶手段，突破传统以资金帮扶为主的方式，注入了服务帮扶、能力提升等新型帮扶手段；四是四大机制的建立聚合了社会救助申报途径，解决了协同办理窗口缺失的问题；五是以政府购买形式引领社会工作服务机构为社会力量参与社会救助搭建专业化平台，有效弥补了社会力量参与的不足。

第二，郫都区社会工作全域嵌入。郫都区社会工作从制度和机制上实现了二者的融合，让社会工作成为社会救助体系的一部分。一是全科式救助社会工作为精准专业化服务创造条件。郫都区社会关爱援助中心、镇(街道)救助关爱站以及村(社区)救助关爱窗口三级社会关爱体系的建立是实现社会工作全域嵌入社会救助的重要“催化剂”。二是建立健全社会救助工作培训制度为培育专业人才提供保障。各级社会工作服务机构在招募、培育、监督考核基层志愿者团队的同时吸纳高校志愿者、特殊技能志愿者以扩大郫都区社会救助专业队伍。三是项目运作模式提升了社会工作服务机构的造血功能，实现了可持续发展。通过困难群众需求数据摸排调查，制定个别化的精准帮扶方案，使贫困对象的社会救助需求得到更准确、全面、科学的判定；建立“1个困难家庭+N类救助资源”的需求与资源对接机制，广泛链接社会资源为困难家庭实施精准化援助项目，建立专项式关爱基金实施精准救助；采取“基础工作+特色项目”方式，探索专业领域社会工作介入社会救助的手段和方法，特色项目包含残疾人生计发展、因病致贫家庭医疗援助、困难儿童援助、困难老人援助等专业救助领域；推动建立救助对象个人支持网络、邻里互助支持网络、社区授权网络、志愿者支持网络、案主互助网络、社区伙伴网络等救助对象支持网络。

第三，慈善组织和志愿者的广泛参与。郫都区慈善会以困难群众和特殊群体为服务对象，以活动为载体，积极开展善款筹募，加大慈善救助力度，充分发挥慈善事业在社会保障体系中的重要补充作用，取得了良好的社会效益。一是注重活动牵引，通过开展捐助活动和帮扶活动充分发挥慈善事业在社会保障体系中的补充作用；二是注重项目拓展，努力打造慈善救助品牌，发起和开展了助医、助学、助困等多个项目；三是积极汇聚慈善力量，吸引会员单位及个人开展各项救助活动以及建立各类专项基金。此外，高校志愿者服务队及其他慈善组织通过主动联系社会工作服务机构或者接受社会工作服务机构的委托开展公益活动和进行社会救助服务，以专业化服务匹配困难群众精准需求以实现救助的高效性、持续性和全面性。

第四，爱心企事业单位的广泛动员。郫都区爱心企事业单位社会救助实践的参与主要依托三大平台的构建。郫都区爱心企事业单位作为社会资源的重要载体，协助郫都区社会援助中心、郫都区政府搭建了特殊困难群众关爱援助资源平台、特殊困难群众关爱援助对接平台和特殊困难群众关爱援助服务平台。通过筹集资金建立专项基金、提供人力资源、物力资源开展公益活动、协助社会工作服务机构以个案管理和特色项目等方式参与到社会救助服务中来。实现了由传统的捐赠资金的救助形式向以捐赠工作岗位、陪伴时间、培训课程等为主的细微服务的新型救助形式转变，帮助困难群众建立起自身周边的支持网络，激发他们自主脱贫的意识。爱心企事业单位定制活动是郫都区企事业单位参与社会救助的独创形式，同时也是企事业单位参与社会救助的主要实践方式。爱心企事业单位主动联系郫都区社会关爱援助中心或救助关爱站，中心和各站点根据企事业单位所提供的人力资源和物资为其链接对口帮扶的对象，然后通过定制公益活动的形式为企事业单位提供平台，既使对口帮扶对象得到亟须的物资又使企事业单位的社会价值得以实现。

第五，第三方评估机构的参与。郫都区民政局针对郫都区各级社会工作服务机构的社会工作服务项目目标的实现程度、专业服务效果及项目资金的使用情况进行体制内外的监督。体制内的监督包括政府社会救助管理部门的监督、社会关爱援助服务组织的自我监督。体制外的监督除了包括援助对象等参与的服务评价机制，还包括第三方评估机构对项目方案的评估、项目实施的评估、项目管理的评估以及项目成效的评估。郫都区政府在选取第三方评估机制的同时不仅对其评估内容做了详细的要求，还从第三方评估机构来源、评估人员构成、评估期限等方面对其本身的质量标准做出了严格的要求。第三方评估机构不仅要对评估中发现的问题给予专业督导以及传授解决方法和策略，还要通过评估督导总结郫都区救助领域社会工作服务的有益经验，提升郫都区社会工作服务专业化水平。

由上可见，郫都区新型社会救助体系跳出了传统的仅靠政府单一主体织就社会救助安全网的局面，创新性地开拓了利用社会力量统筹体制外社会救助资源的新局面，并且探索出了各社会力量参与社会救助的具体方式，充分发挥了社会组织、爱心企事业单位、志愿者、社会工作服务机构和社会成员的力量和价值，从而实现了社会救助主体的创新，有助于救助总体效力的发挥。

第七章　成都市郫都区社会救助模式创新：信息化与监督评估

第一节　新公共服务理论和信息化与监督评估

一、新公共服务及其基本理念

20 世纪 80 年代，新公共管理理论诞生，新公共管理理论家主张用企业精神来改革政府，价值目标主张由“公平至上”转向“效益至上”，在他们看来，顾客是政府提高服务供给质量和满足多样化需求的第一驱动力，这种从管理主义路径来再造政府行政的做法存在着重大的认识误区，该理论强调借鉴私营部门的管理方式来提升政府绩效，并把关注的焦点放在达到标准和使顾客满意上，而没有适度地强调公法和民主规范，忽略了公共部门和私营部门之间的区别，不适于公平、正义、参与和表达公共利益的民主原则，在反思与批判新公共管理理论的基础上，新公共服务理论在 20 世纪末应运而生(王涛等，2014)。

所谓新公共服务，指的是关于公共行政在以公民为中心的治理系统中所扮演的角色的一套理念(丁煌，2004)。新公共服务理论家认为，公共行政官员在其管理公共组织和执行公共政策时应该集中于承担为公民服务和向公民放权的职责，他们的工作重点应该从掌舵或划桨向建立具有完善整合力和回应力的公共机构方向转变(珍妮特・V. 登哈特等，2004)。具体来说，新公共服务理论的基本理念包括：①政府的职能是服务，而不是掌舵。政府的作用从控制转变为议程安排，更多的是为促进公共问题的解决提供便利。②公共利益是目标而非副产品，即公共行政官员必须促进建立一种公共利益观念。③在思想上要具有战略性，在行动上要具有民主性。政府的工作目标就是要确保政府具有开放性、可接近性、回应力以及能够为公民服务和公民权利创造机会。④为公民服务，而不是为顾客服务，新公共服务理论认为，政府必须关注公民的利益和需求而不是顾客的需求和利益。⑤责任并不简单，即行政责任不能简单化。⑥重视人，而不只是重视生产率。新公共服务理论家在探讨组织和管理时尤其强调要“通过人来进行管理”的重要性。⑦公民权和公共服务比企业家精神更重要。新公共服务使人们认识到政府的主人是公民而不是公共行政官员(珍妮特・V. 登哈特等，2004)。

二、新公共服务理论和信息化与监督评估的关系

在新公共服务理论中，公民处于中心位置，行政人员应全心全意为人民服务，打造一个以公民为中心的治理系统(陶维雷，2019)。信息技术能够促进政府信息的公开化，保证公众的知情权，也使公众能够在第一时间参与到政策中来，切实保障公众的参与权，故在社会救助工作中创建一个公开、透明、回应迅速的管理信息系统是十分必要的。随着现代信息技术的发展，在社会救助体系和公共服务体系的建设过程中，则应以“救助对象为中心”的理念构建公共服务网络信息平台，这就意味着一切以方便救助对象及其家庭使用和满足救助对象及其家庭的需求为出发点。“集成的政府”和“一体化政府”是当今电子政务发展的另一个重要理念。“集成的政府”是一个跨越组织界限、协同地向公众提供信息、充分理解用户需求并智能化地向公众提供服务的政府。在服务的前台，公众获得的是“集成的服务”，即公众可以通过统一的渠道和界面获得公共服务；在服务的后台，服务的提供是跨越部门界限的，是能够协同办公的(杨立雄，2013)。

此外，新公共服务理论对社会救助工作的启示还在于，社会救助在实施中要调动公民的参与，既包括志愿者，也包括受助者自身的力量，同时要注重独立于政府的第三方监督的功能，更好地服务于社会救助对象。当前，我国政府在实施目标管理、改革人事考核制度等方面还存在一些不合理现象，需要尽快完善政府部门的绩效评估体系，确立合理的绩效评估标准(赵格格，2012)。第三方评估属于外部监督，是政府推进创新管理方式的重要措施，其是独立于评估主体和被评估对象之外的与二者无利害关系的外部主体，将其引入社会救助的监督评估工作中，有利于提高政府决策民主化、科学化水平，推动有关政策措施落地，扩大社会参与(民政部办公厅，2015)。

第二节　成都市郫都区社会救助信息化建设与管理

信息技术促进了政府信息的公开化，保证了公众的知情权，也使公众能够在第一时间参与到政策中来，信息技术还提供了更加便利快捷的互动回应机制，促使政府更有回应力和责任心。郫都区社会救助工作顺应信息时代的要求，在社会救助工作上进行了信息化升级。

一、建立救助资源库

郫都区社会关爱援助中心引入成都市同行社会工作服务中心运营，负责统筹社会救助政策和资源，并建立救助资源库。郫都区社会救助资源库由公益合作伙伴名录、志愿者资源库、募捐资源库、医疗救助专项基金库共同构筑：①公益合作伙伴名录显示，目前已与多所高校志愿者团队(西华大学、四川托普信息技术职业学院、成都工业学院、四川省水产学校、西南交通大学、成都铁路工程学校等)确定合作关系，与中国建设集团第九公司、中建西部建设股份有限公司、英特尔产品成都有限公司、成都红旗连锁、蜀都万达广场等企业志愿团队达成长期合作关系。②志愿者资源库是以“爱心帮帮团培育计划”项目为依托建立起来的。郫都区社会关爱援助中心针对国内志愿者团队存在的效率低下等问题，借助同行社会工作服务社在社会工作上的专业优势，开展了“爱心帮帮团培育计划”，加强了志愿者团队的凝聚力、为团队成员之间的交流搭建了平台，打造了一支高效、专业的志愿者队伍，提高了服务水平和质量。以安靖救助关爱站为例，安靖救助关爱站汇总了来自喜安社区、方碑社区、周边高校、候鸟志愿者队的志愿者名单，截止到2019年12月，共计122名志愿者，安靖救助关爱站还开展了志愿者成长营等活动，以加强对志愿者团队的建设。③募捐资源库建设方面，社会工作者将募集物资的详细情况录入Excel中，包括接受募捐的时间、募集到的物资及其价值、物资捐赠方、物资捐助对象、募集类型等。郫都区社会关爱援助中心通过定向募集、定向义卖等方式募集物资，引起了广泛关注，周边的企业、社会组织、医疗机构、爱心人士、志愿者、社区居民等都积极参与到募捐活动中，主动为困难群体奉献爱心。郫都区社会关爱援助中心将募集到的床上用品、学习用品、衣服、鞋袜、医药包、体检卡、医疗药品、医疗器械、艺术培训学校培训名额、辅导机构辅导名额、医疗基金、网络捐款等各类物资情况录入募捐资源库中。④医疗救助专项基金库是郫都区社会救助工作中的一个重要资金库。经过社会工作者入户调查和需求评估，发现郫都区困难群众对医疗援助的需求在总需求中的占比高达90%，故本着需求导向的原则，郫都区社会关爱援助中心于2016年8月4日正式建立郫都区医疗救助专项基金，主要在医疗费用和药品等方面给予特殊困难群体救助。

二、建立困难群众需求数据库

区社会救助中心对求助群众的困难进行摸底、评估，建立了困难群众需求数据库，并按月发布困难群众相关数据信息。村(社区)、镇(街道)、区三级配合采集困难群众基础信息：①村(社区)一级录入困难群众的家庭编号、户主姓名、家庭地址、家庭人口、贫困类型[包括农村低保、城镇低保、低保边缘、集中特困、散居特困、困难儿童(含孤儿)、支出型贫困、急难对象]及其他家庭成员、编号、姓名、性别、身份证号、年龄、与户主关系、婚姻状况、文化程度、工作单位、联系电话、政治面貌、民族、是否为抚优对象、是否为急难对象、致贫原因、救助情况、是否撤销(迁出、脱贫或死亡时要撤销，撤销时选填上述原因)等信息，村(社区)可在备注栏补充认为该说明的内容。②镇(街道)一级采集社会工作者介入状态、情况说明、劳动能力、自理能力、居住情况、收入情况、参保情况、具体需求(物资、医疗、教育、住房、就业、心理、司法、其他方面的需求)、援助记录(物资、医疗、教育、住房、就业、心理、司法、其他方面的需求)等信息。③区社会关爱援助中心填写中心是否接案、援助记录(具体的援助服务)、参与项目、救助成效(救助之后的心理状态、就业状态等)方面的信息，同时可对救助对象的情况做出补充说明。通过大数据对困难群众的需求进行分类和相关数据分析，形成需求评估报告，为政府配置社会救助资源提供可靠依据。需求报告包括需求调查的基本情况(需求调查背景、调查对象及方法)、全区数据库分析情况(困难群众数量与地理位置分布、困难群众中男女人数比例、困难群众年龄分布、困难群众致贫主要原因等)、专项分析、针对专项分析提出的对策建议等内容。每一期的需求报告除了说明全区困难群体整体情况外，还特别进行专项分析，比如困难残疾人、困难儿童、困难妇女和困难老年人这类特殊困难群众分析，通过专项分析，提出更具针对性的需求对策建议。

此外，社会工作者能够通过查阅资源库，了解救助对象符合哪些政策、哪个部门负责、能得到哪方面的救助、如何申请等。截至 2019 年 10 月，郫都区困难群众需求数据库已纳入 3445 名特殊困难群众，2121 户特殊困难家庭，共服务 1074 个长期跟踪急难个案，发放 8072 人次生活援助资金，实施 3412 人次医疗救助，510 次教育援助，开展 3960 人次志愿服务、3768 人次心理援助、2023 次特需援助服务。

三、形成援助资源项目储备库

郫都区社会关爱援助中心整合各类社会资源，逐步形成社会化援助资源项目储备库。社会化援助资源项目储备库详细记录了各个援助资源项目的项目目标、项目区域、服务对象、项目开展形式、项目参与方式及爱心收获方面的详细信息①，为鼓励社会力量参与社会救助，更好地服务困难群众提供了支持。目前已纳入关爱援助项目数据库的项目有 14 个，有“乐助家·居家环境改善”项目，覆盖郫都

① 爱心收获是指参与援助项目的合作企业和志愿者等能够获得的奖励，比如荣誉称号、主流媒体报道等，是一种鼓励社会化参与的奖励机制。

区14个镇(街道)的困难残疾人、长期病患困难老年人、困难儿童，通过社会工作者+志愿者+改善家庭共同打造一个局部功能性或实用性的防护改造；“乐助360爱心包”项目，覆盖郫都区14个镇(街道)的困难群众，为全区的困难群众提供生活必需物资；“公益大讲堂”项目，该项目结合郫都区社会救助体系服务特点，按照卫生、健康、救护、防病减灾、心理辅导、法律援助、救助政策几大板块等的“全覆盖”，无偿向特殊困难群众提供权威性、专业性的公益指导服务；“让爱回家”计划，服务对象为困难老人和残疾人，志愿者通过入户陪伴、集体活动、聊天、文艺表演、厨艺展示等形式助残扶弱；“童心一同行”计划，覆盖6—14岁困难未成年人，志愿者通过观影、参观等活动陪伴孩子们一天；“亲亲一家人”计划，通过开展就业帮扶、长期助学、居家改善等活动，结对帮扶郫都区内困难群众；“公益市集”项目，覆盖郫都区14个镇(街道)的困难群众，通过市集搭建公益平台；“医疗援助，康复到家”计划，为郫都区内病患家庭提供医疗服务；“助学展翅”计划，帮助困难未成年人解决学习和生活上的困难；“爱满红光之私人订制暖冬心愿包”项目，面向红光街道所有困难群众，通过社会工作者+志愿者+社区共同营造街道“温暖过年”氛围；“你好，邻居”之一勺米活动，覆盖郫都区14个镇(街道)的居民，社会工作者和志愿者分成几组，带着“你好，邻居”“我捐一勺米”的参与卡去敲开陌生邻居家的门，募集一勺米，之后煮成百家粥，送给村(社区)居民，帮助构建和谐社区，营造互帮互助、团结友好的社区氛围；“365福袋”计划项目(与居家改善类同)，面向犀浦街道的困难老人、困难残疾人，由志愿者和社会工作者为犀浦街道的20名困难老人、困难残疾人提供365福袋跟进计划；“幸福蓓蕾”计划项目，为犀浦街道的10户困难学生提供助学支持和服务；困难学生“帮困助学”项目，服务对象为团结街道范围内的困难儿童和学生。郫都区社会化援助资源项目储备库，有效整合了各类社会资源，为爱心企业、社区或是高校志愿者及其他爱心人士参与社会救助提供了渠道。

四、探索建立综合应用管理平台

目前跟同行社会工作服务中心对接的区社会关爱援助中心和3个救助站正在使用同行社会工作服务中心自行开发的综合应用管理平台，这个综合应用管理平台包括项目管理、服务审核、服务查询、统计信息、绩效考核、系统管理等模块，不过该综合应用管理平台仍在试运行阶段，部分功能还在开发和完善中，此处介绍日常工作中应用比较广泛的两个模块。其中服务查询模块，能够按时间、项目名称、服务对象、录入人员等关键词快速查找到已开展的服务，该平台为运营机构数据统计工作提供了便利，也有利于工作人员及时掌握和了解项目开展情况和服务对象的需求。此外，上级主管能够在这个系统里通过绩效考核模块对社会工作服务机构的员工绩效进行评分定级。关键绩效指标包括员工服务个案数量、开展活动数量、参与培训次数等，上级主管可以直接在系统中输入分值，能快速得到员工的绩效总分，并以分数为依据判断员工是否合格。绩效考核制度信息化建设，有利于加强管理人员对员工绩效的把控和监督，并能在一定程度上有针对性地促进员工改进工作绩效。

为了保证信息安全、管理的规范化，不同级别的员工对综合应用管理平台的使用权限也有所不同，因此绘制了综合应用管理平台权限级别表(表 7.1)，社会工作者可以在综合应用管理平台录入信息并浏览自己输入的数据；主管可以输入数据、审核数据、浏览下级社会工作者输入的数据；主任可以审核数据、浏览同级和下级输入的数据；片区总干事则具有浏览平台所有数据的权限。

表 7.1　综合应用管理平台权限级别表

级别	权限
社会工作者	录入信息、浏览自己输入的数据
主管	输入数据、审核数据、浏览下级社会工作者输入的数据
主任	审核数据，浏览同级和下级输入的数据
片区总干事	浏览平台所有数据

资料来源：据对郫都区社会关爱援助中心工作人员的访谈所得。

五、开发专门的社会救助 APP

郫都区社会关爱援助中心曾与软件开发公司合作，推出集个案援助、关爱活动、救助项目、物资流向、志愿服务、公益伙伴等模块于一体的社会救助 APP。

APP 面向服务对象、爱心人士、内部工作人员，丰富了社会力量参与社会救助的渠道，也为服务对象参与符合自己需求的救助项目提供了便利。郫都区社会救助 APP 功能(表 7.2)根据模块的不同而有所不同，普通使用者能够在个案援助模块中，搜索自己所关注的辖区内的困难群众，了解该辖区内特殊困难群体的总体情况和致贫原因等信息，还可以通过这个模块，去寻找需要帮助的人。此外，如果使用者是困难人员，他们可以在个案援助这个模块里点击“我要发布”按钮，发布自己的需求。关爱活动模块可用于工作人员发布关爱活动信息。救助项目模块集救助项目信息发布和申请参与项目功能为一体，工作人员可在这个模块中发布社会救助项目信息，使用者可以在这个模块里支持这个项目或者申请参加这个项目。物资流向这个模块主要用于公布捐赠款物信息，向社会公开其使用情况。志愿服务模块是志愿者报名志愿活动的一个通道，志愿者可以在这个模块里填写个人信息，实时查看志愿者志愿时长、等级评定(星级评分)等。公益伙伴模块则扮演线上宣传栏的角色，主要功能是宣传、介绍一起合办活动的爱心企业，提高爱心企业的知晓率。

表 7.2　郫都区社会救助 APP 功能

模块	功能
个案援助	使用者可以搜索关键词(如镇名)，了解该辖区内困难人员的致贫原因和总体情况 对于困难人员来说，可以在个案援助这个模块里点击“我要发布”按钮，发布自己的需求 对于支援方来说，可以通过这个模块，去寻找需要帮助的人
关爱活动	发布关爱活动信息
救助项目	发布社会救助项目信息，此外，使用者可以在这个模块里支持某一项目或者申请参加这个项目
物资流向	公布捐赠款物的使用情况信息
志愿服务	志愿者能在这个模块中填写个人信息，实时查看志愿时长和志愿服务星级
公益伙伴	介绍、宣传合办活动的爱心企业

资料来源：根据对郫都区社会关爱援助中心工作人员的访谈所得。

六、搭建社会救助信息公开双轨道

郫都区社会关爱援助中心搭建了线上线下社会救助信息公开渠道，不仅通过“善满鹃城”官方微信公众号、郫都区慈善网官方网站、微信群等线上通道对外发布社会救助信息，还通过《善满鹃城》月报、《郫都区社会关爱援助中心特殊困难家庭需求报告》、《郫都区社会关爱援助中心特殊困难家庭专项需求报告》等纸质资料及时对特殊困难群众救助信息进行对外发布，接受公众监督。

以基金流向的信息公开和困难群众需求数据库的信息公开为例，社会救助基金使用情况会通过召开基金理事会以及通过郫都区慈善网和“善满鹃城”公众号发布使用信息，“善满鹃城”公众号的半年工作总结中向社会公开资金流向信息。困难群众基础数据库每月 30 日前村(社区)社会救助窗口上报镇(街道)社会救助站，镇(街道)社会救助站次月 3 日之前报送到区社会救助中心，区社会救助中心每月 5 日进行汇总，6 日召开关爱援助工作例会，公布全区数据[通过印发月报、季刊和需求报告的形式向各部门各镇(街道)和爱心单位发布数据和信息]。

第三节　成都市郫都区社会救助监督评估体系

郫都区社会救助体系涵盖体制政策救助和社会关爱援助两大板块，体制政策救助监管社会关爱援助，社会关爱援助补充体制政策救助，具体如图 7.1 所示，即由政府救助制度保障+社会慈善力量参与+专业技术力量支撑共同发力，形成了无缝覆盖的区—镇(街道)—村(社区)三级救助体系，实现对困难群众的精准救助。

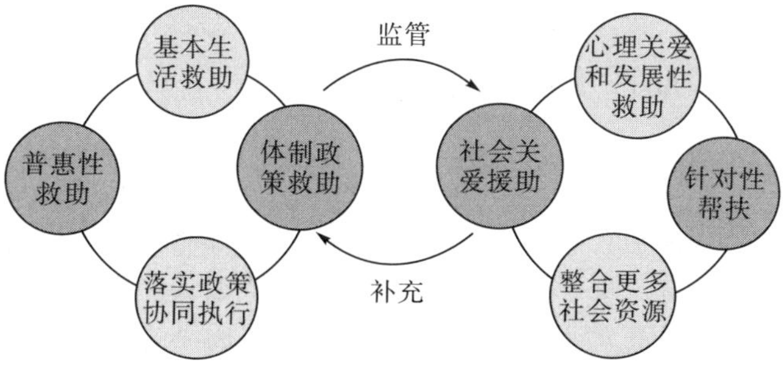

图 7.1　郫都区社会救助体系关系图

其考核管理体系也呈现出多层次、多维度、系统性的特点。第一，从监督评估主体来看，成都市郫都区社会救助监督评估主体既有民政部门开展的评估，也有委托第三方独立机构开展的评估，还有吸收不同方面力量组成联合工作机制开展的评估——镇(街道)、村(社区)联席会议。第二，从监督评估对象来看，既有民政部门对郫都区社会关爱援助中心的监督评估，也有第三方评估机构对郫都区社会救助整个体系、郫都区社会关爱援助中心和郫都区各救助站点的监督评估，此外还有郫都区社会关爱援助中心和郫都区各救助关爱站点的内部自评。第三，从监督评估内容看，既有对政策实施绩效的监督评估，也有对资金使用、项目开展情况方面的监督评估。总的来说，成都市郫都区社会救助监督评估体系涵盖两大板块：社会救助体系系统内部监督评估和社会救助体系系统外部第三方监督评估，如图 7.2 所示。郫都区社会救助体系系统内部监督评估包括民政局对郫都区社会关爱援助中心的监督评估、民政局对郫都区各街道救助关爱站的监督评估、郫都区社会关爱援助中心和救助关爱站点的自评，以及承接机构对内部工作人员的管理。外部第三方监督评估是指，郫都区社会关爱援助中心引入独立于救助体系外的第三方专业评估机构对整个社会救助体系、郫都区社会关爱援助中心以及各救助关爱站点的监督评估。

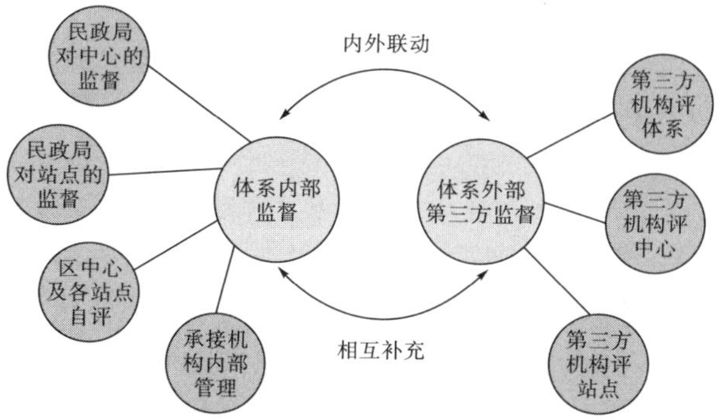

图 7.2　郫都区社会救助监督评估体系

一、郫都区社会救助系统内部监督评估

新公共服务理论认为，政府不要试图控制社会发展的方向，而是要为社会发展提供所必需的公共服务，但这并不是说要简化或者取消政府的管制职能，与之相反，政府的管制职能在某些方面不能减弱甚至要加强，如社会管理职能、宏观调控管理职能等。因此，要明确政府的责任是服务而不是掌舵，要实现政府管制和服务职能的一种良好的协调和整合(赵格格，2012)。同样，郫都区民政局作为出资方，具有对郫都区社会关爱援助中心和郫都区各街道救助关爱站监督和评估的权利和义务。

(一)郫都区民政局对郫都区社会关爱援助中心的监督评估

郫都区民政局与郫都区社会关爱援助中心签订《成都市郫都区社会关爱援助中心运营项目合同》，合同中规定了郫都区社会关爱援助中心的服务内容与质量标准：一是日常管理运营(人员配置、场馆使用)，比如要求建立以专业社会工作者为骨干的运营团队，工作人员分为四个类别：项目负责人、个案专员、项目专员、宣传专员。其中项目负责人应具备社会工作专业执业证书且具备项目管理经验，个案专员应具有社会工作专业背景，项目专员应具有社会工作专业、策划推广专业、中文等专业背景，宣传专员应具有广告策划、宣传推广专业背景。此外，机构应配置督导、财务人员等兼职人员。二是制度与规范建设，要求区社会关爱援助中心建立完备的运营管理制度、财务管理制度以及人事管理制度，明确各项工作任务以及工作目标，严格人员上岗资格考察、工作能力考核考评，建立奖惩机制等。三是建设需求数据库。建立辖区内困难群众大数据库；为辖区内特殊困难群众建立单独档案，对需求进行详细评估，并实施动态化管理；每季度向社会发布一次需求报告。四是建设救助资源库。发现和动员社会资源参与帮扶，形成救助资源库，促成资源与需求之间的有效对接；建立社会救助志愿者团队，并进行管理。五是研发社会救助项目。要求区社会救助中心根据区内困难群众的需求类别，研发各类长期可持续的品牌救助项目。六是对辖区内的特殊困难个案实施全程跟进。七是社会救助工作能力建设。开展区内社会救助工作专题培训，为区内社会救助工作项目提供督导支持。八是社会救助宣传服务工作。汇总全区受理和开展的帮扶救助信息，并通过报刊、微信公众号、APP、门户网站等媒体向社会公开。根据郫都区社会关爱援助中心项目服务质量评分表(表 7.3)，考核采用评分制，基础总分为 100 分，其中日常管理运营占 5 分，人力资源配置、制度与规范建设各占 5 分，需求数据库建设共计 15 分，救助资源库建设共 10 分，救助项目研发共 15 分，个案管理占 15 分，社会救助工作能力建设占 15 分，社会救助宣传服务为 15 分。合同规定的考核时间为项目中期和项目终期，届时对每个项目进行一次考核评定。

表 7.3　郫都区社会关爱援助中心项目服务质量评分表

序号	评审指标	评审要素	主要内容	分值	操作办法	得分
1	日常管理运营(5 分)	场馆日常管理	除节假日外，保证场馆开放	1	实地观察，工作人员访谈	
		场馆设施维护	做好会务周边工作，确保整体服务环境有效运作	2	实地观察，参会人员访谈	
		场馆日常接待	接待来访、咨询，做好记录	2	查阅接待记录	
2	人力资源配置(5 分)	人员分工	工作人员分为四个类别：项目负责人、个案专员、项目专员、宣传专员，此外，机构应配置督导、财务人员	1	工作人员访谈	
		人员结构	建立以专业社会工作者为骨干的运营团队，项目负责人应具备社会工作专业执业证书且具备项目管理经验，个案专员应具有社会工作专业背景，项目专员应具有社会工作专业、策划推广专业、中文等专业背景，宣传专员应具有广告策划、宣传推广专业背景。工作人员应具备相关工作经验	4	查验工作人员提交资料	
3	制度与规范建设(5 分)	制度建设	有健全的中心运营管理制度、财务制度以及人员招聘、培训、督导、考核、激励、管理制度	2	文件查阅，中心工作人员访谈	
		规范管理	制定员工工作守则和职责说明，并严格进行规范管理	3	文件、资料查阅；中心工作人员访谈	
4	需求数据库建设(15 分)	困难群众大数据库	建立全区困难群众大数据库，包含全区范围内的低保、五保、支出型贫困等各类困难群体	3	查阅数据库电子文档	
		特殊困难群众一人一档	为辖区特殊困难群众建立单独档案，特殊困难群众是指需要社会工作者介入或社会资源进行救助的急难对象	3	档案查阅，主管部门调查或访谈	
		特殊困难群众需求评估	对特殊困难群众需求进行详细评估，形成单户的评估报告	3	文件、资料查阅，工作人员访谈	
		数据库动态管理	数据库实施动态管理，一月至少更新一次	3	文件、资料查阅	
		需求分析报告	每季度进行一次系统的辖区内困难群众需求分析，并向社会发布需求分析报告	3	报告纸质文档查阅，工作人员访谈	
5	救助资源库建设(10 分)	爱心企业走访	走访辖区内救助资源，并分类型登记，包括爱心企业、爱心个人	3	查阅走访登记表，爱心企业、个人访谈	
		援助对接	及时将救助信息发布给各爱心个人或团体，促进资源与需求之间的对接，并及时反馈救助结果	2	文件、资料查阅；困难群众、爱心企业、个人访谈，满意度调查	

续表

序号	评审指标	评审要素	主要内容	分值	操作办法	得分
5	救助资源库建设（10分）	志愿者团队建设	建立社会救助志愿者团队，并登记志愿者详细信息	2	查阅志愿者登记表	
		志愿者团队管理培训	管理并培训志愿者团队，使之成长为服务有效的社会团体	3	查阅志愿者管理制度、培训材料等	
6	救助项目研发（15分）	品牌项目研发	研发各类长期可持续的品牌救助项目，全年不少于10个	5	项目库文件、资料查阅	
		项目实施运作	研发的社会救助项目，具体实施并成熟运作的不少于4个	5	服务满意度调查	
		项目活动	各类项目推广、实施活动不少于10次	5	查阅图文资料	
7	个案管理（15分）	个案专业服务	指导救助关爱站专业服务有效个案不少于20个	10	服务对象访谈、救助关爱站访谈	
		优秀案例集	汇总全区优秀个案管理实例，形成优秀案例集	5	查阅案例集	
8	社会救助工作能力建设（15分）	社会救助工作培训资料	收集撰写社会救助工作培训资料	3	查阅救助社会工作教材	
		社会救助工作培训	开展区内社会救助工作专题培训不少于6次	3	查阅存档材料	
		社会工作者成长营	社会救助工作人才同辈督导——社会工作者成长营开展不少于6次	3	查阅存档材料	
		救助关爱站督导	镇(街道)救助关爱站工作集中督导不少于6次，对每个救助关爱站实地督导每季度至少1次	3	查阅存档材料	
		社会救助工作专业支持	为各镇(街道)、各部门社会救助工作提供专业支持	3	查阅存档材料	
9	社会救助宣传服务（15分）	中心宣传片	制作中心宣传片不少于2部	2	观看宣传片	
		《善满鹃城》季刊	制作《善满鹃城》季刊4期	2	查阅季刊资料	
		《善满鹃城》月报	制作《善满鹃城》月报12期	2	查阅月报	
		“善满鹃城”微信公众号	“善满鹃城”微信公众号保持每个工作日更新一次	3	查阅推送内容	
		“善满鹃城”APP	“善满鹃城”APP运营管理	3	检查运行情况	
		各类媒体宣传报道	对接国家、省、市、区级媒体对社会救助工作进行宣传报道	3	查阅相关报道	

资料来源：《成都市郫都区社会关爱援助中心运营项目合同》。

考核等级评定方面，考核得分在 90 分(含)以上为优秀，80 分(含)至 90 分为良好，70 分(含)至 80 分为合格，70 分以下为不合格，考核评定结果予以正式的书面文件通知。郫都区社会救助项目采购发布中将设定加分制度，考核等级为优秀的社会关爱援助体系运营机构，给予加分奖励。但对于考核等级不合格的承接机构，按照实施较差的项目内容扣除相应的预算经费。人员配备不合格的，按月扣减相应工资预算，连续两次以上考核等级不合格，将不再委托运营。

(二)郫都区民政局对郫都区镇(街道)救助关爱站的监督评估

郫都区民政局与郫都区 14 个镇(街道)救助关爱站签订《成都市郫都区街道救助关爱站运营合同》，通过政府购买社会服务的形式引进社会工作服务机构服务郫县各镇(街道)，开展社会工作专业服务，宣传相关政策，建立困难群众台账，进行重点个案服务，加强基层社会救助工作人员素质建设，推动志愿服务，发动社会力量参与社会救助，完善郫都区社会救助三级体系。合同中规定的考核时间为项目中期和终期，届时对每个项目进行一次考核评定。此外，每月还会对每一个项目点位至少抽查一次进行考核评定，考核评定结果作为项目中期和项目终期评定的辅助补充材料，根据抽评结果酌情对该项目给予加减分。

合同中规定了郫都区镇(街道)救助关爱站的服务内容与质量标准：一是基础建设部分，包括人员配备情况、制度建设情况、场馆管理情况方面的指标。其中，人员配备情况要求，各救助关爱站需配备两名或两名以上具有社会工作专业背景的工作人员，救助关爱站工作人员参与郫都区社会救助工作相关培训，运营机构需保证工作人员的稳定性；制度建设情况考察各救助关爱站具体工作制度和管理制度的建设情况，要求各站点建立起社会救助服务流程并上墙或制作成业务指南，并严格按照制度对工作人员进行规范化管理；场馆管理情况方面主要考核各救助关爱站对站点内部办公区域的设置情况，要求各站点设置工作人员办公区、个案谈话区、小组活动区等必要的工作区域，办公场所要悬挂统一的带有站点名称的牌子；要有公示牌展示工作人员在岗、家访、活动等情况。二是常规工作部分，该部分涵盖了台账建立工作、团队建设工作、信息宣传工作、区社会救助中心交办的其他工作。其中，台账建立工作包括：协助镇(街道)社会救助工作领导小组建立起本镇(街道)困难群众需求数据库，并于每月 5 日按时上报区社会关爱援助中心统计汇总。另外，对本辖区内的救助资源等要积极走访，建立专门的镇(街道)救助资源库台账，对日常工作中的走访、咨询等建立专门的困难群众走访咨询登记台账等。团队建设工作主要包括对民政协理员的培训工作以及志愿者团队的建设工作。要求各站点对各村(社区)民政协理员进行社会救助工作初级培训，建立一支稳定的志愿者队伍，组织志愿者活动。信息宣传工作方面，则是对各站点信息上报、信息公开方面的工作做出了具体要求。例如，按时报送周工作计划和总结，及时报送每日工作动态，主动更新“善满鹃城”APP 上各站动态，重要信息联系媒体进行重点宣传等。三是特色工作部分，监督评估的内容涵盖个案管理工作、小组活动工作、特色活动工作三个方面。其中，个案管理工作要求各站点选取重点个案至少 20 例进行全程跟进。个案服务要有专门的记录表，展示个案对象从介入到结案的服务过程和服务成效，最终形成个案故事汇编。小组活动工作，要求各站点针对本辖区重点困难群众开展小组活动，并对全年开展活动的数量做了规定。特色活动工作，要求各站点围绕区社会救助中心制定的每月主题，结合本辖区重点困难群众类型，设置相应活动，形式不限，但活动次数全年不少于 6 次，另根据本区域需要，链接资源落地实施一个具体的困难群众帮扶救助小项目。

根据成都市郫都区街道救助关爱站工作考核评分表(表 7.4)，考核采用评分制，考核内容包括基础建设、常规工作、特色工作三部分，总分为 100 分，其中，基础建设部分占 15 分、常规工作部分占 53 分、特色工作部分占 32 分。对站点常规工作部分和特色工作部分的考核高达总分的 85%，充分体现了过程管理的理念。此外，每个部分的考核内容中又各有侧重，第一，就基础建设部分来说，光是人员配备情况这个指标就占了 7 分，可见保证运营机构工作人员稳定性的重要性。制度建设情况和硬件建设情况各占 4 分。第二，常规工作部分，基础台账建立工作、团队建设工作、信息宣传工作各占 16 分，这三项工作都是站点日常工作的重要内容。另外，区社会救助中心交办的其他工作占 5 分，这就要求各站点与区社会救助中心保持密切联系，更好地推进郫都区社会救助体系的工作。第三，从特色工作内容来说，小组活动和特色活动各占 8 分，个案管理工作所占分值最大，共占 16 分，这体现出对个案管理工作的重视，充分发挥社会工作服务机构的专业特长。

表 7.4　成都市郫都区街道救助关爱站工作考核评分表

类别	序号	内容	分值	考核标准	自评	考评
基础建设部分（15 分）	1	人员配备情况 7 分	3	配备两名或两名以上具有社会工作专业背景的工作人员，得 3 分；配备一名具社会工作专业背景的工作人员，得 1.5 分；工作人员中无社会工作专业背景的，得 0 分		
			2	项目中从未更换工作人员的，得 2 分；更换过一次工作人员，并按程序请示过的，得 1 分；未经请示擅自更换工作人员或更换工作人员超过两次及以上的，得 0 分		
			2	工作人员参与区级社会救助社会工作等培训，全勤的得 2 分；因特殊情况未能出勤但提前请假的，得 1 分；无故缺勤的，得 0 分		
	2	制度建设情况 4 分	2	建立各项工作制度和管理制度，以及各项服务流程并上墙或制作成业务指南，得 2 分；建立相关制度及服务流程，但未上墙或者没有制成业务指南的，得 1 分；未建立相关制度及服务流程的，得 0 分		

续表

类别	序号	内容	分值	考核标准	自评	考评
基础建设部分（15分）	2	制度建设情况4分	2	严格按照工作制度和流程组织实施的，得2分；在实际工作中，未完全按照制度和流程执行的，根据程度情况，扣0.5—1.5分；工作纪律散漫程序混乱的，得0分		
	3	硬件建设情况4分	1	场所分区明确，功能完备，得1分；场所分区不明确，妨碍功能发挥的，得0分		
			1	办公场所悬挂统一的“××镇（街道）救助关爱站”牌子的，得1分；未悬挂牌子的，得0分		
			2	有公示牌并明确标识出工作人员去向的，得1分；无公示牌或没有标识出工作人员去向的，得0分		
常规工作部分（53分）	4	基础台账建立工作16分	4	做好困难群众基础数据库建设，本辖区困难群众覆盖率应为100%，台账健全并按时更新上报的，得4分；有困难群众数据库且信息登记完全，但未及时上报的，得3分；有困难群众数据库但信息登记不完全或不更新的，得1分；无困难群众基础数据库的，得0分		
			4	做好援助资源库台账登记，登记详细全面的，得4分；登记不够详细全面的，得2分；没有建立援助资源台账的，得0分		
			4	有登记详细的走访记录、援助记录等台账建立的，得4分；台账信息登记不全的，得2分；没有台账登记的，得0分		
			4	有完整的活动资料整理及存档的（包括计划、方案、新闻稿、图片、总结），得4分；活动资源整理不全的，得2分；没有资料留存的，得0分		
	5	团队建设工作16分	4	积极培训村（社区）民政协理员社会救助相关工作的，得4分；与民政协理员保持紧密联系，但未做正规培训的，得2分；与民政协理员沟通联系较少的，得0分（对民政协理员的培训全年不少于6次）		
			4	积极推动民政协理员参与社会救助工作，成效明显的，得4分；成效一般的，得2分；成效较差的，得0分		
			4	建立了稳定的志愿者队伍，志愿者管理规范有序的，得4分；建立了稳定志愿者队伍，管理不规范的，扣1—3分；没有建立志愿者队伍的，得0分（志愿者资料包括基本信息、联系方式、专业特长、希望服务时间、参与活动记录、服务时长等）		
			4	系统组织过志愿者培训或志愿者活动的，得4分；仅组织过单次志愿者培训或志愿者活动的，得2分；没有组织过志愿者培训和志愿者活动的，得0分		
	6	信息宣传工作16分	4	按时报送周工作计划与工作总结的，得4分；周工作计划与总结延迟报送的，得2分；不报周工作计划与总结的，得0分		

续表

类别	序号	内容	分值	考核标准	自评	考评
常规工作部分（53分）	6	信息宣传工作16分	4	及时报送工作动态并及时上传本站内容至善满鹏城APP上，得4分；工作动态及APP上传延迟的，得2分，不报送工作动态不更新APP内容的，得0分		
			4	报送的工作动态质量高，被中心采用较多的，得4分；采用率一般的，得3分；采用率较少的，得2分（根据排名前后计分）		
			4	市级及以上媒体报道救助关爱站工作，每报道一次加1分，加分上限为4分		
	7	其他工作5分	5	区社会救助中心交办的其他与救助有关的临时性工作		
特色工作部分（32分）	8	个案管理服务工作16分	4	个案服务资料记录完整的，得4分；个案服务资料不完整，经检查补充完整的，得2分；个案服务资料不完整，检查后不整改的，得0分		
			4	积极为个案对象提供各种服务解决其实际问题的，个案对象改变明显的，得4分；为个案对象提供多种服务但未解决实际问题的，个案对象改变不大的，得2分；仅提供走访服务的，未提供具体帮扶服务，个案对象未实际受益的，得0分。全面总结反思个案服务成效，得4分；个案总结内容和个案反思不全面的，根据程度扣1—3分；没有开展个案总结和反思的，得0分		
			4	全面总结反思个案服务成效，得4分；个案总结内容和个案反思不全面的，根据程度扣1—3分；没有开展个案总结和反思的，得0分		
			4	将个案服务整理成个案故事，提炼出可复制经验的，得4分；对个案故事仅做描述的，得2分；没有形成个案故事的，得0分		
	9	小组活动8分	4	开展2个类型小组活动，每个小组活动不少于6节的，得4分；开展1个类型小组活动，不少于6节的，得2分；每个小组活动皆少于6节的，得0分		
			4	小组活动成效明显的，得4分；成效一般的，酌情扣1—3分；成效较差的，得0分		
	10	特色活动8分	4	围绕区社会救助中心制定的每月主题设置相应活动，全年超过6次并有救助项目落地实施的，得4分；救助项目没有落地实施的扣2分；不足6次的，每少一次扣0.5分		
			4	每月主题活动形式新颖多样，传播度高、参与度高，社会反响较好的，得4分；活动形式单一，传播度不高、参与度不高，没有较大社会反响的，根据实际情况扣1—4分		
合计			100			

考核等级评定方面，合同规定，考核得分在 90 分(含)以上为优秀，80 分(含)至 90 分为良好，70 分(含)至 80 分为合格，70 分以下为不合格。进行抽评的，以抽评得分作为最终考核得分；未进行抽评的，以考评得分作为最终考核得分。考核评定结果将予以正式的书面文件通知，郫都区社会救助项目采购发布中将设定加分制度，考核等级为优秀的社会关爱援助体系运营机构，给予加分奖励。反之，考核等级不合格的运营机构，按照实施较差的项目内容扣除相应的预算经费。人员配备不合格的，按月扣减相应工资预算。连续两次以上考核等级不合格的运营机构，将不再委托运营。

(三)郫都区社会关爱援助中心和站点的自评

郫都区社会关爱援助中心和各街道救助关爱站进行自评的时间同样分为中期和末期两次，自评结果呈现为自评报告，在第三方评估机构介入监督评估工作之前报送第三方专业评估机构。根据项目自评报告基础模板，自评涉及项目基本信息、资源整合情况、项目活动完成情况和项目实施自我评估与总结四个部分。其中，项目基本信息需要郫都区社会关爱援助中心、各街道救助关爱站填写项目合同起止时间、项目负责人、团队成员等情况。资源整合情况部分要求郫都区社会关爱援助中心和各街道救助关爱站在该部分对周期内整合外部资金、物资、人力、组织等资源数量、批次等情况进行说明，项目活动完成情况进行自评。项目活动完成情况包括人员配备、制度建设、场馆管理、台账建立、团队建设、信息宣传、个案管理、小组活动、特色活动、公共关系建立、社会工作督导等方面工作量的统计，以及媒体报道、获得荣誉、奖励次数的产出数量，不同站点的指标。项目实施自我评估与总结是自评报告中的重中之重，郫都区社会关爱援助中心和各街道救助援助站在这个部分对项目的成效、不足、面临的问题及未来改善措施进行详细说明。

在第三方评估机构进行评估之前，郫都区社会关爱援助中心、各街道救助关爱站要事先做一个自评报告，对自身工作进行自评，然后上交给第三方评估机构。第三方评估机构首先督促郫都区社会关爱援助中心和各街道救助关爱站主动地并且及时地反思工作中的不足，培养工作人员的问题意识，并且推动他们积极寻找解决问题的方案，及时查漏补缺，这为推进社会救助工作专业化、提高工作成效，确定未来的工作重点提供了坚实的保障。同时，郫都区社会关爱援助中心、各街道救助关爱站对自身工作的自评跟体系外的第三方评估机构的监督促进了相互补充、内外联动的监督评估机制的形成，一方面，自评和他评的结合增强了评估的公正性和客观性；另一方面，自评和他评的结合能够充分发挥体系内外监督的合力，使郫都区社会关爱援助中心、各街道救助关爱站能够得到第三方评估机构的专业指导，使中心和站点的工作人员的专业化水平和服务能力获得实质性的提升，更好地为辖区内困难群众服务。

(四)郫都区救助关爱援助站点承接机构对内部工作人员的管理

各站点承接机构都制定了对机构内部工作人员的管理制度,以规范员工行为,明确职责,建设一支具有专业性的人才队伍参与到社会救助工作中来,更好地推动社会工作介入社会救助领域,发挥社会工作者的专业服务优势。以犀浦街道救助关爱站为例,根据犀浦街道救助关爱站人员考核管理办法(表 7.5),成都市郫都区犀浦街道救助关爱站对接成都市郫都区益家社会工作服务中心,社会工作服务机构内部制定了《益家社会工作服务中心人力资源管理办法》,涉及人力资源规划、人员招聘与配置、培训与开发、绩效管理、薪酬管理、劳动关系管理六大模块,这为规范益家社会工作服务中心工作人员的行为,提高工作效率,强化服务意识,激发工作的积极性和创造性,确保中心安排的各项工作任务的有效完成提供了制度保障和行动指南。

表 7.5 犀浦街道救助关爱站人员考核管理办法

考核维度	具体内容
考核对象	包括中心的部门、团队及个人
考核原则	坚持绩效挂钩、以考促进的考核理念,按照公开、公平、公正的原则
考核内容	一是对项目执行完成情况进行考核;二是对中心下达的工作任务的落实完成情况进行考核
考核方式	自我评价、团队互评、管理考评、领导评估相结合的方式
结果运用	项目团队实施项目被评定为不合格,团队人员将被中心进行集中约谈,限期整改;团队两次被评定为不合格,将撤销项目负责人职务

资料来源:《益家社会工作服务中心人力资源管理办法》。

具体的人员考核管理办法如下。①考核对象:绩效管理考核对象包括中心的部门、团队及个人。②考核原则:益家社会工作服务中心将坚持绩效挂钩、以考促进的考核理念,按照公开、公平、公正的原则,采取平时抽检、定期考查与年度考评相结合、员工评价与领导评估相结合的方式,由中心行政部牵头组织开展中心的绩效考核管理。③考核内容:绩效考核管理的内容主要涉及两类,即对项目执行完成情况进行考核,对中心下达的工作任务的落实完成情况进行考核。按照项目方案和合同约定,定期对项目工作的开展情况进行考核,重点对项目服务指标、项目服务成效、项目相关方特殊要求的落实完成情况进行全面考评。④考核方式:对项目的考核采取自我评价、团队互评、管理考评、领导评估相结合的方式,每季度开展一次。自我评价是指开展项目工作的团队,按季度对自我团队中人员在日常工作中的表现(工作态度、工作量大小、工作完成质量、与人关系等)进行综合评价。团队互评是指在中心行政部的组织下,各项目团队分别派遣若干名人员共同组成团队评审小组,采取听各项目团队工作汇报、查阅活动资料以及实地走访调查等方式对各项目团队工作开展情况进行客观、公正的考评排序，并根据考评排序结果进行评价。管理考评是指在中心管理层(部门直接负责人)在考虑不同项目难易程度和中心对各项目的具体要求的基础上，再分别对项目的独立开展能力、日常工作完成质量、时间任务统筹、服务取得效果、相关方意见反馈以及日常监督检查情况等方面进行综合考评。领导评估是指中心领导层对各项目团队按照中心要求开展项目的情况进行考核评估。考核评估主要根据日常监督检查情况、“甲方”满意度、“第三方”评估结果等方面进行综合考核。⑤结果运用：项目团队实施项目被评定为不合格，团队人员将被中心进行集中约谈，限期整改；团队两次被评定为不合格，将撤销项目负责人职务。部门任务考核过程中，部门被评定为不合格的，将对部门负责人进行约谈整改，部门两次被评定为不合格或部门任务年终考核未达到良的将给予部门负责人降职处理。中心绩效发放采取浮动机制，每次绩效考核将对所有人员的考核评分进行排序，按照“2332”(20%优秀，30%良，30%合格，20%不合格)的原则，分别确定优秀、良、合格、不合格四类人员，对其发放相应绩效，确定的相应绩效发放档次标准将一直执行到下次绩效考核确定新档次级别为止。其中，连续两次被评为优秀的人员，将自下月起执行绩效考核档次自动上升一档；在两个自然年度内，累计 4 次被评为良的人员，将自下月起执行绩效考核档次自动上升一档；在两个自然年度内，累计 4 次被评为合格的人员，将自下月起执行绩效考核档次自动下降一档；对获得不合格的人员，自下月起绩效考核执行档次自动下降一档；对连续三次获得不合格的人员，中心将解除劳动合同。同时，绩效考核也将作为中心人员职务晋升、特别奖励等方面的重要参考依据。

二、郫都区社会救助系统外部监督评估：引入第三方评估机构

第三方评估是由评估主体和被评估对象之外的与二者无利害关系的外部主体进行的评估。第三方评估机构通常由专业人士组成，拥有专业的技术水准，管理科学，信息透明，态度中立，评估结果公正客观，具有独立性、科学性、权威性、公正性和客观性等特点。引入第三方评估，是科学评价政府工作，提高政府决策民主化、科学化水平，推动有关政策措施落地，扩大社会参与，推进政府治理方式创新的重要措施。

郫都区民政局自 2017 年开始，通过政府购买社会服务的形式引进专业社会工作评估督导机构——广东省东莞市正阳社会工作服务中心，对在成都市郫都区范围内开展社会救助工作专业服务的民办非企业工作内容进行评估和督导，主要评估社会工作服务项目目标的实现程度、专业服务效果及项目资金的使用情况。对评估中发现的问题给予专业督导，通过评估督导总结成都市郫都区救助领域社会工作服务经验，提炼本土社会工作服务经验，提升社会工作服务水平。同时评估结果作为社

会工作服务项目结项的依据以及为项目购买方确定项目执行方继续承担相关社会工作服务项目的资质提供依据。第三方评估团队由具有相关领域行政或者政府管理工作经验的专家、具有社会工作实务经验的社会工作者、熟悉社会组织财务工作的专业财会人员构成，团队人数为不少于 5 人的单数。评估专家组独立运作，负责到郫都区社会关爱援助中心和镇(街道)级社会救助站点进行实地考察和评估。评估时间为一年两次，即在项目中期和终期时，评估结果产出为评估报告，包括社会救助体系总体报告、区社会关爱援助中心的评估报告、各站点的评估报告。这为进一步完善社会关爱援助体系建设，强化服务职能，提高办事效率，加强对社会关爱援助体系的管理，提高社会关爱援助体系工作的整体水平提供了支持。

(一)第三方评估机构对郫都区社会救助体系的监督评估

监督评估内容上，第三方评估机构结合《成都市社会工作服务项目考核评估办法》《成都市社会工作服务项目管理办法》《成都市社会工作服务项目资金管理办法》等政策文件的相关要求，从项目投入保障、项目过程管理、项目财务管理、项目产出与成效、附加指标等五个方面对成都市郫都区社会救助体系进行考核评价。第一，项目投入保障方面，主要考核承接运营机构保障人员工资福利、服务经费等的资金投入，符合合同、相关政策文件要求，以及配置的项目人员符合合同规定资质、数量等方面的要求。第二，项目过程管理方面，主要从服务策划、进度管理、项目制度建立、质量管理、人员管理、风险管理、利益相关方管理、档案管理、资料报送等方面进行考核评价。第三，项目财务管理方面，主要从财务管理制度、财务人员资质、预决算管理、经费独立核算、经费专款专用、票据使用规范、科目设置、财务处理等方面进行评价。第四，服务产出与成效方面，从定量和定性两个维度，考察合同量化指标达成、项目执行目标达成、不同利益相关方满意度、产生的社会影响等。第五，附加指标方面，主要分为加分项和扣分项，分别从服务研究产出、项目所获得的社会赞誉、对外推广、诚信参评、有效投诉等五个方面进行考核。

监督评估方法上，一方面，评估工作在评估基础数据收集方法上，主要运用了资料分析法、问卷调查法、访谈法等方法。具体的研究方法应用如下：①资料分析法，在实地评估中，评估人员收集并查阅各关爱援助中心(站)的管理制度(如项目财务管理制度)、项目计划、服务档案管理、人员管理、财务信息、进度管理、专业规范管理、督导管理、质量管理、风险管理、利益相关方管理等相关资料，并对资料进行分析，作为项目运作、产出以及成效的重要评价依据。②问卷调查法，根据社会关爱援助项目实际运作情况设计了服务对象、合作方、购买方等的评价问卷，通过问卷调查和电话访谈的方式收集服务对象、服务购买单位、其他利益相关方的评价，并对问卷各项数据进行分析。③访谈法，在实地评估过程中，评估人员结合实地评估情况对项目工作人员、服务对象、合作方进行访谈，深入了解项目的运作实际情况，并进一步了解项目运作存在的困难和问题及其成因。另外，在数据分析方法上，结合质性资料归纳分析与定量统计开展。具体而言，评估根据评估指标考核方向，对收集的档案资料、访谈及问卷调查中的质性资料进行归纳，并对项目人力资源配置、服务产出、各项评估指标得分等数据信息进行定量统计，最后结合形成评估结果，撰写评估分析报告。

监督评估程序上，第三方评估机构对郫都区社会关爱援助体系的评估工作主要分为三个步骤，如图 7.3 所示。

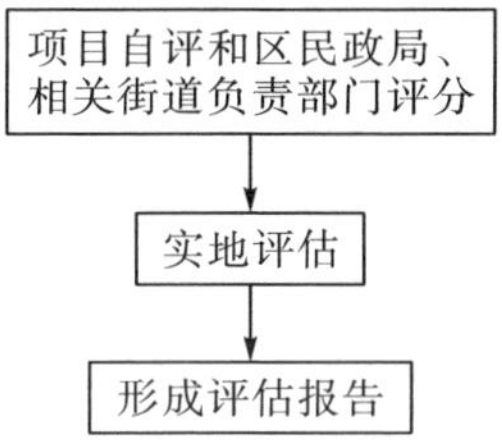

图 7.3　第三方评估机构监督评估程序

第一步，项目自评和区民政局、相关街道负责部门评分。社会关爱援助中心和各接受评估的救助关爱站先进行自评，参评的中心(站)对照“郫都区社会关爱援助体系末期评估指标”“评估材料清单”自行准备相关评估佐证材料，并在规定时间内发送至评估机构邮箱。区民政局、街道部门评分需要区民政局填写“区民政局评价问卷”，并组织街道社会事务办(或民政办)填写“街道救助关爱站服务评价问卷”和“民政协理员信息表”，同样需在规定时间内把材料交给评估机构用于评估工作。

第二步，实地评估。评估机构根据评估日程安排相关文件中的要求，对区关爱援助中心和救助关爱站进行实地评估，包括：①实地调查评分。评估人员按照“郫都区社会关爱援助体系末期评估指标”，现场查阅专业服务记录、财务管理档案、服务对象资料、工作制度等相关评估佐证材料，核实材料真实性，结合现场考察情况打分。②民政协理员评价。评估人员根据街道相关部门提供的民政协理员信息表，电话访谈民政协理员，了解救助关爱站与民政协理员的联动情况。③服务对象评价。评估人员从关爱援助中心(站)提交的服务对象名单和困难群众数据库里随机抽取一定比例的人员进行电话访谈，对中心(站)的知晓率、服务情况进行评价。④合作单位评价。根据关爱援助中心(站)提交的合作伙伴名单，评估人员抽样访谈了部分合作单位的相关负责人，了解合作单位对关爱援助中心(站)服务情况及合作过程的评价。⑤财务评估。评估机构安排财务评估员对各运营机构项目财务情况进行评估。

第三步，形成评估报告。评估机构汇总问卷调查、实地评估、电话访谈等所得评估数据，撰写末期总体评估报告和各关爱援助中心(站)的独立评估报告，并对关爱援助中心(站)的运营情况提出改善意见和建议。

(二)第三方评估机构对郫都区社会关爱援助中心的监督评估

第三方评估机构对郫都区社会关爱援助中心的监督评估在监督评估的内容、方法、程序上与第三方评估机构对郫都区社会救助体系的监督评估类似。监督评估内容上，郫都区社会关爱援助中心评估指标(表 7.6)，可细分为三个级别。

表 7.6 郫都区社会关爱援助中心评估指标

一级指标	二级指标	三级指标
投入保障	资金保障和人力保障	人员数量、人员资质、人员配置到位情况、人员稳定性
过程管理	服务策划、进度管理、制度建立、质量管理、人员管理、风险管理、利益相关方管理、档案管理、资料报送	需要评估、成效测评实施、持续改善、志愿者管理、救助关爱站支持与联动等
财务管理	财务管理运作	财务管理制度、财务人员资质、预决算管理、独立核算、专款专用、票据使用、科目设置、财务处理、财目记录
产出与成效	合同指标达成、执行目标达成、服务满意度、社会影响	合同规定服务量完成情况、服务对象评价、区民政局评价、群众知晓度和媒体报道等
附加指标	加分项和扣分项	服务研究成果、社会赞誉、对外推广，诚信参评、有效投诉等

资料来源：《郫都区社会关爱援助中心末期评估报告》。

具体来说，郫都区社会关爱援助中心评估指标的一级指标为投入保障、过程管理、财务管理、产出与成效、附加指标。投入保障中的二级指标包括资金保障和人力保障，其中人力保障继续细分为人员数量、人员资质、人员配置到位情况、人员稳定性 4 个三级评估指标。过程管理中的二级指标包括服务策划、进度管理、制度建立、质量管理、人员管理、风险管理、利益相关方管理、档案管理、资料报送 9 个二级评估指标。其中服务策划涵盖需要评估、服务方案 2 个三级指标；质量管理包括成效测评机制、成效测评实施、持续改善 3 个三级指标；人员管理包括工作职责、志愿者管理、救助关爱站支持与联动、专业支持 4 个三级指标。其中，救助关爱站支持与联动指标是区级社会关爱援助中心特有的，充分体现了郫都区社会关爱援助中心在郫都区社会救助体系中的统筹、协调作用，该指标要求郫都区社会关爱援助中心保持与救助关爱站紧密联系，指导街道救助关爱站有效、规范开展工作，并举办社会救助业务能力培训，提高救助关爱站社会工作者的专业服务能力；档案管理包括困难群众数据库建立和服务档案管理 2 个三级指标。财务管理中的二级指标为财务管理运作，财务管理运作进一步细分为财务管理制度、财务人员资质、预决算管理、独立核算、专款专用、票据使用、科目设置、财务处理、账目记录这 8 个三级指标。产出与成效包括合同指标达成、执行目标达成、服务满意度、社会影响 4 个二级指标。其中合同指标达成的三级评估指标为合同规定服务量完成情况；执行目标达成的三级评估指标为合同/项目计划服务目标达成情况；服务满意度的三级指标包括服务对象评价、其他利益相关方(如街道相关部门、合作单位等)评价、区民政局评价 3 个三级指标；社会影响包括群众知晓度和媒体报道 2 个三级指标。附加指标部分的二级指标包括加分项和扣分项，加分项的三级评估指标包括服务研究成果、社会赞誉、对外推广；扣分项从项目参评资料的真实性和遭遇投诉的情况考虑，建立了诚信参评和有效投诉 2 个三级评估指标。监督评估的方法上，同样运用资料分析法、问卷调查法、访谈法、质性资料归纳分析、定量统计等方法开展评估。监督评估的程序也经历由项目自评和区民政局、相关街道负责部门评分到实地评估，最后形成评估报告的过程。

监督评估结果上，评估机构汇总问卷调查、实地评估、电话访谈等所得评估数据，撰写《郫都区社会关爱援助中心末期评估报告》，报告完成后报送郫都区社会关爱援助中心。《郫都区社会关爱援助中心末期评估报告》包括项目执行基本情况、评估总体反馈、末期评估记录表三大部分。第一部分为项目执行基本情况，对成都市郫都区社会关爱援助中心在该年度对企业的走访次数，《善满鹃城》季刊和月报以及中心宣传片的数量，优秀案例集和跟进个案的数量，策划品牌援助项目和品牌项目实施运作数量，开展项目主题活动和团队建设的次数，比如志愿者团队培训团建次数、开展救助社会工作培训次数、社会工作者成长营开展次数，救助关爱站督导集中督导和救助关爱站实地督导以及社会工作专业督导次数，集中研讨会次数等方面做了统计和总结。还在该部分说明了整体评估得分情况，公布社会关爱援助中心年度评估基本得分以及加减分情况，据此得出末期评估总分后进行等级评定。第二部分为评估总体反馈。该部分对郫都区社会关爱援助中心这一年以来工作上的成效和不足之处进行总结。第三部分为末期评估记录表，该表向郫都区社会关爱援助中心展示了其在各个评估指标中的得分详情，包括每个指标对应的得分，以及相应的评分记录，便于郫都区社会关爱援助中心全面了解做得好的地方和待改进加强的地方，而后能够更有针对性地做出改进，进一步发挥区级平台应有的统筹和支撑等作用。

(三)第三方评估机构对街道救助关爱站点的监督评估

监督评估方法上，第三方评估机构对郫都区各街道救助关爱站的监督评估同样运用资料分析法、问卷调查法、访谈法、质性资料归纳分析、定量统计等方法开展评估。监督评估内容上，与第三方评估机构对郫都区社会关爱援助中心的一致，将评估指标细分为三个级别，一级指标为投入保障、过程管理、财务管理、产出与成效、附加指标。

监督评估结果上，评估机构汇总问卷调查、实地评估、电话访谈等所得评估数据，撰写所评估的街道救助关爱站末期评估报告，完成后报送各参评街道救助关爱站。郫都区街道救助关爱站末期评估报告包括项目执行基本情况、评估总体反馈、末期评估记录表三大部分。第一部分为项目执行基本情况，对成都市郫都区街道救助关爱站在该年度跟进个案个数和结案个数，形成个案故事数量；开展小组数量；举办特色主题活动数量；开展民政协理员培训活动次数和参与人次；在册志愿者人数，开展志愿者服务培训、团建次数，组织志愿者服务的总人次，总服务时数；特色服务项目策划和开展等情况做了总结。还在该部分说明了接受评估的救助关爱站的整体得分情况，公布街道救助关爱站的年度评估基本得分以及加减分情况，据此进行等级评定。第二部分为评估总体反馈。该部分对郫都区各参评街道救助关爱站这一年来的工作上的成效和不足之处做了总结。第三部分为末期评估记录表，该表向郫都区各参评街道救助关爱站展示了其在各个评估指标中的得分详情，包括每个指标对应的得分，以及相应的评分记录，帮助郫都区各参评街道救助关爱站清晰地、系统地认识到工作中取得的成效和不足。

第四节　成都市郫都区救助管理创新

社会救助制度在社会保障体系中的特殊地位和重要作用，必然要求在社会救助制度内容不断健全和完善的同时，必须充分重视社会救助制度管理工作的效率和水平，让受助对象真正感受到社会救助的重要价值。传统社会救助管理上存在着一定程度的“各行其道”与“各自为政”的问题，制度性救助与非制度性救助两种救助方式之间缺乏相互沟通与协调，社会救助的精准性与高效性难以得到保证。囿于目前的制度性救助与非制度性救助之“各自为政”现状，非制度性救助的服务性救助还不能及时、有效地对接制度性救助，总体来看，制度性救助存在着“救助停滞”与“救助非连续性”（周沛，2017）。成都市郫都区社会救助的创新实践突破了传统的救助理念和管理方式，实现了家庭困难状况和救助方式上的全面考量，实现了监督评估由闭环系统到开放型系统的转变，大幅提升了社会救助的科学性、精准性、连续性和公平性，成都市郫都区救助管理创新成果如下。

第一，实现了信息化促进社会救助工作透明化。郫都区社会关爱援助中心搭建了线上线下社会救助信息公开渠道，通过“善满鹃城”官方微信公众号、郫都区慈善官方网站、微信群等线上通道对外发布社会救助信息，还通过《善满鹃城》系列刊物等纸质资料及时对外发布关爱援助信息以及物资使用情况等信息，接受公众监督。目前，成都市郫都区社会关爱援助中心已建立专业化需求评估平台、透明化信息发布平台、社会化资源链接平台、个性化援助方案平台、品牌化项目研发平台五大平台。①专业化需求评估平台，截至 2019 年 10 月，建立了 3445 人的特殊困难群众基础信息库，社会工作者共计开展3996次需求评估，建立2358份精准化援助方案。②透明化信息发布平台，自体系建设以来，通过“善满鹃城”官方微信公众号、《善满鹃城》系列刊物、《特殊困难家庭需求报告》《特殊困难家庭专项需求报告》等线上线下渠道对外发布救助信息。③社会化资源链接平台。截至2019年10月，共有32个部门及镇(街道)、191个村(社区)、531家企业、8992名爱心人士、7家社会组织、850名登记在册志愿者及75600余名群众参与了郫都区社会救助援助项目。④个性化援助方案平台。由“全科式的社会救助社工”进行综合评估和初步服务后，建立“1个困难家庭+N类救助资源”的参与方式。实施急重个案管理1074个。⑤品牌化项目研发平台。已经研发困难群众居家改造、社区残障人士互助、特困家庭生计发展、特需老人社区照顾、失独家庭关爱计划、困难儿童家庭关爱行动、因病致贫家庭生活重建等品牌项目。五大平台的建立不仅推动了社会救助工作的透明化、公开化，保证了公民的知情权和监督权，还为社会力量积极参与社会救助工作提供了渠道，有助于发挥救助资源合力。

第二，信息化促进社会救助工作精准化。郫都区社会关爱援助中心建立了救助资源库、困难群众需求数据库、援助资源项目储备库等多种数据库并实施动态管理，加强台账的定期比对，以确保信息准确、完整，为进行需求专项分析和有效配置救助资源提供必要数据，同时提升了郫都区社会救助工作的精准性和连续性。以郫都区困难群众基础数据库为例，郫都区困难群众基础数据库实行三级管理，村(社区)进行基础信息采集，促进村(社区)了解当地困难群众实际情况，实施快速救助，解决困难群众微小问题，镇(街道)根据村(社区)报送内容选择有需要的困难群众进行入户、补充完善信息及实施救助，对特殊的急重个案由区级平台进行综合救助，根据困难群众数据库，郫都区社会关爱援助中心每季度发布困难群众需求报告，设置相应的救助项目。在村(社区)、镇(街道)、区三级有序的分工和配合下，郫都区困难群众基础数据库将辖区内所有类型的困难群众的基本信息、家庭情况、致困原因及需求等录入信息库，并对每一个救助对象的具体情况进行救助需求评估，将其需求与可适用的救助政策一一对标，符合一项救助政策的办理一项救助，符合多项救助政策的按照各项救助政策之间的衔接配套顺序，采取协同办理的方式，予以综合救助，开出复合型救助的“大处方”。此外，郫都区社会关爱援助中心还对困难群众基础数据库实行动态管理，实时更新数据库信息，为实现分类救助、精准帮扶，进一步完善困难群众退出机制提供了数据支持。截至2019年10月，针对成都市郫都区3445名特殊困难群众，2121户特殊困难家庭，共开展3996次需求评估，建立2358份精准化援助方案，共服务1074个长期跟踪急难个案，发放8072人次生活援助资金，实施3412人次医疗救助、510次教育援助，开展3960人次志愿服务、3768人次心理援助、2023次特需援助服务。

第三，监督考核评价机制不断健全。一是通过引入第三方评估机构，增强评估的专业性和客观性。为了保证社会工作服务机构参与社会关爱援助作用的有效发挥，郫都区民政局通过购买服务，引入国内知名机构东莞市正阳社会工作服务中心提供第三方机构评估和督导支持，主要评估社会工作服务项目目标的实现程度、专业服务效果及项目资金的使用情况。对评估中发现的问题给予专业督导，通过评估督导总结成都市郫都区救助领域社会工作服务经验，提炼本土社会工作服务经验，提升社会工作服务水平。同时评估结果作为社会工作服务项目结项的依据以及为项目购买方确定项目执行方继续承担相关社会工作服务项目的资质提供依据，这为进一步完善社会关爱援助体系建设，强化服务职能，提高办事效率，加强对社会关爱援助体系的管理，提高社会关爱援助体系工作的整体水平提供了支持。二是通过规范社会工作介入社会救助的流程，建成内外联动的监督评估体系。由区级社会关爱援助中心运营机构成都市同行社会工作服务中心梳理形成《社会工作介入社会救助工作执行手册》，手册包括《社会救助社会工作者需求评估手册》《社会救助社会工作项目管理与执行手册》《社会救助社会工作执行手册》三个分册。手册中制定了 16 套社会救助对象需求评估量表，完善了社会工作介入社会救助的规范化流程，以及过程评估和成效评估方法，并通过体系化专业培训和特色专业方向梳理，加强社会工作者参与社会救助的能力。此外，区社会救助中心在项目过程中实行双月督查，每两个月到救助关爱站实地查验项目工作进度、人员配备情况和实际工作成果等，以便随时掌握项目动态。三是监督考核评价机制适时而变。郫都区社会救助监督评估机制经历了三个阶段的变化。第一阶段是 2016—2017 年，监督评估的重点工作为督查通报，要求出现问题的承接机构及时做出整改并向区社会关爱援助中心提交整改报告。第二阶段是 2018—2019 年，监督评估的重点工作仍然为督查通报，频率为一个季度一次，但随着郫都区社会救助体系逐步进入平稳运行阶段，常规性问题已经能够得到较好的解决，没有再要求向郫都区社会关爱援助中心提交整改报告，郫都区社会关爱援助中心的工作人员 2—3 个月会视察记录。第三阶段，2019 年起至今，普遍采用评分表对郫都区社会关爱援助中心和各街道救助关爱站的承接机构进行考核，并将郫都区社会关爱援助中心工作人员的平时视察也赋予一定分值，一同纳入分值计算中。可见，郫都区社会救助体系在不同的发展阶段对应不同的监督考核评估机制，适时变化的监督评估机制为体系更加高效地、科学地运作提供了一定保障。

综上所述，成都市郫都区社会救助管理的创新一方面体现在广泛应用了信息技术，形成了救助资源库、困难群众需求数据库、援助资源项目储备库等多个数据库，并开发综合应用管理平台、专门的移动端 APP、创建官方公众号等，既实现了救助对象的动态管理，整合了体制内外的救助资源，也促进了政府信息公开，保证了公众知情权，使公众能够参与到政策中来。此外，社会救助与大数据的结合，为救助工作真正与困难群众的需求对接打开了通道，使救助工作逐步迈向精细化。另一方面郫都区建立了多层次、多维度、系统性的监督评估体系。特别是引进专业的第三方评估机构参与到监督评估工作中，在提高政府决策民主化、科学化的同时，也扩大了社会参与，推动了社会救助管理方式的创新。

第八章　社会救助模式创新：结论与展望

第一节　模式与社会救助模式

“模式”一词，《现代汉语词典》的解释是“某种事物的标准形式或使人可以照着做的标准样式”。当今，“模式”的语义已经发生扩展变化，由特指实物拓展到非实物标准样式，演变为一种方法体系、范式体系、结构体系(马俊达，2015)。美国的比较政治学家比尔和哈德格雷夫对“模式”的界定是：模式是再现现实的一种理论性的、简化的形式(沃纳丁・赛弗林等，1985)。总的来看，模式是一种简约的表达方式，是对研究对象主要要素或重要维度的抽象概括，从而获得对研究对象更本质、更深入、更确切的认识，具有典型性，同时，模式是理论和实践的结合，是被理论加工之后的一种可模仿、可推广及可借鉴的标准样式(马俊达，2015)。

社会救助属于社会福利政策的一种，从社会福利政策视角看，学者吉尔伯特和泰瑞尔认为，对社会福利政策的考察与分析可以从四个维度入手，他们建立了一个社会福利政策视角下的分析框架(表 8.1)，这一框架主要涉及四个主要问题：第一，谁将获益？这就涉及关于待遇分配给谁的问题，究竟是遵照普遍性原则还是选择性原则，一直以来都存在争议。第二，提供什么？社会待遇基本可以分为两大类：现金与实物。现金待遇通过提供现金满足受益者的日常和额外支出的需求，实物待遇则使受益者可以免费或低价使用某种物品或服务。尽管现金待遇赋予了受益者自由选择商品或服务的权利，但是一些研究者认为，当需要实现某种政策目标时，政府更倾向选择实物待遇，因为实物补助能够集中满足特定群体的需求并确保对公众消费的控制。第三，如何递送？福利服务递送主要包括两种主要因素：一是服务的提供、设计与组织，二是服务的生产和创造。根据服务提供和生产的责任，服务递送体系可以分为公共部门递送和私人部门递送两类，当考察服务递送时，吉尔伯特认为需要把注意力放在基层社区层面，因为这一层面是服务提供者与接受者的汇集之处。第四，怎样筹资？一般而言，社会福利待遇的资金来源包括三种基础型渠道：税收、捐献和收费。在大多数国家，对弱势群体提供社会福利服务是非缴费性的，因此其资金来源主要是不同层级政府的一般性税收(Gilbert et al.，1998)。

表 8.1　社会福利政策视角下的分析框架

基本问题	分析维度	具体内容
谁将获益？	服务对象	普遍性/选择性
提供什么？	服务内容	现金/实物
如何递送？	服务递送	公共部门/非公共或私人部门
怎样筹资？	资金来源	税收/捐献/收费

资料来源：Gilbert N, Terrell P. Dimensions of Social Welfare Policy[M]. 4th ed. Boston, Mass: Allyn and Bacon，1998.

从以上分析框架入手，社会救助政策可以从救助对象、救助内容、救助递送和资金来源四个分析维度进行概括和总结，也就是说，可以把这个理论框架和社会救助的具体实践结合起来进而从中提炼出一种具有典型性的标准样式，即社会救助模式。

第二节　成都市郫都区社会救助模式的创新及经验

对我国当前的社会救助实践而言，运用这一分析框架，可以发现社会救助的救助对象是贫困与弱势群体，带有选择性的特点，救助对象是政府根据低保线或低收入线进行确定；提供的救助以现金为主，也有部分实物，现金救助主要是低保，实物救助主要是医疗、教育、就业、住房等专项救助；救助递送主要是通过公共部门递送，在基层依托居委会和村委会，救助资金主要来自税收。

成都市郫都区的社会救助实践在上述四个分析维度上均有所改革与创新，主要体现在以下方面。

第一，从救助对象看，成都市郫都区社会救助虽然仍瞄准贫困与弱势群体，但不是普遍根据低保线或低收入线确定，而是对贫困与弱势群体进行全面的需求调查，也就是说，郫都区对个体困难群众给予格外的重视和关心，对其个人特殊需求进行调查和分析，并对个案进行建档管理，全程跟进个案的救助过程。郫都区对个体困难群众需求调查的流程共有四个环节，分别是接案、制订计划、开展服务和结案与评估，在每个环节中，郫都区社会关爱援助中心都有一套具体详细的实施方法，这说明郫都区在救助对象方面实现了精细化的管理。

第二，从救助内容看，成都市郫都区提供的救助内容已超出了既有的低保、医疗、教育、住房等传统民政救助范围。由于政府提供的社会救助服务还停留在所有困难群体救助标准一致、帮扶类别相同的水平上，难以满足部分特殊困难群体的特殊需求。针对这种情况，郫都区积极发挥社会工作服务机构的力量，一方面编制《郫县救助政策汇编》，摸清政府救助资源的“家底”，包含传统民政救助、慈善救助、残疾人救助、党员关爱、卫生服务、司法救助等共 52 项救助政策，对符合政策的救助条件、救助内容和救助程序等进行统一说明，保证受理群众申请救助时能够匹配到相适宜的政策。另一方面对特殊困难群体的需求进行细致的访问和调查，目的就是通过增加特殊的救助项目来满足困难群众那些政府无法满足的具体专项需求，例如，2018 年郫都区全年共开展特色主题救助活动 95 次，跟进个案 264 例，组织开展志愿者培训活动 36 次，开展志愿者服务活动 23 次。

第三，从救助递送看，成都市郫都区在体制内政府救助体系之外，依托现有社会工作参与社会救助的基础与优势，构建体系外的社会关爱援助体系，形成“区—镇(街道)—村(社区)”三级社会援助平台。由于社会工作者在三级平台的全域介入，他们可以运用专业社会工作手法，通过有效评估救助需求、精准识别救助对象，制定个性化的精准帮扶方案，实施个案管理，使贫困对象的社会救助需求得到更准确、全面、科学的判定，避免原有公共部门递送难以满足个性化需求的弊端。

第四，从资金来源看，成都市郫都区在提升政府救助水平、加大财政投入的同时，广泛拓展社会救助资金来源，夯实救助财力基础。政府财政方面，在足额保障各类救助政策资金的基础上，每年投入“救急难”专项资金 300 万元，用于帮扶困难群众。郫都区在社会力量参与救助方面，由于经济实力强大，为救助工作提供了丰富的财力来源，目前郫都区已建立了 17 只关爱援助基金，区级层面包含“普瑞眼科专项基金”“中国人寿保险基金”“董班长专项基金”在内的基金，同时截至 2017 年底，郫都区 14 个街道实现了关爱援助站和社会救助专项基金全覆盖，各基金成立初始金额总计超过 1200 万元，提升了社会救助事业的资金保障能力。

成都市郫都区之所以能够实现以上四个维度的社会救助模式创新，可以归结为如下主要原因。

一是政治上高度重视。成都市郫都区区委区政府高度重视社会救助工作，其“1+2+N 基于多元参与的专业化社会救助体系”中的“1”就是指党委引领。郫都区区委区政府坚持“党政主导、资源众筹、机构运营、社会参与”的指导思想，将构建新型社会救助体系列入重要议事日程，分区、镇(街道)两级成立社会救助工作领导小组，建立由 14 个镇(街道)和 21 个区级相关部门参与的社会救助联席会议制度。同时，郫都区发布了一系列相关政策文件来促进社会救助的改革创新，包括《关于印发〈郫县“救急难”工作实施方案〉的通知》(郫府办发〔2015〕56 号)、《郫县人民政府办公室关于印发〈郫县建立城乡一体社会关爱援助体系提升精准扶贫实效的实施方案〉的通知》(郫府办发〔2016〕38 号)、《关于进一步建立健全郫县社会救助工作运行机制的通知》(郫社领办发〔2017〕1 号)、《关于印发〈关于推进政府购买服务加强基层社会救助服务能力的实施细则〉的通知》(郫民发〔2018〕39 号)等。郫都区党政的主要领导亲自督促建立社会关爱援助体系，以实现专业化精准帮扶，通过实际行动表明政府态度、引起社会关注，对增强活动的权威性、激发群众参与、激励下属活动积极性、营造良好的活动氛围，形成巨大的支持。

二是经济上的持续投入。郫都区在财政中每年新增救助专项资金 300 万元用于社会救助创新完善，此外，还出资 290 余万元购买社会工作专业服务，搭建社会力量参与平台。在政府资助外，郫都区充分运用公募平台和定向募集等方式，动员社会力量有序参与，广泛引导和衔接邻里互助、志愿服务、企业公益责任、社会组织服务等各种资源，鼓励企事业单位、社会团体和爱心人士成立冠名爱心基金，2016 年新建救助专项基金 12 只，募集 1000 余万元社会援助资金。

三是工作上组织得力。成都市郫都区在社会救助方面按照“政府+社会”救助思路，引入由专业社会工作服务机构运营的社会援助体系，形成政社合力，实现政府救助与社会援助的“无缝对接”。一方面在原有政府救助体系基础上不断革新、优化，形成“区—镇(街道)—村(社区)”三级救助平台；另一方面，在体制内政府救助体系之外，依托现有社会工作参与救助的基础与优势，构建体系外社会关爱援助体系，形成“区—镇(街道)—村(社区)”三级社会援助平台。郫都区还注重将社会救助优秀实践活动加以总结、提炼，并将此类活动纳入日常活动范畴，使特色活动得以常态化、创新化发展。政府层面为应对部门协调协作问题，每季度召开区社会救助联席会议和专项协调会议，不定期召集相关单位进行个案研讨和具体救助项目研讨，总结前期工作、找出工作中存在的问题、提出问题解决方案、部署下一阶段工作；在社会工作参与社会救助方面，依托传统节日开展特色活动，如春节关爱活动、重阳节敬老爱老活动等。此外，郫都区运用政府购买社会服务经费，引入社会工作服务机构使用专业助人方法技巧参与救助，培育社会工作人才队伍，助推专业化与精准化救助。总之，郫都区在各项工作方面的组织得力为社会救助模式的创新提供了重要保证。

四是社会参与观念的树立。成都市郫都区充分发挥县慈善会、红十字会等平台作用，努力构建“大慈善”格局，促进社会力量积极参与，这主要体现在救助专项基金的成立、依托项目的各主体参与平台建设，打造救助对象六大支持网络之中。通过各种活动促进了救助资源和困难群众的有效对接，转变了社会对困难群体的认知，在各类活动中不仅满足了困难群众的实际需求，也为参与企事业、个体户、志愿者等进行了无形的公益广告宣传。参与的爱心企事业、爱心个人在各站点、救助中心墙壁上列明，在《善满鹃城》月报、季刊和微信公众号等平台进行宣传，年度公益人物、公益合作伙伴评选表彰活动更是倡导了团结互助、扶贫济困、奉献爱心的良好风尚，发挥了先进典型的示范作用，传播了志愿精神，形成了崇尚志愿氛围，为社会力量的不断参与起到了激励作用，社会参与观念得到树立，这为社会救助模式创新提供了有力支撑。

总之，成都市郫都区社会救助模式通过社会工作的全域嵌入、需求导向、多元参与以及信息化和监督的创新实践，实现了救助对象、救助内容、救助递送和资金来源四个维度的全面变革，尽管还存在信息化集成程度有待加强、评估指标设置有待改进等问题，但不可否认，成都市郫都区的社会救助模式创新为全国社会救助改革提供了可供借鉴的经验。

第三节　我国社会救助模式的未来展望

展望我国的社会救助，一方面，应该确立发展型的理念、促进制度从生存型救助向发展型救助过渡和转变。对于什么是贫困、谁是贫困者以及怎么测量贫困等问题的看法，会影响应对贫困的措施，社会救助作为最直接的应对贫困的制度，无疑是带有一定价值理念的。价值理念属于意识形态范畴，其作用非常关键，会影响乃至决定社会救助的功能定位与制度实践(江治强，2009)。我国社会救助的理念主要是维持生存和事后补偿，然而，随着绝对贫困问题即将退出历史舞台，社会救助的理念和功能也应发生转变。党的十九届四中全会第一次提出“相对贫困”，要求坚决打赢脱贫攻坚战，建立解决相对贫困的长效机制，这意味着社会救助的价值理念要具备应对相对贫困和促进贫困者发展的特点。为此，需要培育并加强我国社会救助制度发展型的、积极的救助理念，进而拓展社会救助的基本功能，除了让其发挥保障基本生活需求的功能外，还要发挥其促进受助者积累人力资本、帮助社会成员提升能力并融入社会的基本功能，而只有充分发挥社会救助制度的多元功能，才可以更好地应对新时代我国经济社会结构变化所提出的要求，才能逐步向发展型的社会救助制度迈进并有效应对目前我国复杂化的贫困形势并解决相对贫困问题。另一方面，在管理和服务方面，为了应对相对贫困，我国社会救助的管理和服务也迫切地需要现代化。目前，我国社会救助在管理与服务方面发展较为滞后，社会救助各个项目由不同部门管理，协调性和整合性有待提升，另外，基层工作人员的社会救助理论和政策认识较为粗浅，政策执行水平较低，提供服务的专业性和能力不足。因此，未来应该整合与协调各类社会救助项目，包括政府的各类救助项目之间以及政府和慈善组织的救助项目之间都需要增加协调性，使救助资源发挥合力，还应该充分调动社会力量参与社会救助事务，既包括非政府组织要参与社会救助，也包括社会工作者要积极介入社会救助。我国急需大力建设和发展救助类的非政府组织，使其和政府组织的社会救助形成良性互动，因为让非政府组织参与社会救助可以有效缓解社会救助在供求方面的矛盾，政府组织和非政府组织在力量和功能上可以实现互补互动，在救助范围、水平等方面可以不断满足社会成员的需要。与此同时，让专业的社会工作者介入社会救助很重要，社会工作者介入有利于为救助对象提供有针对性和精准的服务，有利于增强救助对象的自我发展能力，还有利于改善受助者的生活质量。借助社会工作介入的机会，可以考虑彻底改变社会救助的递送方式，建立需求导向的社会救助递送模式，即把社会救助建立在贫困者及其家庭的需求之上，借助社会工作者通过入户调查的方式了解每户贫困家庭的实际需要，设计并落实具体的救助和帮扶方案，方案的制定要充分利用并整合既有的各项救助制度和救助方案，使其与贫困家庭的需要对接起来，使原有的民政部门从“有什么就给什么”改变为贫困者“需要什么就尽量提供什么”，形成针对性的、综合性的“救助套餐”。

为了实现我国社会救助向发展型制度迈进和管理服务能力现代化的目标，我国社会救助模式的转变和创新可以从成都市郫都区的救助模式中吸取经验(表 8.2)，逐渐形成救助对象细化分类甚至个案化、救助内容以需求为导向的精准化，救助递送由社会工作者介入的专业化和资金来源多元化的新模式。

表 8.2　我国社会救助模式的转变和创新

社会救助模式的分析维度	传统社会救助模式	未来社会救助新模式
救助对象	普遍意义的贫困与弱势群体	细化分类甚至个案化
救助内容	民政固定救助项目	需求导向的精准化
救助递送	非专业化	社会工作者介入的专业化
资金来源	政府财政	多元化

由表 8.2 可见，我国目前占据主导地位的传统社会救助模式在救助对象维度上瞄准普遍意义上的贫困与弱势群体，救助内容维度上提供的是民政固定的社会救助项目，如低保和医疗、教育、住房等专项救助，救助递送维度上由非专业的居委会或村委会工作人员负责，资金来源维度主要是政府的财政资金，这种模式难以应对我国未来以相对贫困为主的复杂化的贫困形势，也难以满足救助对象不同的特殊需求。我国应该逐步创新救助模式，在救助对象、救助内容、救助递送、资金来源四个维度上有所突破和创新，成都市郫都区社会救助模式创新的地方实践可以提供有益的经验和启示，其“1+2+N 基于多元参与的专业化社会救助体系”的建设实现了救助对象的细化与个案化管理，救助内容整合了民政救助和慈善救助且以救助对象需求为导向，实现了精准性和针对性，救助递送方面实现了专业社会工作的全域嵌入，资金来源上也基本做到了多元化和多样化。应该说，成都市郫都区的实践是我国未来社会救助模式的先行探索和雏形，其社会救助模式创新为我国社会救助改革指明了方向，可以作为一种可借鉴的标准样式加以推广。

总之，我国已逐步迈入后扶贫时代，绝对贫困即将成为历史，相对贫困将成为主要问题，在这样的背景下，如何在对之前的制度进行反思的基础上构建能够促进受助者发展的、积极的救助制度并建立有效的社会救助模式，是重要且关键的课题。可以说，社会救助模式的创新有助于实现补偿性和发展性社会政策的有机结合，可以帮助受助者改善生存状况并谋求独立与发展，还可以通过管理和服务体系的专业化和规范创新，实现社会救助绩效显著、政府有效治理和社会有序发展的共赢局面，对于社区建设、慈善事业和社会工作乃至整个社会治理体系而言都大有裨益。

参考文献

保罗·萨缪尔森, 威廉·诺德豪斯. 1999. 经济学[M]. 萧琛, 翟菲菲, 杜月, 等译. 北京: 华夏出版社.

北京师范大学课题组. 2003-10-23. 中国社会救助体系改革研究报告[R/OL].http://www.mca.gov.cn/mca/news/ 2003lutan/ lunwen06.html.

陈静. 2016. 福利多元主义视域下的城市养老服务供给模式研究[M]. 济南: 山东人民出版社.

丁煌. 2004. 政府的职责: "服务"而非"掌舵"——《新公共服务: 服务, 而不是掌舵》评介[J]. 中国人民大学学报, (6): 151-152.

冯华. 2015-1-23. 一些贫者从暂时贫困走向跨代贫穷[N]. 人民日报.

冯华艳. 2015. 政府购买公共服务研究[M]. 北京: 中国政法大学出版社.

符信新. 2011. 社会组织经济属性探析[J]. 社团管理研究, (8): 35-36.

高锡林. 2018. 企业单位参与社会救助的模式研究[D]. 长春: 吉林大学.

葛卫华. 2010. 非营利组织形成与发展的动因探析[J]. 徐州工程学院学报: 社会科学版, (4):22-26.

顾昕. 2008. 为了公平与发展: 东南亚地区发展中国家的社会救助[C]//顾昕. 中国社会安全网的制度建设. 杭州: 浙江大学出版社:123.

关信平. 2011. 中国综合型社会救助制度发展战略研究[M]//郑功成. 中国社会保障改革与发展战略: 救助与福利卷. 北京: 人民出版社.

关信平. 2017. 社会工作介入社会救助的需求、能力及体制机制分析[J]. 湖南师范大学社会科学学报, (1): 32-38.

郭成伟, 王广彬. 2003. 公平良善之法律规制——中国社会保障法制探究[M]. 北京: 中国法制出版社.

何丽. 2018. 社会力量参与社会救助制度的路径及风险研究[J]. 青藏高原论坛, (02): 49-50.

何增科. 2000. 公民社会与第三部门[M]. 北京: 社会科学文献出版社.

贺永红. 2011. 破解无业贫困农民就业难新举——印度《全国农村就业保障法》的制定与实施[J]. 中国人大, (7): 46-49.

洪大用. 2004. 转型时期中国社会救助[M]. 沈阳: 辽宁教育出版社.

黄磊, 胡彬, 刘桂发. 2011. 参与式发展理论: 一个文献综述[J]. 大众科技, (11): 231-233.

贾平. 2006. 经济法[M]. 北京: 对外经济贸易大学出版社.

江治强. 2009. 我国社会救助建设的经验、议题与展望[J]. 社会保障研究, (5): 65-72.

焦克源, 胡晓婷. 2009. “双向系统性”模式: 社会救助管理水平提高的新思路[J]. 云南社会科学,(2): 115-118.
卡尔·马克思. 1975. 马克思恩格斯选集: 第一卷[M]. 北京: 人民出版社.
李超民. 2016. 印度社会保障制度[M]. 上海: 上海人民出版社.
李静, 覃云. 2015. 优化非营利组织志愿者管理路径研究[J]. 理论观察, (7): 114-116.
李莉, 李金红. 2014. 社会工作导论[M]. 北京: 中国人民大学出版社.
李小云. 1999. 谁是农村发展的主体[M]. 北京: 中国农业出版社.
李小云. 2001. 参与式发展概论: 理论—方法—工具[M]. 北京: 中国农业大学出版社.
李小云, 齐顾波, 徐秀丽. 2012. 普通发展学[M]. 2 版. 北京: 社会科学文献出版社.
李晓凤. 2008. 社会工作: 原理·方法·实务[M]. 武汉: 武汉大学出版社.
梁祖彬, 肖萌. 2012. 社会救助就业福利政策研究[C]// 杨立雄, 刘喜堂. 当代中国社会救助制度: 回顾与展望. 北京: 人民出版社: 302-322.
林闽钢, 王章佩. 2001. 福利多元化视野中的非营利组织研究[J]. 社会科学研究, (6): 103-107.
林闽钢, 张瑞利. 2012. 农村贫困家庭代际传递研究基于 CHNS 数据的分析[J]. 农业技术经济, (1): 29.
林尚立, 王华. 2006. 创造治理: 民间组织与公共服务型政府[J]. 学术月刊, (5): 22-28.
刘璐婵, 林闽钢. 2015. 养懒汉是否存在？——城市低保制度中“福利依赖”问题研究[J].东岳论丛, (10): 37-42.
刘喜堂. 2015-10-22. 社会救助工作亟须社工介入[N]. 中国社会报.
刘昕明, 李帆. 2011. 中国社会救助机制中主体多元化的研究[J]. 社科纵横: 新理论版, (2): 83.
马凤芝. 2017. 社会工作参与社会救助的模式建构[J]. 国家行政学院学报, (4): 104-109.
马凤芝, 陈树强. 2016. 社会工作介入社会救助的国际经验及对我国的启示[J]. 中国社会工作研究, (1): 68-90.
马俊达. 2015. 政府购买社会服务研究: 以 G 省购买民办社工机构服务为案例[M]. 北京: 中国社会出版社.
马克斯·韦伯. 2008. 经济与社会[M]. 杭聪, 编译. 北京: 北京出版社.
民政部办公厅. 2015. 关于加强民政工作第三方评估的思考与建议[J]. 中国民政, (17): 14-18.
彭华民, 等. 2012. 西方社会福利理论前沿[M]. 北京: 中国社会出版社.
尚晓援, 王小林. 2012. 儿童与贫困: 中国儿童福利示范区儿童多维贫困分析[C]//尚晓援, 王小林, 等. 中国儿童福利前沿(2012). 北京: 社会科学文献出版社: 32-75.
宋忠伟, 于珊. 2018. 慈善组织参与社会救助的困境及对策[J]. 人民论坛, (10): 84-85.
谭丽红, 孙京辉. 2008. 参与式发展理论下新农村建设的帮扶工作的角色转变[J]. 理论学习, (11): 13.
唐钧. 2019. 社会工作的专业与职业[J]. 中国社会工作, (3): 6.
陶维雷. 2019. 公共行政的新公共服务分析与研究[J]. 管理观察, (13): 43-45.
王磊, 朱亚涛. 2019. 新公共服务理论内涵与启示[J]. 清江论坛, (1): 48-53.

王涛，时影. 2014. 政府绩效评估：理论发展及反思[J]. 中国海洋大学学报：社会科学版，(2)：91-95.

魏中龙，等. 2014. 政府购买服务的理论与实践研究[M]. 北京：中国人民大学出版社.

文军. 2010. 社会工作模式：理论与应用[M]. 北京：高等教育出版社.

沃纳丁·赛弗林，小詹姆斯·W. 坦卡特. 1985. 传播学的起源、研究与应用[M]. 陈韵昭,译.福州：福建人民出版社.

吴健安. 2005. 市场营销学[M]. 北京：高等教育出版社.

杨立雄. 2008. 社会救助研究[M]. 北京：经济日报出版社.

杨立雄. 2013. 四川省残疾人服务模式创新研究[M]. 北京：人民出版社.

杨荣. 2014. 社会工作介入社会救助：策略与方法[J]. 苏州大学学报：哲学社会科学版，(4)：29-34.

尹皓. 2017. 社会力量参与社会救助研究[D]. 徐州：中国矿业大学.

张浩淼. 2014. 国际视野下救助、就业与福利依赖的关系——相关研究述评[J]. 劳动经济研究,(3)：177-187.

张晖. 2008. 非政府组织兴起的背景和理论依据[J]. 陕西行政学院学报,(01):62-64.

张时飞，唐钧. 2009. 中国的贫困儿童：概念与规模[J]. 河海大学学报：哲学社会科学版，(4)：42-46.

赵格格. 2012. 服务，而不是掌舵：政府责任的皈依——兼论新公共服务理论及启示[J]. 辽宁行政学院学报，(3)：26-28.

赵佳佳. 2017. 当代中国社会组织扶贫研究[D]. 长春：吉林大学.

珍妮特·V. 登哈特，罗伯特·B. 登哈特. 2004. 新公共服务：服务，而不是掌舵[M]. 丁煌，译. 北京：中国人民大学出版社.

郑功成. 2000. 社会保障学——理念、制度、实践与思辨[M]. 北京：商务印书馆.

郑功成. 2007. 社会保障[M]. 北京：高等教育出版社.

郑功成. 2015. 中国社会救助制度的合理定位与改革取向[J]. 国家行政学院学报，(4)：17-22.

郑功成，杨立雄. 2011. 中国社会救助改革与发展战略：从生存救助到综合救助[C]//郑功成. 中国社会保障改革与发展战略：救助与福利卷. 北京：人民出版社: 5.

周沛. 2017. 协同治理视角下社会救助模式与机制创新[J]. 江淮论坛，(1)：121-126.

朱健刚. 2018. 社会企业在当代中国的阶段定位与价值取向[J]. 社会科学辑刊，(2)：69-77.

Wonnacott J. 2015. 社会工作督导[M]. 魏雯倩，赵环，等译. 上海：华东理工大学出版社.

Amartya Sen. 2003. 评估不平等和贫困的概念性挑战[J]. 经济学(季刊)，(2)：257-270.

Barbra Teater. 2013. 社会工作理论与方法[M]. 余潇，刘艳霞，黄玺，等译. 上海：华东理工大学出版社.

Barrientos A, Santibanez C. 2009. New forms of social assistance and the evolution of social protection in Latin America[J]. Journal of Latin America Studies, (1):1-26.

Dasgupta P. 2013. Employment generation schems and long-term development: a case study on the NREGA in India[C]//M J Murray, M Forstater. Employment Guarantee Schemes. New York:

Palgrave Macmillan: 120.

Department for Work and Pensions of UK. The Work Programme: The First Year[ED/OL]. https://www.gov.uk /government/uploads/system/uploads/attachment_data/file/49882/work-programme-first-year.pdf.

Eardley T, Bradshaw J, Ditch J, et al. 1996. Social Assistance in OECD Countries（Volume I）: Synthesis Report[M]. London: HMSO.

Gilbert N, Terrell P. 1998. Dimensions of Social Welfare Policy[M]. 4th ed. Boston, Mass: Allyn and Bacon.

Hoefer R, Midgley J. 2006. Introduction : Social workers and welfare to work programs: International perspectives[J]. Journal of Policy Practice,（5）:2-3.

Hoshino G. 1973. Social services : the problem of accountability[J]. Social Service Review,（3）:373-383.

Johnson L C, Schwartz C L. 1994. Social Welfare: A Response to Human Need[M]. 3rd ed. Boston: Allyn and Bacon.

Kenworthy L. 1999. Do social-welfare policies reduce poverty? a cross-national assessment[J]. Social Forces,（3）: 1119-1139.

Kharisma D D. (2013-5-20)[2016-12-21]Case Study of PKH（CCT Indonesia）in Sumba Barat and Kediri [ED/OL]. http://www.welfareacademy.org/pubs/international/policy_exchanges/asp_papers/1201.pdf.

Lester M S. 1987. Partners in public service: The scope and theory of government nonprofit relations[C]//W W Powel. The Nonprofit Sector: A research Handbook. New Haven: Yale University Press:110- 113.

Lloyd-Sherlock P. 2008. Doing a bit more for the poor? Social assistance in Latin America[J]. Journal of Social Policy,（4）:621-639.

Maslow A. 1943. A theory of human motivation[J]. Psychological Review,（50）: 370-396.

McDonald T P, Piliavin Irving. 1980. Separation of services and income maintenance : the workers' perspectives[J]. Social Work,（4）: 264-267.

McEntire D, Haworth J. 1967. The two functions of public welfare : Income maintenance and social services[J]. Social Work,（1）: 22-31.

Pauline B. 1962. Services in public assistance[J]. Social Work,（1）:107-108.

Rees J, Whitworth A, Carter E. 2014. Support for all in the UK work programme? differential payments, same old problem[J]. Social Policy & Administration, (2):221-239.

Sumanjeet. 2005. National Rural Employment Guarantee Act 2004: provisions, potentials, problems[J]. Social Change,（1）: 95-104.

Wilson W. 1887. The Study of administration[J]. Political Science Quarterly,（2）:197-222.

Wyers N L. 1983. Income maintenance and social work : A broken tie[J]. Social Work,（4）:261-268.

附录　成都市郫都区救助社会工作操作实务指南

一、救助社会工作定义

“救助社会工作”是“社会救助社会工作”的简称，其定义是指社会工作者在社会工作价值理念、理论和知识的指引下，运用社会工作的专业方法和技巧，帮助因个人原因、自然原因或社会原因而使生活陷入困难的社会成员获得物质和精神方面的服务，直至摆脱生活困难或减轻生活困境负面影响的专业服务活动。

二、救助社会工作服务对象

根据导致社会救助对象需要社会救助的原因不同，可将社会救助对象划分为三类，分别是有收入来源，但生活水平低于国家公布的最低生活水平的社会成员，即低保人员；无依无靠又没有生活来源的社会成员，即“三无”特困人员；遭受天灾人祸等突发性灾害而使生活陷入困境的社会成员。在关注以上传统民政救济对象的基础上，还关注低保边缘群体、有就业需求的群体以及需要心理慰藉和关爱服务的失独老人、留守儿童、孤儿等群体，具体的服务对象包括困难老人、困难残疾人、困难妇女、困难儿童以及因病致贫的困难人员五种特殊困难人群。

三、救助社会工作服务内容

为了更加清晰地将服务对象和服务内容一一对应起来，通过以下表格进行救助社会工作服务内容的展现。

序号	服务对象	主要服务内容
1	低保人员	服务对象识别、帮助申请救助、提供心理支持、调节家庭关系、开展能力建设、促进社会融入等
2	“三无”特困人员	提供基本生活条件、提供日常生活照料、提供疾病治疗、办理丧葬事宜等
3	受灾人员	协助安置受灾人员、及时开展危机干预、修复社会支持系统、社区重建与发展等

续表

序号	服务对象		主要服务内容
4	特殊困难人群	困难老人	切实落实生活保障，并积极回应医疗、康复、居家安全、精神慰藉和社会支持等个性化需求
		困难残疾人	协助发放生活补贴，并积极满足日间照料、技能培训、康复训练、住房等个性化需求
		困难妇女	协助落实需求导向救助项目，并积极开展就业技能培训、女性健康知识讲座等满足困难妇女实际需求的活动
		困难儿童	协助落实需求导向救助项目，切实满足学习用品、学习环境、学习空间、亲子活动、健康成长等个性化需求
		因病致贫的困难人员	协助落实需求导向救助项目，并积极回应减轻经济负担、减轻疾病困扰等个性化需求
5	专项救助服务	金融救助	为服务对象提供就业技能培训、补充就业知识等相关促进其实现就业的服务项目；帮助服务对象开展义卖、跳蚤市场等增加收入的爱心活动等
		医疗救助	为服务对象提供检查身体、诊断病情、定期入户陪伴等服务项目；全区医院及药房结成联盟，通过医药联盟的方式为服务对象提供医疗服务和药品救助等
		住房救助	为服务对象提供居家环境改善、居家安全改善等
		教育救助	动员教育联盟为服务对象提供教育培训课程，为服务对象提供学习用品等物质支持，为服务对象提供学习环境改善、入户陪伴等精神支持
		法律援助	协助澄清法律诉求、链接法律咨询与援助资源等
6	临时救助		危机干预、生活安置、情绪支持、外展及机构救助等

四、救助社会工作服务方法

救助社会工作服务方法为社会工作三大基础方法，即个案服务、小组工作和社区活动。

(一) 个案服务

个案工作是从个人或家庭入手，运用个别化的方式专门解决个人或家庭遇到的问题，通过分析、介入及处理，帮助解决问题，最终增进个人、家庭和社会福利的过程。具体可见第六部分个案管理开展模式。

(二) 小组工作

小组工作是小组工作者按照一定的目标，通过小组活动协助小组成员通过小组过程及小组动力进行体验、分享、分担及相互支持，从而改善他们的态度、人际关系和提高他们适应实际生存环境的能力，帮助组员解决问题、恢复社会功能、发展潜能的实务过程。

(三)社区活动

社区活动以整个社区中的个体、团体及机构为服务对象，强调社区居民、团体和机构的共同参与，注重社区公共事务的解决，运用集体行动的方法促进社区整合和社区发展。

五、救助社会工作服务流程

救助社会工作服务流程一般包含受助对象发现、需求评估、制订服务计划、救助介入、服务结束和后期评估，其中监督应贯穿于服务全过程。以下服务流程为救助社会工作普遍通用的服务流程，可在个案服务、小组工作和社区活动中综合使用。

(一)受助对象发现

通过以下方式发现受助对象：

1)困难群体主动提出申请；

2)社会工作者开展活动时发现；

3)村(社区)救助关爱窗口、村(居)委会、社会组织等机构或组织发现和转介；

4)民政协理员、村(居)民、志愿者、困难群体家人或亲戚等个体发现和转介。

(二)需求评估

救助社会工作者在确定接案前要开展需求评估，具体包括：

1)初步评估：确定受助对象来源，初步界定受助者的问题与需求。

2)接案：可通过社区提供的资料、与案主会谈、拜访案主亲人和家属、拜访案主工作单位等途径深入了解案主情况，从案主生理、心理、社会关系以及家庭关系、拥有资源等角度收集案主资料，进一步确定案主需求，据此确定可能的服务方案。判定申请者是否符合接案条件，若申请者的问题与需求不属于机构职责，不符合接案条件，社会工作者需尽可能地向申请者提供有帮助的信息，尽可能协助服务对象转介；若符合接案条件，则需进一步填写相应资料，如“服务对象基本信息表(病患困难群众)”“服务对象家庭基本信息表”“服务对象社会支持系统评估表”“服务对象心理状态评估表(MSSNS)”“服务对象需求自评表”等。

3)撰写评估报告：从案主自身情况(基本情况、人际关系、经济收入等)、家庭情况(家庭成员、家庭环境、亲戚网络环境等)、社会关系(邻里关系、社区关系、社会风气、社会舆论等)维度描述案主情况，确定案主需求。

(三)制订服务计划

救助社会工作者需制订服务计划书，和案主签订服务同意书，具体包括：

1)服务的总体目标和阶段性目标，以及相应的行动，如资源链接、心理建设、关系重构等；

2)界定服务关注的问题层次，如个体、家庭、群体、社区；

3)确定介入的方式，如个案服务、小组工作、社区活动；

4)服务的频率、时间、人员分工、准备物资、各种可能突发应急情况等细节性安排；

5)告知案主服务计划，签订服务同意书。

(四)救助介入

1)救助社会工作者按照服务计划书，开展具体活动；

2)根据服务介入的问题层次可分为：

个体层面：提供生活物资链接、寻求体制内外资金和实物援助，提升生存水平；提升个体技能，安排就业指导、技能提升等；加强个体心理建设，改善心理状态。

家庭层面：促进家庭关系改善，缓和和消除家庭矛盾，重构家庭支持。

群体层面：通过小组工作促进拓展案主支持网络，提升案主发展技能，促进案主社会融入，改善精神面貌。

社区层面：建立社区联系，改善社区关系，营造社区良好氛围，建设社区互助网络；促进社区参与，提升政策认知，建设社区志愿援助力量。

社会层面：资源链接，服务对接，营造慈善关爱环境，促进慈善组织、志愿组织参与，拓展救助资源；促进政策宣传；对接大型关爱活动。

3)社会工作者服务需做好服务记录，根据案主情况和活动情况及时调整完善服务计划，选择合适的多样化介入方式，并以服务对象问题解决为结案条件。

(五)服务结束

1)提前告知案主服务结束时间，以便案主做好心理准备；

2)做好后续服务跟进工作，不定期回访；

3)总结服务工作经验和技巧；

4)评估服务对象满意度，服务目标实现程度；

5)撰写结案报告。

(六)监督评估

1)项目督导应对社会工作者服务开展的整个流程做好指导、协助、跟进工作；

2）开展自评：区社会关爱援助中心和各街道救助关爱站在项目中期和末期，就项目基本信息、资源整合情况、项目活动完成情况和项目实施自我评估与总结四个部分进行自评，形成书面的自评报告，并在第三方机构介入监督评估工作之前报送给第三方专业评估机构，“项目自评报告基础模板”见正文。

3）内部监督与评估：郫都区民政局作为资方，具有对郫都区社会关爱援助中心和郫都区各街道救助关爱站监督和评估的权利和义务，对区社会关爱援助中心和街道救助关爱站的监督评估表具体见“郫都区社会关爱援助中心项目服务质量评分表”和“成都市郫都区街道救助关爱站工作考核评分表”。

4）第三方机构评估（外部监督与评估）：区社会关爱援助中心和各街道救助关爱站主动接受第三方专业评估机构的评估，及时上交相关评估资料，积极配合第三方机构的评估工作，重视评估结果，系统地认识到工作中取得的成效和不足，第三方机构评估具体可见“郫都区社会关爱援助中心评估指标”。

六、个案管理开展模式

个案管理开展模式与上一部分救助社会工作服务流程类似，以个体和家庭为服务对象，根据案主需求制订个性化服务计划，社会工作者要秉持专业理念和坚守服务原则，积极有效地与案主互动，寻求服务目标的实现，服务流程具体见“个案服务流程图”。服务过程中要注意案主信息保密工作，如需录音、照相等应征得服务对象同意，在服务过程中要做好服务记录。结案后，社会工作者应按服务规定，做好回访、电访等后续辅导服务，观察服务对象行为及情绪改变的持续情况，以确认服务对象问题得到解决、需求得以回应。

社会工作者可根据案主具体情况，采用人本主义心理治疗理论、认知行为理论、赋能理论、优势视角、任务中心工作理论等具体指导服务开展，运用专业的社会工作技巧开展工作。

七、小组工作开展模式

小组工作的程序一般包括设定小组目标、评估小组成员需要、招募和筛选小组成员、拟定小组工作计划书、开展小组活动以及记录和评估。一般根据小组成立的治疗导向和任务导向可分为治疗性小组和任务性小组两大范畴。小组工作开展的具体流程如下。

（一）设定小组目标

小组目标应是小组成员共同努力的目标，能够起到建立案主互助网络、案主能力提升以及增进小组凝聚力、改善案主状况的作用，可将其分为总目标和具体阶段性分目标，目标制定应和小组成员共同商讨确定，并可在活动开展期间进一步澄清、修正和确认。

（二）评估小组成员需要

要体现出需求导向，要搜集案主资料并与其反馈、沟通，将活动的设计与案主的真实需求紧密结合。

（三）招募和筛选小组成员

小组成员的来源一般是有相似需求的案主，可从案主库中筛选联系，也可通过他人介绍、发布广告等来招募，同时要满足小组目标和成员目标的一致性、成员的长期参与等要求。

（四）拟定小组工作计划书

方案应对整个活动开展具有明确的指导效力，包含活动目标、分工、参与者、活动性质、活动时间、地点、活动程序、活动资源、评估和跟进服务以及可能的备选方案。

（五）开展小组活动

应包含热身活动、主体活动开展、分享总结三个阶段。每次活动都要做好活动记录和总结，要鼓励每一位小组成员积极参与，都有所收获和成长。可在活动开展中不断完善小组工作计划。

（六）记录和评估

该阶段要对整个活动开展的目标实现情况、资源投入等总体情况、案主满意度等进行评估。

八、社区活动开展模式

社区活动应以整个社区居民和机构为对象，注重活动的参与率、宣传作用和影响力，积极营造社区关爱援助困难群体的氛围，可依托各种节日、重大活动开展，包含社区策划模式、社区发展模式、社区照顾模式等，指导理论可包含社会支持理论、生态理论、社会系统理论等。活动流程包含建立专业关系、收集社区资料、制订行动计划、开展社区活动、评估工作成效等。活动开展流程和方式具体如下。

（一）活动流程

1）建立专业关系：包含融入社区，与居民加强关系建设，培育社区居民带头人等。

2）收集社区资料：包含社区资源、社区特色、社区居民需求、社区存在的问题等。

3）制订行动计划：包含活动时间、地点、活动需求物资、活动具体内容、预见困难与解决措施等。

4）活动开展：包含活动场地联系和确认、前期宣传、志愿者招募、拉赞助、成员分工、现场布置与维持。

5）评估工作成效：评估活动投入产出成效、参与人数、后期宣传、居民满意度等。

（二）活动开展方式

1）大型会议；

2）教育宣传活动；

3）主题节日活动；

4）其他活动形式。

（三）社会工作者角色

教育者、技术专家、资源提供者、鼓动者。

九、救助志愿者团队管理办法

关爱援助中心以及各救助关爱站应建立志愿者服务管理制度，做好志愿者的登记、培训、服务项目研发、服务项目记录、激励、评价等工作。建立救助社会工作者和志愿者联动机制，根据救助服务需要招募符合资质的志愿者，协助社会工作者开展救助社会工作服务。

（一）志愿者基本要求

1）具有较强的社会责任感和奉献精神；

2）对社会救助工作有所了解，认同关爱援助工作的理念、宗旨，自愿参加关爱援助中心和关爱援助站组织的志愿服务活动；

3）具有团队合作精神，吃苦耐劳，对工作认真负责；

4）能遵守《志愿者管理制度》的相关规定，服从关爱援助中心和救助关爱站的管理；

5) 具备与所参加的志愿服务项目及活动相适应的基本素质、服务技能和时间。

(二) 志愿者权利

1) 了解关爱援助中心和救助关爱站的工作内容，参加组织提供的各类培训；
2) 要求获得从事志愿服务的必需条件和必要保障；
3) 志愿服务工作得到考核和认可之后，可获得鹏城社会工作机构开具的志愿服务证明；
4) 就志愿服务工作对关爱援助中心和救助关爱站提出建议和意见；
5) 有权参加关爱援助中心和救助关爱站的相关活动；
6) 有选择与个人技能和兴趣相符的服务项目的权利。

(三) 志愿者义务

1) 履行志愿服务承诺，服从管理，按照相关安排参加志愿服务活动；
2) 不得以志愿者身份从事任何以营利为目的或违背社会公德的活动；
3) 不得以志愿者或志愿者组织的名义组织或者参与违反志愿者服务原则的活动；
4) 对服务对象的隐私予以保密。

(四) 志愿者的评优和考核

1) 志愿者服务建立小时服务制，以完成志愿服务的小时作为志愿者的基本标准；计算时数以登记表记录为主要考核依据；
2) 关爱援助站根据志愿者参加志愿服务的次数累计，认定其为优秀志愿者，并颁发荣誉证书及相应奖励；
3) 救助志愿者服务活动及事迹等在机构微信公众号上定期更新；
4) 救助志愿者有如下行为，视为自动退出关爱援助站救助志愿者队伍：一是做出有损救助关爱站声誉的行为，造成重大社会不良影响；二是加入志愿者后不参加志愿者活动和培训的。

(五) 志愿者培训

1) 对参与活动对象进行实名登记；
2) 志愿者之间相互介绍认识，增加信任；
3) 向志愿者介绍关爱援助中心和关爱援助站的职能、工作内容，使志愿者对组织有清晰的认识；
4) 对志愿者规则进行申明，增强志愿者规则意识，了解志愿者精神以及志愿者的基本素质和志愿服务过程中应注意的问题，并且申明志愿服务考核方式；
5) 志愿者基本服务礼仪培训，包括服务礼仪原则、仪容礼仪、服务语言规范等；
6) 项目培训，让志愿者了解项目缘起、服务对象、服务地方，形成项目认同感；

7）参与实践，引导志愿者学习如何参与志愿者服务活动的实践，将所学志愿者培训的知识运用到实践当中。

十、资源链接与维系方法

关爱援助中心以及各救助关爱站应建立体系外救助资源链接体系，做好体系外救助资源的登记、筹集、匹配、维系以及服务项目定制、服务项目记录等工作。建立体系内外救助资源联动机制。

依托郫都区慈善会平台，吸引“会员”单位及个人等慈善力量，开展各项救助活动以及建立各类专项基金，使慈善事业成为社会保障体系的重要补充。

依据救助服务需要招募符合资质的企事业单位和个人或通过爱心企业定制活动，进行体制外资源的链接与匹配。